Bruder Orient

Berenkamp

Der Autor dankt
Christine Turnauer
Hans Dichand

Karl Lubomirski

Bruder Orient
Sieben andere Reisen in den nahen Osten

Reiseberichte für Anspruchsvolle

Berenkamp

Bibliographische Information der Deutschen Bibliothek

Die Deutsche Bibliothek verzeichnet diese Publikation in der Deutschen Nationalbibliographie; detaillierte bibliographische Daten sind im Internet über dnb.ddb.de abrufbar.

Gedruckt mit freundlicher Unterstützung

Stadt Innsbruck, Kulturamt

Amt der Tiroler Landesregierung, Kultur, Innsbruck

Bundeskanzleramt, Sektion für Kunstangelegenheiten, Wien

Berenkamp

ISBN 3-85093-167-6

Umschlaggestaltung: berenkamp

Berenkamp Buch- und Kunstverlag
www.berenkamp-verlag.at
ISBN 3-85093-167-6

dip.druck

Inhalt

Äolische Inseln

Panarea

„Ich habe fünfzehn Jahre lang für diesen einen Aufenthalt auf Panarea, woher ich stamme, geschuftet, und ich werde nochmals fünfzehn Jahre arbeiten und wiederkommen!“ Ein Australien-Emigrant.

Lavablöcke umarmen vom Alter verwirrte Ölbäume. Granatapfelzweige halten ratlos inmitten von Kakteen ihre Früchte der Basaltflanke des Berges hin. Zwischen Hibiskus und Jasmin suchen unscheinbare Kernbeißer Schatten. Durst spreizt die Schnäbel der Rabenpaare in den Höhen. Nachts wehen aus dem Zerklüft Sturzbäche des Dufts der Mittelmeer-Gewürze.

Was bindet? Gemeinsame Freude, gemeinsames Leid? Man sagt, Odysseus sei hier gewesen. Odysseus. Wo ging der Kobaltregen nieder, der sich aus dieser See zusammen mit den Tränen um Troja, um Penelope, Telemach erhob?

Zypressen, Zitronen-, Orangen-, Mandelbäume, Pinien, Bergschilf hüllen den Misston der schwachen Glocken überflüssiger Kirchen. Den Friedhof bewachen Eukalypten, mitgebracht von Australiern, die Panaräer waren, eh die Not sie vertrieb. Man sagt, es seien alle gewesen, und sie kämen erst tot wieder.

An weißen Säulenstümpfen hergelaufener Häuser halten sich verlegen unbeheimatete Bougainvilleen und leuchten ihr Rot ins Meer. Zwischen Ägypten und Reims gelten dem archimedischen Stromboli weißer Segel Verneigung.

Es gibt Orte, wo man nie zu Hause sein wird, obwohl man immer da war, und andere, die man ohne zu wissen, seit immer bewohnt. Es gibt Tage, die nach Stunden zählbar sind, und andere, die nach Ereignissen zählen. Die Maße wachsen heran wie Kinder und nach Bedeutung des Menschen.

Nachts, wenn die Schatten das Meer umarmen, wagt sich der Große Bär aus den Tiefen des Himmels in den bittern Geruch der Sträucher über brüchigen Höhen, fern der Menschen, der blauen Wildnis ihrer totgefischten Meere.

Hier weiden keine Lämmer, klettern keine Ziegen, das Zwanzigdutzend Heimische scheint unwirsch, heftig, misstrauisch und habgierig. In Geschäften bieten Schweden, Südamerikaner, Deutsche ihre Raubkäufe aus Indonesien, China, Afrika flüchtigen Jachtbesitzern. Sizilien scheint fern. Durch karge Gärten scharren schmale Hühner unter beerengroßen Paradeisern. Weißes Gewürfel, teils aus Sarazenentürmen, hundert Häuser, die nur hier so heißen, wo ein Gott zu wohnen wählte. Aus fünfhundert Meter Tiefe ragen Felsenhäupter unwirtlich ins Blaue, Heimat blasser Flechten, Rastplatz seltner Möwen auf dem Weg von Messina nach Kalabrien, von Lipari nach Alicudi.

Äolos bewirtete Odysseus; aber dieses Eiland nannten sie Euonymos – die Unselige –, warum? Die ansehnlichen, jungsteinzeitlichen Mauerkreise auf der Felsenplatte Kap Milazzos schweigen. Sie waren alt, als die Böotier landeten und die Thessalier, und Asche aus Mykene zum letzten Mal in smaragdne Tiefen wehte. Wo sind die Bronze-Dreifüße, wo die Becken, wo die Krater, wo die Gräber, die Päane? Was verbirgt der Stachelwuchs der Sträucher dieser dreieinhalb Quadratkilometer Insel, um die heute kein Delphin mehr spielt, die kein Kinderlachen kennt, deren Bewohner sich Eolier nennen, niemals aber Sizilianer? Panarea, umlagert von ihren sechs Schwestern, kennt wie Vulcano, Lipari, Salinas Griechen, Ausonier, Römer, Normannen, Araber und Spanier. Jahrhunderte war sie Frauen, Kindern, Alten untersagt, da die Wachen auf den Sarazenentürmen selten reichten, Schutz vor der Besatzung der schwarzen Segler zu gewähren, die der Kalifen Harem füllten oder den Sultanen Janitscharen boten. Panarea, die Unselige, einen Ausbruch weit vom Stromboli, kennt weder Weizen, Hirse, Wein; keine Dattel reift auf Resten eines Urvulkans, und die Nachfahren der Spanier, die Karl der Fünfte auf dem Eiland siedeln hieß, wurden Opfer der Korsaren. Wer den Seeräubern entgangen, dem Sklavenschicksal entronnen, wanderte aus.

Die Insel der Fumarolen und Thermen, Badeort römischer Patrizier, blieb entvölkert, bis jene sie entdeckten, denen die Gitter um die Kindergräber nichts mehr sagen, die nicht wissen, warum man letzte Früchte Bäumen belässt, jenen, denen Lavendel umsonst blüht, hier, wo Lorbeerbäume sterben, jenen, denen man Wasser aus Neapel holt. Ginster, wilde Erika, Wacholder wachsen über eisenrote Landvorsprünge. Zärtlich spielt das gewaltige Meer mit den tapferen Booten. Abendsonne liegt auf dem Scheitel der Riffe. Vertraut wirkt das Rauchen des nahen Vulkans. Am Wegrand wiegt sich aschgrauer Schierling. Panarea.

Auf der Insel leben keine Pferde. Es hängen zwei Briefkästen, es wachsen drei Rosenstöcke. Keine Singvögel. Häusergroße Basaltblöcke drohen, sich von den Hängen zu lösen; aber die erhobenen Arme der Ölbäume vermögen das Wunder. Ein Nein aus Thymian, Rosmarin und Majoran umschlingt die Lavahöhen. Es ist der Mantel Odysseus'; Penelope aber das Meer.

In Basaltspalten warten die Häuser unter Kapernmähnen und ducken sich unter eine rastende Libelle. Man möchte Zisterne sein für dich, Panarea, für dich, deren Musik der Herzschlag des Meeres ist, für dich, das Heimweh nach Fremde.

Das Land im Westen

Libyen

Rom–Karthago: heute eine Flugstunde voneinander getrennt. Unsere Boeing kreist über typischen Mittelmeerbuchten und setzt in Tunis auf. Nach kurzen Formalitäten sitzen wir in einer hellen, schmucklosen Abflughalle und warten auf die Fokker-Maschine, die uns nach Djerba bringen soll. Libyen kann wegen des Embargos, das Ende März neunzehnhundertzweiundneunzig (UNO-Resolution siebenhundertachtundvierzig) zweier Verdächtiger wegen über das Land verhängt wurde, nicht direkt angeflogen werden. Wir werden den Bann morgen im Autobus durchbrechen.

In Djerba wartet ein europäischer Verwöhntheit angepasstes Hotel. Bungalows am Meer. Farben winden sich aus dem Sand, wie es nur die bewässerte Wüste erlaubt, in der Blumen, Sträucher und Bäume noch dankbarer zu blühen scheinen als anderswo. Maurische Gärtner sitzen, stehen, kauern um Bougainvilleen, Palmen, Kakteen, Geranien, Rosenbäumchen, Palmen, Oleander und Araukarien. Still pflegen sie ihre Geschöpfe zwischen den weißen Mauerkuben, zu denen Wege glasierter Keramikpfade führen. Die Kacheln zeigen Tulpen und Nelkenmuster in dunklem Blau und Rot. Wohl ein osmanisches Erbe. Durch die sternförmigen Blumenbeete huschen Eidechsen. Wer Glück hat, erkennt ein Chamäleon, das seine grünfleckige Decke gegen eine rostrote austauscht, um vom soeben geharkten Boden nicht abzustechen. Aus noch ungeöffneten Zitronenblüten duftet es bereits.

Römer wussten diese punische Insel zu schätzen, und die Vorfahren der Vögel, die mich in den Schlaf singen, werden auch sie in Morpheus' Arme begleitet haben.

Morgens weckt die frische Brise von der See. Es ist Anfang April, und die offenen Fenster erinnern, dass wir Europa näher sind, als es das Wort Afrika überspielt. Afrika wird erst zu Afrika. Hier ist es eine Schwester des europäischen Südens.

Der Bus fährt der Küste entlang über den schon von Römern angelegten Isthmus von der Insel aufs Festland. Palmen, Weinstöcke, Ölbäume begleiten uns. Die libysche Grenze liegt etwa hundert Kilometer weiter im Osten.

Libyen, abgeleitet von Leptis, einer römischen Abschleifung des phönizischen Liptis, das ohne Vokale geschrieben und bereits von den Berbern übernommen worden war, bezeichnete das Land, das die Ägypter von Menschen, die sie Lebu nannten, bewohnt wussten. Lebu, vom Stamme des Ham, zählten Ägypter, Nubier, Abessinier und Somalier zu ihren Verwandten. Ägypter erwähnen sie bereits in Chroniken des dritten Jahrtausends. Blond und blauäugig treten sie uns entgegen. Was ist das für ein Land, von dem man hört, ohne zu wissen? Wer sind seine fünfeinhalb Millionen Einwohner? Sechsundachtzig von hundert leben im Westen eines über zweitausend Kilometer langen Küstenstreifens. Wer sind jene Reiter, die sich eine Wüste von der halben Größe Indiens teilen? Wie kann ein libyscher Dinar zweieinhalb Dollar wert sein? Wo Analphabetismus vierundzwanzig von hundert Menschen lähmt, wo Hochschulabschlüsse bei sechzehneinhalb Prozent liegen, die Bevölkerung jährlich um dreieinhalb Prozent wächst und sechsundachtzig von hundert Libyern in Städten leben?

Die Straßen sind gepflegt. Wir kommen zügig vorwärts. Bald erreichen wir die Wellblechpforte, über der die grüne Fahne weht. Keine Polizeipatrouille hielt uns bisher auf. Sind wir im Ort Zarzis? Alle Koffer werden ausgeladen, flüchtig überprüft, eingeladen. Trotzdem vergehen zwei Stunden. Man frägt nach dem österreichischen Konsul. Ich bin zwar Österreicher, allerdings kein Diplomat. Vielleicht hat mein neuer Pass mit dem Spiegelkennzeichen die Überbewertung erwirkt? Was suchten die Zöllner? Porno-Hefte, meinte unser Reisebegleiter.

An weißen, schmucken Häusern vorbei reisen wir weiter; blaue Fensterläden. Dann wird die Landschaft wieder zur Steppe; Sand, Düne, Ebene. Bruder Horizont. Ein Schild zeigt in arabischer Schrift, dass wir von Kairo noch zweitausendfünfhundertzweiundzwanzig Kilometer entfernt sind. Wir passieren ein Hotel, das sich „Amen" nennt.

Zweighütten, flache Lehmbauten stehen zwischen schütteren Ölhainen. Den Straßenrand beleben hie und da rot gestrichene, galgenartige Benzinpumpen. Sie sehen Infusionsgerüsten ähnlich. Rechtsverkehr. Manche reiten auf Fahrrädern wie auf Eseln. Noch hundertsechsundneunzig Kilometer nach Tripolis. Eukalypten, Mandelbäumchen, Feigenbäume, Häher, und davor der tiefblaue Meeresstreifen. Ob hier viel Fisch gefangen werde, will jemand wissen, den die wilde, einsame Küste anregt. Nein, das offene Meer sei zu starken Temperaturschwankungen ausgesetzt. Fische bedürften Buchten, in denen ihr Laich geschützt sei zur Reproduktion. Unsere breite Fahrbahn wird ab nun von einer Reihe Metallmasten geteilt. Ghadafi will die Küstenstraße bis Ägypten beleuchten. Der Verkehr ist schwach. Von den Masten, an denen die Lampen fehlen, wehen vorerst Fähnchen. Es sind die Nationalfarben Nigerias, dessen Staatsoberhaupt heute angeblich in Libyen weilt. Er ist einer der Nachbarn, der sich diese Ehre mit Ägypten, Sudan, Tschad, Algerien und Tunesien teilt.

Dromedare. Sie grasen friedlich in der Steppe, die diese künftige Prachtstraße begleitet. Wir durchqueren bald Zuara, eine kleine Oase.

Polizeistreife. Man hält uns an. Ein Trauerzug quert die Straße. Man begleitet den Toten aus dem Palmenschatten; gehüllt in die weiße Tunika. Nackt wird man ihn betten, auf die rechte Seite gewendet, nachdem man ihn wusch und mit Wohlgerüchen besprengte. Noch ist sein Antlitz verhüllt; in der Erde wird es offen liegen.

Wieder müssen Stunden vergangen sein. Vielleicht hat die Hitze eingeschläfert. Häuser häufen sich, schließen sich zu Reihen, werden weiße Straßenzüge, durch die der Wind Plastikfetzen, Zementsackreste weht. Ein Hafen. Tripolis. Endlich!

Wir rollen in einer Palmenallee. Die Stämme stehen in Viererreihen. Eine typische südeuropäische Küstenstraße tut sich auf – und enttäuscht. Wäre da nicht ein arabisches Mädchen, niemand ahnte, dass wir uns in der Hauptstadt eines der vielleicht umkämpftesten Reiche seit Jahrtausenden befinden. Eines Reiches, das heute – noch! – vom Erdöl lebt.

Hier also, von dieser ursprünglich von Sizilianern und Afrikanern gegründeten Stadt – der antiken Oea –, die heute irgend eine süditalienische sein könnte, deren Schönheit Unfähigkeit zerfallen lässt, zieht jener die Fäden, den keiner der Scipionen, sondern ein amerikanischer Schauspieler-Präsident zum Schweigen brachte: Hier herrscht Muammar Ghadafi, der König Saijid Muhammad Idris am ersten September neunzehnhundertneunundsechzig vom Thron stieß.

Seit Jahrzehnten steht der Oberst an der Spitze Libyens. Seit langem verbirgt sich der „Verrückte von Tripolis" (Anwar-al-Sadat), der „mad dog" (Reagan), sooft er kann,in der Wüste. Der Erfinder der Jamahirija (Regierung durch die Massen), der rechte Arm des Terrorismus, dem er abgeschworen zu haben scheint, sucht heute die Freundschaft jener, die er überfiel: des Tschad, wo seinetwegen Unzählige starben, ebenso Ägyptens, Ugandas, Tunesiens.

Unter dem klassischen Vorwand, der innern Feinde seines Landes Herr werden zu müssen, verfolgen noch heute seine Revolutionsgarden politische Gegner unter der Beschuldigung, israelischen, amerikanischen oder ägyptischen Geheimdiensten anzugehören und dem eigenen Volke über Banken und Schiebereien zu schaden. Ghadafi begann mit dem Hinauswurf von zweiundzwanzig Ölkonzernen und der Enteignung von zwanzigtausend Italienern. Aber vielleicht ist Politik wirklich Erpressung, wie der italienische Intellektuelle Nino Campagna sagt. Ghadafi hat hunderttausend von den Italienern Internierte aus dem Jahre neunzehnhundertdreißig nicht vergessen. Und es tat seiner Popularität sicher keinen Abbruch, dass er sich zum Rächer jener vierzigtausend Toten aufschwang, die an Schlägen, Misshandlungen, Hunger und Durst, an Darmkrankheiten, Typhus und Ruhr in kurzer Zeit zugrunde gegangen waren. Vielleicht lag hier die Ursache, dass Aldo Moro keinen Finger für seine enteigneten Landsleute zu rühren wagte. Ölkonzerne fördern heute wieder, aber zu den Bedingungen des Obersten. Das Land verfügt über das höchste Pro-Kopf-Einkommen Afrikas (circa sechstausendeinhundert Dollar pro Jahr). Dies in einem Kontinent, in dem hundertneunundsiebzig Millionen Menschen mit weniger als einem Dollar pro Tag ihr Leben fristen. Libyen ist das niedrigst verschuldete Land, aber es ist gleichwohl weit vom Reichtum eines Landes wie Japan, wo sich in einem einzigen

Jahr achtundsiebzig Unternehmer und dreiundzwanzigtausend Menschen das Leben nehmen. Der Führer Libyens sucht das arabische Bündnis mittlerweile im Namen des Islam. Er unterschreibt einen Pakt mit Burkina Faso, Tschad, Mali, Nigeria, Sudan. Aber alle seine politischen Unternehmen sind bisher gescheitert, dort, wo sie weit über die Innenpolitik hinaus strebten. Globalisierung klingt in Libyen fremd. Das Jahreseinkommen eines Mosambikaners liegt zwischen achtzig und neunzig Dollar, in Sierra Leone beträgt es zwischen hundertdreißig und hundertvierzig. Die Stämme der Sahara leben mit dem Fünfundzwanzigstel eines Tunesiers. In Senegal verfügen sechzehn von hundert über Fließwasser, dreiundzwanzig über Strom.

Aber jener, der so vieles ändern könnte, jener, der sich zum großen Bruder der islamischen Brüder erklärt, baut keine Sender, um auf dem Fernweg die Kinder Afrikas schreiben und lesen zu lehren. Er baut keine Wind-Kraftwerke, keine fotovoltaischen Stationen zur Energieversorgung der Handwerker und Kleinstunternehmer. Er lehrt nicht, jene Heilpflanzen anzubauen, auf deren Basis dreißig Prozent unserer Pharmazeutik beruhen. Er tut nichts für jene dreiundneunzig Prozent der Bevölkerung, die zwei von drei Afrikanern am Leben erhalten.

Der Diktator investiert ins Arsenal, in die Schwerindustrie. Er schreibt, mischt sich unter die Fundamentalisten und verstößt sie dann im Namen der Verteidigung der westlichen Welt. Er sieht sich als Gesetzgeber zwischen Jean-Jacques Rousseau und Soliman dem Prächtigen, trägt Harlekin-Kostüme oder die strenge Tunika des Büßers, der in den Dünen der Syrte Läuterung sucht. Er finanziert die IRA und arbeitet ihr gleichzeitig über London entgegen. „Ich wollte ein grünes Land", orakelt der Kenner des Koran, „es ist ein dunkles geblieben." Gleichzeitig hält er an einem Paradebeispiel der Unwirtschaftlichkeit fest, einer Anzapfung der fossilen Trinkwasser-Lager in den Tiefen der Zentral-Sahara. Rohrleitungen sollen das Wasser über tausende Kilometer an die Küste bringen. An Verstiegenheit nicht unähnlich ist die Finanzierung russischer Raumstationen, die bereits heute überaltert sind.

Im Jahre neunzehnhundertachtzig öffnete Ghadafi die Gefängnisse und hob gleichzeitig die Grenze nach Tunesien auf. Beide sind inzwischen wieder geschlossen. Der Wüstensohn verachtet die Händler; er empfängt im Zelt und zieht sich am liebsten nach Qasr-Bu zurück, dem Ort, wo Italien seine empfindlichste Niederlage erlitt. Der Besitzer chemischer Waffen schielt schon lange nach Scud-Raketen, deren Reichweite bei zweitausend Kilometer liegt. Israel ist für ihn der Krebs schlechthin.

Neunzehnhundertsiebzig kündigte Ghadafi die diplomatischen Beziehungen zum Vatikan. Neunzehnhundertsiebenundneunzig nahm die Kirche diese wieder auf. Die Ghadafis kommen und gehen; das riesige Libyen bleibt.

Tripolis–Ghadames

Ghadames heißt die Oase, die uns versprochen wurde. Eine siebenhundert Kilometer lange Reise von der Küste ins Landesinnere. Wir verlassen das Hotel wieder durch die Metalldetektoren, die sonst nur Flughäfen überwachen. Niemanden stört das dauernde Piepsen der folgsamen Geräte. Man gehorcht Meinungen, die man nicht teilt. Wahrscheinlich sind die Libyer viel aufgeschlossener und wacher als ihr Oberhaupt. In der Nacht wurde ich mehrmals von einer weichen Frauenstimme im Zimmer angerufen. Es hörte sich nicht so an, als trüge sie einen Schleier. Andern Gästen ging es ebenso.

Der Morgen ist frisch. Das Meer grüßt rauschend. Der Blick schweift über den weiten Hafen. Kein Hochhaus entzaubert die majestätische Palmenreihe längs der See. Obwohl erst sieben Uhr, scheinen ebenso viele Menschen unterwegs zu sein wie gestern Abend. Frauen gehen unverschleiert. Außer Schwalben ist kein Tier zu entdecken. Esel, Katzen, Hunde, Pferde – die üblichen Begleiter orientalischer Städte, hier fehlen sie.

Der Busfahrer und sein Kollege sitzen bereits auf ihren Plätzen. Ein schwarzer, älterer Herr nimmt würdevoll neben ihnen seinen Sessel ein, unser Reisebegleiter. Er ist elegant gekleidet. Sie beginnen sich zu unterhalten, und schon bald lachen sie aus vollem Halse. Wir scheinen sie nicht zu stören. Der leise, neue Bus – ein deutsches Fabrikat – sucht seinen Weg aus Tripolis' Gassen und findet schließlich die Sahel, den von den Italienern angelegten grünen Küstenstreifen, der eintausendachthundert Kilometer lang einen Fruchtbarkeitsgürtel von Tunesien nach Ägypten bildete.

Libyen, „das Land im Westen", wie die Ägypter es nannten, behielt seinen Namen unter Phöniziern, Dorern, Römern und Byzantinern. Erst Araber löschten ihn, und so blieb es Europäern im neunzehnten Jahrhundert vorbehalten, jenem Reich seinen Namen wiederzugeben, das aus einem Viertel der ausgedehntesten Wüste der Welt, der Sahara, besteht, die sich vom Atlantik bis zum Roten Meer über fünftausend Kilometer erstreckt.

Gemächlich verlässt unser Gefährt die Ramla, die Sandlandschaft der Küste, und rollt auf der schnurgeraden, unmerklich ansteigenden Straße nach Süden, der Serir, der Schotterwüste entgegen in Richtung Hammada, der felsigen Hochebene, die etwa vierhundertfünfzig Meter über dem Meeresspiegel liegt. Die kümmerliche Vegetation, die dem zehn bis zwanzig Kilometer tiefen Anbaustreifen aus italienischen Pionierzeiten folgt und noch heute Feldfrüchte und Obst verschiedener Art liefert, verblasst von Minute zu Minute und überlässt ihre schüchternen Lebensversuche mehr und mehr einer Pflanzenart – oder sind es Flechten? –, die den Steinen an Bedürfnissen näher verwandt zu sein scheinen als ihrer Familie. Es werden noch Landstreifen kommen, die sogar den Steinen Feind zu sein scheinen.

Lang gezogene Fluss-Senken (Wadi) aus der Zwischen-Eiszeit verraten, dass hier vor wenigen Jahrtausenden die prachtvolle Vielfalt des Lebens bewahrt worden, dass hier Vögel um die Wette jubelten und Forellen die Kaskaden empor sprangen. Heute schätzen nur Beduinen den direkteren Weg an die Küste.

Endgültig sind wir jetzt aus dem Gesichtskreis Gefaras (der Zisternenreichen), Karthagos, dem Tripolis der Römer und der Griechen entwichen. In wenigen Stunden werden wir Ghibla am Fuße der Roten Hammada, ihre Troglodyten- und Berbersiedlungen erreicht haben.

Vierzig Grad Celsius Außentemperatur. Im Sommer steige diese auf sechzig Grad und mehr im Schatten. Der Ghibli, nach dem wir fragen, sei nicht so schlimm. Er wehe drei Tage und sei ein Freund Libyens, weil er die Datteln zur Reife bringe.

Unser Reisebegleiter unterbricht sein schallendes Gelächter, rückt das dunkle Jackett zurecht und erzählt, wie sein Vater im Jahr neunzehnhundertdreizehn als kleiner Junge im Sudan, während er in ein Viehgehöft schaute, gefangen, entführt und als Sklave nach Libyen verkauft worden war. Die Stimme und Haltung des Erzählers verraten den Stolz eines Mannes, der sich mittlerweile einer Gesellschaft, einem Staate zuzählt, in dem Ähnliches nicht mehr geschehen kann, und der auf ein Leben in Würde zurückblickt.

Wenige kennen die Museen der eigenen Stadt. Und wenngleich uns Afrika nahe liegt, so wissen doch die meisten über fernere Kontinente mehr; mehr über deren Menschen.

Das Land, das wir heute wieder Libyen nennen, wurde wohl im ausklingenden Paläolithikum, in der Altsteinzeit von hellhäutigen Stämmen besiedelt, die man von Nordafrika her, aber auch vom Suez, von Gibraltar und von Sizilien vermutet, und die die negroide Urbevölkerung immer tiefer in den Süden zurückdrängten. Bereits im dritten Jahrtausend waren die Länder zwischen Nil und Atlantik ein Völkergemisch. Vielleicht landeten hier Minoiker und Kreter? Gewiss kamen zwischen dem elften und neunten Jahrhundert vor Christus die Phönizier und brachten neben dem Alphabet und ihrer Händlermentalität auch Baukunst und Organisation in ihre Niederlassungen, die bald ein Begriff im ganzen Mittelmeer werden sollten; denn jeder Schifffahrer hatte die Namen Leptis, Adrumetos, Utica, Hippona, Karthago gehört. Erst im siebten Jahrhundert wich ihre Macht.

Nicht so im weisen Karthago, das auf den Alltagsmenschen abgestimmt war, und dessen Wahlspruch selbst Göttern gegenüber lautete: „Do, ut des“ (ich gebe, damit du gibst). Ein Wahlspruch, der es den feindlichen Völkern im Landesinnern Libyens realistisch genug erscheinen ließ, von Kompromissen mehr zu erwarten als von Zerstörung.

Das punische Karthago hat uns unzählige Abrechnungen hinterlassen, aber kein Gedicht. Seine leicht erlernbare phonetische Schrift ist die Voraussetzung der Demokratie; denn jeder, der wirklich wollte, konnte lernen, seine Gedanken mitzuteilen – im Gegensatz etwa zu China, wo dreizehn Jahre Schriftstudium kastenbildend wirkten, was von der zentralisierten Macht gewollt war und gefördert wurde. China kannte die phonetische Schrift seit Jahrtausenden, ohne sie einzuführen. Karthago beherrschte die Meere. Es musste in der Sprache der anderen sprechen können, wollte es seine Handelsgewinne mehren.

Es waren Punier, die die Ureinwohner „Afri" nannten, was so viel wie „die Eingegliederten" bedeutet. Rom nannte seine Eroberungen in Tunesien „Afri terra", lange ehe sieben Provinzen daraus wurden, in welche Rom auch das genügsame Dromedar anstelle des Elefanten einführte.

Libyens Syrten liegen Santorin gegenüber, das im siebten Jahrhundert vor Christus Thera hieß, und aus dem eine Hand voll Griechen unter Batto nach Süden aufbrachen, um auf der Anhöhe über dem Bomba-Golf dem Phoebos Apoll eine Weihestätte und an der sechshundert Meter über dem Meer entspringenden Quelle ein Heiligtum zu errichten, das nach Cyrene, der thessalischen Löwenjägerin und Geliebten Zeus' – wohl weil er sie vom Pelion nach Afrika entführt hatte –, benannt wurde.

Die Griechen, ursprünglich wohlwollend aufgenommen, zeigten sich der Gastgeber unwürdig. Sie enteigneten diese, und als ihre Anzahl zweihundertfünfzigtausend erreichte, begannen die Kämpfe um die mächtige, reiche Cyrenaika, den Umschlagplatz der innerafrikanischen Kostbarkeiten wie Gold, Elfenbein, Gewürz, Sklaven, Sylphium, Straußenfedern, Edelsteine. Griechische Siedlungen stellten nicht nur Philosophen; in ihren Mauern fanden sich Statuen von Phidias. Nichts schien von den rohen Dorern geblieben, außer der Verachtung für alles Nichtgriechische und der Dialekt. Freilich, wer heute noch Berbern begegnet, die sich nicht allzu sehr von den Wüstenreitern vor zweieinhalbtausend Jahren unterscheiden, der kann bei aller Aufgeschlossenheit schwer Brücken finden zwischen diesen und ihren antiken Kolonisatoren. Zu deren Bildungserbe zählten Männer wie Aristippos, der sagte: „Ich besitze, aber mich besitzt nichts", oder Astronomen, Geographen, Mathematiker vom Rang eines Eratosthenes oder Apollonius, eines Callimachos oder Pindaros, der schrieb: „Süßer Hain! Aphrodites glückliche Stadt der funkelnden Wagen und geschmeidigen Renner, göttliche Cyrene des goldenen Throns!"

Arpalos, der General Alexanders des Großen bestimmt als Nächster das Geschick der nunmehr ptolemäischen Syrte (dreihunderteinundzwanzig vor Christus), und mit dem Tode des letzten Ptolemäers Apios fällt die ausgebeutete und doch reiche Pentapolis im Jahre sechsundneunzig vor unserer Zeitrechnung an Rom.

Jene Griechen, die das Saatgut gebracht, die Ureinwohner verdrängt, Cyrene, Tolemaide, Tauchira und die Hesperiden gegründet, jene die aus den Kykladen gekommen und die Ebenen besiedelten, wo die kostbare Pflanze Sylphium gedieh, die man nur unter den Augen des Königs wog, brachten auch den Ölbaum und den Weinstock. Sie züchteten Schafe, deren feine Wolle im ganzen Mittelmeerraum berühmt war. Sie verachteten die Sitten der Landesbewohner, ihre Unkenntnis, ihre Gesetzlosigkeit und mussten sich vor ihnen hinter Festungen schützen. Aber als ein Grenzstreit mit Karthago ausbrach, lösten sie diesen auf ihre unnachahmliche Weise. Sie sagten einen Wettlauf zweier Jünglinge an, deren einer von Cyrene aufbrechen sollte, während der andere von Leptis kam. Wo die beiden einander begegneten, sollte die Grenze sein. Sie trafen aufeinander etwa sechshundertachtzig Kilometer östlich von Tripolis, am heutigen neunzehnten Meridian. Und zum Zeichen der immerwährenden Grenze baten sie, an der Stelle, wo sie aufeinandergestoßen, lebendig begraben zu werden. Der Arae Philenorum erinnert noch heute an die Stätte.

Drei oder vier Stunden sind seit unserer Abfahrt verstrichen. Wir nähern uns Gebel, einer Felsplatte, etwa dreihundertsechzig Kilometer südlich von Tripolis. Auf ihr zerfällt Nahut, eine Wüstenfestung; Vorratslager für Öl, Weizen. Der Bus hält. Unsere Blicke wandern nach Norden und begleiten die tiefen Schluchten und Schründe, die dürstenden Abgründe, bis sie sich in der Leblosigkeit, der Heimat des Todes verlieren.

Libyen ist nicht nur *ein* Land. Es ist der Küstenstreifen, den Phönizier, Griechen, Römer, Araber, Normannen, Spanier, Marokkaner, Türken, Korsaren, Kurden, Franzosen, Engländer, Italiener eroberten, und es ist gleichzeitig das Land, aus dessen ungeheuren Tiefen seit dreitausend Jahren jene aufbrechen, die beim geringsten Zeichen von Schwäche ihre Eroberer vertreiben. Nicht Reichtum, Kultur, Gesetz, Lebensart, Kunst seiner Kolonisatoren haben Libyens Geschichte und seine Entwicklung bestimmt, sondern der Neid auf den Zivilisationsstand, Habsucht und Verachtung für die Sitten seiner Kolonisatoren. Überall wohin sie kamen, hinterließen die Römer lateinische Urbanität, und selbst jener Teil Germaniens, den sie besiedelten, weist heute noch eine weltzugewandtere Lebensauffassung auf. (Ich denke hier an die Rheinländer, verglichen etwa mit Friesen.) Weltgewandtheit, Umgangsart schlägt einem heute in Libyen nicht in der gewohnten Form der Mittelmeerländer entgegen, nicht einmal in der Hauptstadt. Vielleicht misst man den jahrelangen Hetzreden mehr Gewicht zu, als sie verdienen. Wie auch immer: Die milde Ablehnung, auf die wir häufig stießen, war nicht zu übersehen. Die Herren Libyens scheinen nicht so sehr aus Banken und Konzernen zu kommen, sondern eher von jener Mentalität beeinflusst zu sein, die imstande ist, sieben Nächte auf dem Sattel eines Mehari, eines jener sagenhaften weißen Dromedare zuzubringen, die bei einer mittleren Geschwindigkeit von zwanzig Stundenkilometern jedes Gelände der Wüste, ob steil oder flach, ob steinig oder tiefer Sand zu durcheilen vermögen. Vor ihrer

Bissigkeit müssen sich die Reiter schützen. Diese Menschen verstehen die Sprache der Dünen, und wer die Weiten der Wüste nicht fürchtet, hat vielleicht Mühe, einen verwöhnten Griechen und seine Theater und Statuen zu schätzen. Die Majestät und Härte der Wüste prägt Menschen, die nichts mit Küstenmentalität gemein haben. Der Kontrast zwischen den Mittelmeerlibyern und den Berbern, den Tuareg, wird immer bestehen.

Stunde um Stunde fahren wir und weichen immer öfter Dünen aus, die sich wie goldene Pranken über die Straße legen. Endlich, nach sechshundertachtzig Kilometer erreichen wir Ghadames, das antike Cydamus. Hier wachte die südlichste Legion Roms in einer Garnison. Die alles überragende Ruine eines Bauwerks ist der Rest eines römischen Grabmals. Hierher sandte Byzanz später einen Bischof, und heute finden Beduinen ihre Moschee, ihre Einkehr und ihre Erfrischung. Aber wir dürfen nicht verweilen. Obwohl erst angekommen in dieser seit viertausend Jahren besiedelten Stätte, bittet man uns in die abenteuerlichsten Geländewagen, die ich je zu Gesicht bekommen. Wir werden weit in den Westen gefahren, halten dort auf Ras-al-Gol, einer Geisterfestung, dem Grenzort zwischen Tunesien, Algerien und Libyen. Ein Tuareg naht. Sein blauer Burnus reicht zum Boden. Das Gesicht ist fast zur Gänze verhüllt. Sein schwarzer Turban wird über der Stirn zu weißen Ringen. Die Hautfarbe ist sehr dunkel und verrät den Freigelassenen; dennoch darf er sich zu den Tuareg zählen, ist einer der ihren, wie es seine hellhäutigen, gedrungenen Kampfgefährten sind. Tuareg, Krieger der Wüste; Tuareg: „die von Gott Verlassenen" (arabisch), aber auch Mouhar, „die Freien". Seit Jahrtausenden der Schrecken auch kampferprobtester Gegner. Sie sind die unübertroffenen Navigatoren der Sandozeane, die Karawanenwächter. Schlanke Reiter, Speer und Reitpeitsche an der Seite, schwarzes Mundtuch, grüne, gekreuzte Schärpe über der Brust oder die roten Quastenschnüre. Feingliedrige Hände, derbe Knöchel. Söhne des ewigen Windes und der Ellipse des Zodiaks und seiner zwölf Häuser, denen sie folgten, ehe man in Europa von deren Existenz auch nur ahnte. Sie bilden ein abgelegenes Sprengsel der Erdbevölkerung und sprechen noch heute ihre eigene Sprache, pflegen eine vielleicht vom Phönizischen abgeleitete Schrift. Ihre Literatur erzählen sie. Sie ist nicht arabisch. Ihre Gesetze sind einfach; ihre Religion die einer Sekte aus dem achten Jahrhundert. Berber hingegen sprechen arabisch und fühlen sich als Araber, sagt man uns.

Nachdem wir trotz unserer Müdigkeit und Überraschung dem Zauber der zwischen den Dünen langsam niedergehenden Sonne nicht widerstehen, kommen uns mit unbeschreiblicher Eleganz daherstürmende Reiter auf ihren Meharis entgegen. Von einer Düne herab naht eine Schar schwarz, rot, grün Gekleideter. Sie tragen Schwerter; schwerer Silberschmuck schimmert auf ihrer Brust. Die Gesichter sind unsichtbar. Es sind Mädchen. Ein schwarzes Ziegenhaarzelt wird sichtbar. Die Anzahl der Pflöcke, die es halten sollen, wird Aufschluss über die Bedeutung des Stammes geben. Einige Frauen hocken im Sand. Ihre Gesichter sind unverhüllt. Im Arm tragen sie Musikinstrumente. Über ihre Lauten spannt sich eine einzige Saite. Die Musikantinnen singen. Die riesige, ockerfarbene Weite, die uns umgibt, beginnt nachzudunkeln. Umso leuchtender wirken die Seidengewänder, die nun, türkisgrün, blau, rot, goldgelb um die mächtigen schwarzen Frauen geschlungen, jede Einzelne von ihnen zu einer Wüstenkönigin erheben.

Der unendliche Tag ist vergessen. Später wird man uns aus winzigen Gläschen süßen, heißen Tee reichen.

Ghadames

Es ist noch früher Morgen. Kühler, geruchloser Wind spielt im steinernen Meer vor mir. Die Sonne trägt noch ihren Schlafanzug. In undeutlicher Helle steht sie im Osten. Ein Vogel klagt aus der Wüste. Hier und dort sägt ein Schwalbenflügel ein Stück Blau aus dem unsicheren Himmel. Stille, Weite, Licht.

Keine Spur von Müdigkeit. Oleanderduft aus den verschwenderischen Anlagen zwischen den Unterbringungen erreicht mich auch hier am Rand der Wüste. Palmen, auch wenn man sie nicht vor sich hat, scheinen eine beruhigende Wirkung auszuüben dort, wo sie eine tausende Kilometer tiefe Wüste unterbrechen.

Verse aus dem Johannes-Evangelium werden wach. Man ist furchtlos inmitten des Todes, der hier ein Bruder des Lichts ist. Kein Baum, kein Strauch, nicht das kümmerlichste Gewächs bis an den Horizont. Die einzigen Gefährten der Steine sind ihre Schatten. Aber auch sie werden sich bald unter diese zurückziehen. Dann wird Stille herrschen, das Räuspern des Windes wird verstummen, und glücklich wird jener zu nennen sein, der noch einen Palmenschatten aufsuchen konnte.

Wir haben wieder einmal nach kurzer Zeit unseren Bus verlassen und folgen zu Fuß einem niederen Mäuerchen, bis wir eine der Pforten ins unterirdische Ghadames erreichen. Ein Berber begrüßt, ja empfängt uns. Dieser Einlass liegt einem Geröllfeld gegenüber, das man uns als Friedhof vorstellt. Er ist Teil der Wüste; vielleicht dem geschulten Auge erkennbar, liegen die Steine etwas geordneter.

Wir sind noch nicht lange unterwegs, aber schon bedeutet Schatten eine große Erleichterung.

Durch eine niedere Tür – sie mag knapp höher als ein Meter sein – betreten wir einen tiefer liegenden, gekalkten Gang. Er ist Teil des Labyrinthes, aus dem Ghadames besteht. Hunderte dieser weißen Gänge kreuzen einander, zweigen voneinander ab und verlieren sich als Schutz vor den rasenden Sandstürmen, die mit einer Temperatur von sechzig Grad Celsius durch die Oase jagen, tief in die Erde geduckt. So bilden sie ein geniales Lüftungssystem, das mit Türmen und Schächten die stets frische Luft erträglich, ja fast kühl erhält und den Bewohnern ein geradezu privilegiertes Leben gestattete. In den achtziger Jahren des zwanzigsten Jahrhunderts fand Ghadafi die Jahrtausende alte unterirdische Stadt überholt und siedelte ihre Bevökerung in Betonbauten an. Das wahre Ghadames steht nun unter dem Schutz der Unesco als Welt-Kulturerbe.

Unbeschreiblicher Frohsinn befällt einen beim Wandeln auf den schattigen Wegen der Oase, wo man von murmelnden Bächlein begleitet wird, weil gerade irgend jemand seine Ration Wasser für den Garten zugeteilt erhält. Und man genießt die gigantischen Silhouetten der Palmen, die alles sprengen, was man unter dieser Spezies zu kennen glaubt. Den rötlich-erdfarbenen Lehmmauern entlang, die die Gässchen bilden, ziehen sich die Höfe der Bewohner, in denen sie ein wenig Gemüse anbauen. Hibiskus und Granatapfelbäume, Oleander und duftende Feigenbäume, Geranien und Mandelbäumchen wechseln einander unter einem kobaltfarbenen Himmel ab, den das Spitzenwerk der Kokospalmen und Maulbeerbäume durchlässt.

Unversehens findet man sich wieder in einem der Gänge, nachdem man unter einem starken Balken durchgeschritten ist und staunend erkannte, dass er Seile trägt, mit denen andere Balken an ihn gebunden die Statik eines Hauses bilden. Keine Metallklammern, sondern Palmfaserseile sichern die Pfeiler der Wohnaufbauten. Man hat Mühe, sich damit zu trösten, dass es hier nie regnet! Unser Führer bittet die Gruppe, enger beisammen zu bleiben, da man sich in den leicht verwechselbaren Gängen verirren könnte, und es selbst Einheimischen große Mühe koste, im unbeleuchteten Gewirr einen verloren Gegangenen aufzufinden. Die Stadt sei für neuntausend Einwohner angelegt worden. Tore werden aufgeschlossen mit ellenlangen Schlüsseln. Man frägt nach dem Preis eines solchen Ungetüms und wird mit einem Lächeln beschieden.

Nach vielen Stunden entlässt uns das Labyrinth auf kurze Zeit. Wir besuchen ein winziges Museum, in dem Berber-Hausrat, Kostüme, Waffen und Naturalien aufbewahrt werden. Schlecht präparierte Vogelbälge, Skorpione in gelblichen Flüssigkeiten, Spinnen und Käfer erinnern mich an meine Gymnasiumzeit. Ich frage nach der Gefährlichkeit einer kleinen, verhutzelten Schlange. „Ihr Biss tötet augenblicklich“, versichert man. Ein zweiter Balg reizt mich zur selben Frage, und man sagt mir: „Diese ist noch giftiger!“

Ein kurzer Laubengang vor dem Museum beherbergt einen Limonade-Laden, einige ärmliche Geschäfte und einen Trödler. Er rechnet den Dinar für einen halben Dollar und verhökert Berberschmuck neben Ramsch.

Ghadames dankt sein Leben einem unterirdischen Süßwasserdepot, das hier zutage tritt. Mit dieser dürren Erklärung ist das Bedürfnis des Wissenschaftlers abgedeckt. Wer aber vor dem tiefgrünen

Weiher steht, der etwa zehn Meter im Rund misst, und sieht, welches Leben sich diesem Smaragdauge hier in der Tiefe der Sahara dankt, der empfindet Ehrfurcht. Alles Erklärbare befriedigt nur den Verstand. Die Dankbarkeit, die jenen ergreift, den ein Wunder überwältigt – wie es eine Oase ist –, entströmt dem Herzen, über das man dem „Wesen", wie es Angelus Silesius nannte, näher kommt.

Um diesen Ort also wurde die Stadt errichtet, über die sieben – keine Zufallszahl – Pforten wachten, die zu ihren sieben Quartieren führten. Hier lernte man von dem zu leben, was ein Dattelhain bietet. Die Palme wurde die Mutter aller Dinge. Sie bot und bietet Kleidung, Sandalen, Sonnenschutz und Schutz vor Winden, Seile, Essig, Wein, Parfum, Öl, Bauholz und Nahrung.

Heilig ist die Quelle. Ihr Wasser wird den Stadtteilen nach einer zwölftausend Jahre alten Zählmethode in Fünfteln und Fünfteln von Fünfteln, die an Knotenschnüren gemessen werden, zugeteilt und von el-Kadus, der Wasseruhr, geprüft. Die Bewässerungsdauer der Gemüsegärten ist genau festgelegt, und an dieser Archaik wird heute noch festgehalten. Bis vor kurzem überwachte ein Rat der Alten die Ordnung. Die über Sechzigjährigen lebten in einem eigenen Viertel, und niemand hatte sie zu stören. Wir besuchten die Stätte und waren erstaunt, auf dem Weg dahin immer wieder Gangkreuzungen anzutreffen, die von Tageslicht erhellt waren und verblüffend etruskischen Grablegen und Grabkammern ähnelten. Die Liegebänke an den Seiten, die Dekoration, die Ausmaße: Es war, als hätten dieselben Baumeister gewirkt. Nur waren die Zwecke dieser weißgekalkten Gelasse hier, einander Begegnenden ein freundliches Geviert zu bieten, in dem man sitzen und plaudern konnte, während man in Etrurien den Toten Gastlichkeit bot.

Nachdenklich schlendert man im Dunkel der Gänge und sucht die Gefährten nicht aus den Augen zu verlieren. Manchmal ist es Nacht; seitlich der Hauptwege zweigen immer wieder andere ab. Man erinnert sich der Berberkönigin Dahia, die hier Gefangene und Geiseln einkerkerte, Araber. Wir schreiben das zwölfte Jahrhundert und folgen den Berichten el-Bekris.

Wer je aus diesen schneeweißen unterirdischen Straßen ans Tageslicht der funkelnden Palmwälder getreten ist, den schattengekühlten Morgenwind – durch Granatapfelblüten, Maulbeer und Oleander schwer – auf der Hand gespürt hat, der wird Ghadames, das magische Tor der Wüste, nicht vergessen. Nicht seine blauen Türen und die zinnoberroten, phönizisch-punischen Zeichen darüber, die Baal näher sind als Christus. Ich sah keines der abgegriffenen Berberschmuckstücke den Dreizack wiederholen; das ewige Symbol: Es bedeutet eine Hand. Stern und Raute kehren als Zeichen immer wieder. Auch die Hand als ganze. Schon auf den Felszeichnungen des Hoggar, die etwa zehntausend Jahre zurückreichen, scheint das trefflichste „Werkzeug" des Menschen auf und ruft uns die noch viel älteren Darstellungen in der Dordogne, Lascaux und Altamira ins Gedächtnis. Wie viel Symbolik blieb erhalten? Wie viel ging verloren auf dem Weg der Eiszeitjäger vom Norden nach Süden? Welchen Ursprungs sind jene blonden Kaukasier, die einmal im Jahr auf die nordpersischen Märkte kamen, schweigsam und jenen Halbgöttern nicht unähnlich, von denen der griechische Chronist schrieb? Wir sahen sie auf den Stelen von Teheran, aber man versicherte uns, dass es den Menschenschlag heute noch gebe, dass es blauäugige, blonde, sehr hoch gewachsene Menschen seien, Parsen. Kamen sie aus Sibirien, als dieses noch ein blühendes Land war? Sie, die Jäger des Hoggar, ihre Abstämmlinge? Ghadames, so erzählen die Beduinen, war eine Insel im Meer, das heute die Wüste ist. Deshalb trügen ihre Mädchen noch heute Perlen und Korallen und das Gold der Sonne neben den Türkisen. Daher käme die Melancholie in ihren Augen, und deshalb trügen sie weiße Brustgewänder, die der Schaum der Wellen seien oder die graue Seide der Dämmerung. Das Silber ihres Schmucks ist gewordenes Mondlicht. Andere wieder sagen, dass die Pracht der Tuareg- und Berberkleidung ein Überbleibsel, eine Erinnerung an die Phönizier sei, an Thyrins und Sidon.

Ghadames ähnelt von oben gesehen einer Ellipse, dem Zodiak. Zufall?

„Komm, Fremder, die Stimme Gottes hier in der unendlichen Wüste zu hören. Die Stille.“ (Tuareg)

„Auch für mich hat mein Vater vor über vierzig Jahren die Frau ausgesucht“, sagt unser schwarzer Gentleman am Beginn unserer Rückreise mit tiefem Ernst. „Und, sind Sie zufrieden?“, kommt es lauernd. „Ich glaube, ja“, bescheidet der Schelm.

Aufmerksam folgen wir mit den Augen der Straße durch die Wüste, die schon Cornelius Balbo neunzehn Jahre vor Christi Geburt geritten, ehe er Ghadames für Rom einnahm, um den scharmützelnden, kriegerisch-räuberischen Nomadenbanden das Handwerk zu legen und Cydamus für seine Bewohner und den Kaiser zu einem sicheren Ort zu erheben, zu einer Raststätte jener, die die begehrten Güter aus dem Herzen Afrikas an die Küste brachten, wo man mit der Purpurschnecke der Syrte, mit Wein, Flachs, Öl Handel trieb; mit Öl von Olivenbäumen, die zum Teil heute noch leben.

Karthago ist nicht mehr. Die Hammada-Wüste, die wir soeben durchqueren, geriet nach Balbos Sieg bei Germa unter die Kontrolle Roms, und somit war die Handelsroute gesichert, auf der auch der Nachschub der Raubtiere für die Arenen erfolgte, die in Hesperien, dem heutigen Bengasi, dem homerischen Ort der sagenhaften Hesperiden-Äpfel, verladen wurden. Hier verlief der Karawanenzug, der Ahaggar, Cydamus, Tacape (Gabes) verband, ebenso Air, Phasania (Fezzan), Oea – die beiden östlichen Routen aus Zentralafrika. Im Westen zogen die Karawanen von Bornu nach Uadai und Tibesti bis Leptis Magna.

Der Tag beginnt in die Wüste zu knicken. Die Sonne wirft noch einige Schaufeln Lichts nach und wendet sich ab. Nach etlicher Zeit erreichen wir unser Nachtquartier in Tripolis. Vor der üblichen elektronischen Schleuse des Hotels liegen große, graue Zeitungsfotos. Ein Fernsehteam filmt unsere Gruppe, wie sie durch die Schleuse geht. Ich sehe mir die Fotos, auf die man tritt, wenn man ins Hotel will, genauer an: Es sind Bilder Reagans. Ich gehe einen Umweg; die meisten Touristen sind zu müde um zu achten, worauf sie treten und wobei sie gefilmt werden. Heute ist der zwölfte Jahrestag der Bombardierung Tripolis'.

Leptis Magna

Von Tripolis nach Osten dehnt sich der Küste entlang ein Vegetationsgürtel, der sein Brackwasser von den reichlichen und knapp unter der Oberfläche liegenden Lagerstätten bezieht, die die launische Natur dort angelegt hat. Römer schätzten diese nordafrikanische Landschaft. Wie hätte sonst auf jeden Küstenkilometer eine ihrer Villen zu stehen kommen können oder Städte von der Ausdehnung und Vollkommenheit Leptis' (L'pti), Oea (Macar Ujat) und Sabrathas, also jener Tri-Polis?

Leptis, Hauptstadt der zweiten römischen Provinz in Afrika, musste später seinen Rang an das sechzig Kilometer westlich gelegene Sabratha abtreten, dessen natürliche Lage und überlegene Pracht sowohl Oea wie auch Leptis in den Schatten stellte. In den buchstäblichen Schatten auch seiner Bäume, in dem noch Tricamarons Soldaten unter Belisars Befehl im Jahr fünfhundertdreiunddreißig nach Christus diese reiche Provinz für Byzanz einnahmen. Die Bauten Sabrathas waren gewaltig. Später dachte man an eine Megalith-Kultur, als man Bruchstücke vermutete, wo es sich um gewöhnliche Mühlsteine handelte, römischer Ölmühlen allerdings. Prokopius spricht vom Garten zwischen Tripolis und Tanger.

Lucius Septimius Severus, der hochgebildete Vater Getas und Caracallas, wurde einhundertsechsundvierzig in Leptis Magna geboren. Er verschönerte zeitlebens seine Stadt, die schon Hadrian und Vespasian mit Marmor-Fora und Basiliken sowie einem schönen und – den Forderungen Roms entsprechend – funktionstüchtigen Hafen versehen hatten. Thermen, Paläste, Gärten und ausgedehnte Arkaden schützten die verwöhnten Städter vor Hitze und dem Ghibli und den bis vor seinen Mauern sich tummelnden Löwen und Leoparden.

Leptis blickt aufs Meer, nach Zypern und Kreta. Es war römische Provinz. Die Schwester Kaiser Septimius' sprach punisch. Sie wurde aus Rom nach Hause geschickt, weil sie nicht fähig war oder vielleicht einfach nicht Latein lernen wollte, es schlicht nicht für nötig hielt, ihrer Muttersprache zu entsagen, oder den Ansehenszuwachs, der ihr aus der Kenntnis der neuen Sprache erwachsen wäre, verzichtbar fand. Besäße sie eine Statue: Man könnte sie sich von vielen Gymnasiasten verehrt vorstellen.

Unvermutet hält unser Bus unter Eukalypten, dieser zweifelhaften Bereicherung aus Australien. Heute war die Fahrt kurz und reizvoll dank der Gärten zur Rechten und des Meeres zur Linken.

Wir stehen vor einem hellen Bau. Vielleicht sind Museen ja die einzigen leblosen Dinge, die einen überfallen. Der Baumeister muss sich das Guggenheim-Museum in New York zum Vorbild genommen haben. Wer phönizische Altäre oder die punische Kultur erwartete, wird nicht enttäuscht, wenngleich Kultgegenstände fast keine zu sehen sind, dafür aber umso mehr Zeugen des Selbstbewusstseins einer afrikanischen Stadt, die sich römischer und griechischer gab als manche ihrer italienischen oder hellenischen Schwestern. Originale in Marmor aus Hellas' bildhauerischer Blütezeit: ein Antinous aus der überaus beeindruckenden Skulptur, die Rom während des zweiten nachchristlichen Jahrhunderts zu liefern wusste, Venus, Apoll, ein Zeus, der jede Agora geschmückt hätte, überraschen in diesem Saal. Aber am nachhaltigsten beeindruckt eine Gruppe von überlebensgroßen römischen Senatoren aus Marmor. Die Köpfe sind nicht mehr vorhanden, aber seltsamerweise gewinnt die durchdachte Zusammenstellung – wohl der Einfall eines klugen Museumskurators – dadurch. Denn so kommen die Tuniken zur Geltung, und allein der Faltenwurf dieser schweren, feierlichen Umhänge verrät die Majestät dessen, der sich von Staates wegen damit zu kleiden hatte. Nachdenklichkeit, die Majestät der Schmucklosigkeit, die Macht des Wesentlichen. Diese Senatoren standen auf dem Forum, dem Tolos. Mit einem Mal gewinnt die Gestalt Brutus' ein anderes Gewicht. Das republikanische Rom galt es zu verteidigen. Die Würde, Souveränität, Macht. Männer wie diese duldeten keinen Caesar über sich. Sie taten ohne Ansehen ihres Lebens, was Rom nützte. Dafür wurden sie, die Feldherren, Gesetzgeber, Bewahrer der Ordnung mit einem Denkmal geehrt, das man ihnen – die nicht selten großzügig ihre Stadt verschönerten – im Hafen, vor einer Bibliothek, beim Theater, in der Basilika oder am Forum aufstellte. So unterschiedlich sie sein mögen, eine Verwandtschaft scheint diese Skulpturen-Gruppe mit jener zu haben, die vor dem britischen Parlament steht. Hier in Libyen sind es jene, die ihre Macht in den Dienst des Gemeinwohls stellten, dort stehen die Bürger von Calais, die ihre Ohnmacht zusammenschweißte: Beispiel der Opferbereitschaft.

Es ist ein besonderes Museum. Nahe am Meer, von Blumenrabatten leuchtend gefasst, hütet es in seinen gut gegliederten Räumen die Blutaltäre Baals, die Schrift Phöniziens. Doch während man sich vertieft, wird man von Vögeln gerufen, die die vielen runden Fenster auf Augenhöhe zu Nisthöhlen umgebaut haben und von der Störung durch Besucher sehr wenig zu halten scheinen.

In der Eingangshalle finden wir ein Modell Leptis' Magnas, das uns beim folgenden Rundgang durch die ausgegrabne Stadt helfen soll.

Man tritt ins Freie. Ein kurzer, schattiger Weg führt zu einem vierzig Tonnen schweren Marmorblock, den man nicht fertig behauen hat. Er muss spät abgeladen worden sein. Die Stadt hatte nach über tausend Jahren aufgehört, ihre Rolle zu spielen, es sei denn für ihre Zerstörer. Welche Menschen lebten hier? Warum lernte eine Patrizierin nicht Latein? Worin bestand die Anziehungskraft Puniens, das Erbe Sidons? Seine Verbundenheit mit dem ptolemäischen Ägypten? Wieder fällt einem die Senatorengruppe ein, der Faltenwurf der Weltmacht, Ausdruck einer Gewalt, die selbst des Hauptes entbehren kann, ohne geschmälert zu werden; das Mysterium der Uniform, hier auf höchster Ebene. Unter demselben Dach aber finden sich Zeugen eines anderen Puniens. Wenige dutzend Meter von den Marmorsenatoren standen einfache Steinaltäre, Einkehrorte punischer Götter; ihre Wohn- und Zufluchtsstätte gekennzeichnet durch Symbole, die den Andächtigen zu tiefster Meditation veranlassten. Ausgeliefertheit da und Ausgeliefertheit dort, hätte Rom nicht in seiner Morgengabe, dem Gesetz, allen jenen, die es bezwang, mehr gebracht, als es ihnen raubte. Denn damit schnitt es der Willkür, dem Despotismus, ja allem, was das zivile würdige Leben vom Sklavenschicksal trennte, die Schlagader durch.

An die Stadtmauer Leptis' grenzend liegt ein Waidhäuschen, dessen Fresken noch gut erhalten sind und eine Leopardenjagd zeigen, wie man sie sich lebhafter und bedrohender schwer vorstellen kann. Eines der besterhaltenen Amphitheater liegt zwei Steinwürfe weiter, und wer die oberen Ränge ersteigt, hält beklommen inne: Das unendliche blaue Meer breitet sich vor ihm aus, aufgehalten nur durch die dichte, würzige Macchia, den aus Stachelbüschen, Pinien, Wacholdern und Gräsern, Zwergeichen und Lorbeer, Thymian, Pfefferminze zusammengesetzten Streifen hart am Ufer, ehe er in Wüste übergeht.

Es ist spät am Nachmittag. Die Arena könnte sich jeden Augenblick zu füllen beginnen. Tiger, Löwen, Nashörner, Molosser warten schon. Die Gladiatoren schärfen missmutig ihre Waffen. Bald wird man die Sonnensegel raffen. Von der nahen Pferdebahn rauscht ein gewaltiger Schrei herüber. Wer wohl gewonnen haben mag?

Man tippt mir an die Schulter: „Fotografieren verboten; die Ausgrabungen sind noch neu und nicht dokumentiert." Knarrend dreht sich ein kleines Eisenschild mit einem Warnzeichen in der Abendbrise, und man sieht in der Tiefe das mächtige Tor, durch das die Kaiser und Senatoren zu den Spielen fuhren.

Warum sind Städte außer Wohnballungen auch Unterredungsplätze, Kultstätte, Unterhaltungsorte, Orte des Lebens, aus denen man die Friedhöfe bannte? Warum stellte man jene, deren Reste man keinesfalls innerhalb der Mauern duldete, in Marmor oder in Bronze gegossen wieder in die Städte?

Ich gehe über einen karmesinroten Blumenteppich unterm wolkenfreien Himmel durch den Frühling auf die antike Straßenkreuzung zu, die Leptis Magna vierteilte. Ein hoher Triumphbogen überwölbt das Zentrum. Die Spitzen des Tympanons sind wie von Riesenfäusten gespreizt und steiler, als man es von griechischen Bauten gewöhnt ist. Da der ganze Bau ein Quadrat zum Grundriss hat und daher sehr massiv wirkt, tut es keinen Abbruch, dass auch der Giebel eher die Vertikalen zu berücksichtigen scheint als deren Übergang zu einem Tempelgiebel. Das Ganze erhält einen ungewöhnlichen, ja barbarischen Reiz durch diese Abweichung, die sich der Baumeister einfallen ließ, ohne dass man einen Grund dafür erkennen könnte oder eine Funktion ablesbar wäre.

An den Thermen und den Resten eines gigantischen Säulenganges entlang stoßen wir auf die Bibliothek und endlich das Forum und seine Mosaiken und Masken über den Wandelhallen und Arkaden. Ein Tempel schließt den gewaltigen Platz auf der einen Seite, gegenüber liegt die Julianische Basilika, deren durchbrochene, ja geradezu ziselierte Marmor-Pfeiler eher an kretisches Silberfiligran erinnern als an die Überbleibsel mediterraner Steinmetzkunst verflossener Jahrtausende. Wer waren die Frauen und Kinder, die Jünglinge und Greise, denen solche Bauten angemessen schienen? Wie hätten sie sich den Ureinwohnern, die nur Zelte, keine Literatur, keine Verfeinerung, wenig Sitten hatten, ebenbürtig fühlen sollen? Sie kannten und vertraten das Ius Italicum und beherbergten in ihren Mauern Männer wie Hieronymus, der noch im vierten Jahrhundert diese Stadt als „urbs semibarbara", halbwilde Stadt bezeichnete. Mit dem Überfall der Austurianer (dreihundertdreiundsechzig bis dreihundertsechsundsechzig), ihrer Plünderung und Verwüstung begannen der endgültige Niedergang Leptis' und Aufstieg Alexandriens. Geiserichs Horden zogen dreiundsechzig Jahre darauf noch einmal über das Verbliebene her, und was die Vandalen der christlichen Tripolitania erspart hatten, hagelte aus dem christlichen Byzanz fünfhundertdreiunddreißig Jahre nach Christi Geburt in dessen Namen auf die Nachkommen römischer Kaiser. Erst mit dem Islam und einem seiner Feldherren, Abdallah-ibn-Saad, der von Ägypten kommend alle Städte Tripolitaniens unterwarf, trat Ruhe ein. Ab nun begann der Ghibli sein Werk und deckte mit seiner Elfenbeinhand die kurzen Zeugnisse menschlichen Könnens und menschenwürdigen Zusammenlebens.

Leptis Magna – zum Unterschied von Leptis Minor (Bizacena, Lamta) – zählte zusammen mit Utica und Karthago zu den ältesten phönizischen Städten, wenn wir Sallust und Plinius Glauben schenken. Der Ort, den Homer seit dreitausend Jahren von den Lotophagen besiedelt schilderte, liegt zwischen den beiden gefährlichen Syrten, und so ist auch der Name und sein Ursprung zwischen dem Phönizischen und dem Libyschen zu suchen. Aber es war Punien, das diese Stadt seinen Kolonisatoren und Gründern aus Thera und Sparta so gründlich entriss, dass man ein „makom ada", also Neu-Stadt daraus machte, eine Neapolis, deren Status allerdings der eines Vasallen blieb; immerhin des reichsten der drei Emporia, die Karthago versorgten, wie uns Polybios und Livius berichten. – Aber wie wenig bedeutet alles Messen und Zählen, alle Geschichtsschreibung vor dem Hintergrund des Eigentlichen? Wie wenig erzählt, wer nur die Ausnahmen aufzählt? Es ist, als stellte man eine Landschaft dar, indem man nur ihre Bergspitzen wiedergibt und die Täler vergisst.

Wenig sagt über eine Gemeinschaft mehr aus als deren Umgang mit dem Leben selbst, seine Wert- oder Unwertschätzung.

Wer nur die ägyptische oder die etruskische oder griechische Grabkunst kennt, kann sich zwar ein Bild von den Vorstellungen eines Totenkults machen; aber wer kann richtig einschätzen, wie viel des Dargestellten Wünschen oder Furcht oder rituellen Vorschriften entspricht? Es sind Transponate, Projektionen. Einen völlig anderen, geradezu frischen und lebensnahen Gesichtswinkel danken wir zwei glücklichen Umständen; sie gestatten uns Einblick in eine Gesellschaft, deren geradezu verblüffende Gegenwärtigkeit das Werden und den furchtbaren Niedergang stolzer Städte wie Leptis, Oea oder Sabratha umso beweinenswerter macht, als uns ihre Einwohner ähnelten.

Der Küstenstreifen zwischen Tunesien und Ägypten war eine Perlenreihe römischer Patriziervillen. Selbst die ägyptische Oase Fayum war ein römischer Wohnort. Man hatte dort, wie überall in Nordostafrika, die Sitte der Porträtmalerei, eine Wachs- und Pigmentmalerei, auf eine unglaubliche Stufe gehoben und pflegte den Toten bis spät ins christliche Zeitalter – also bis ins fünfte Jahrhundert – ihre zu Lebzeiten gefertigten Abbilder auch ins Grab mitzugeben, damit das Ka nicht verloren ginge. Diesem Brauch danken wir heute eine große Anzahl hervorragender Porträts vornehmer oder auch nur wohlhabender Römer und Römerinnen aus der Zeit von Caesar bis Belisar. Wir stehen vor Damenbildnissen, die der Restauration Wiens zu entstammen scheinen, vor Mädchenantlitzen mit nachnapoleonischen Frisuren. Raffinierter Schmuck, plissierte Kleidung fehlen nicht in dieser Gesellschaft, die ihre Kinder mit demselben Leid verlor wie wir, die das Leben über alles schätzte und es in einer Abbildungstreue von erschütternder Gegenwärtigkeit und Frische feierte. Nicht die Gattung, das Individuum wurde geschätzt und seine Gesichtszüge sorgfältig bewahrt, ob es sich um ein Kind oder eine Matrone handelte. Eine tiefe Ehrfurcht vor dem Leben drückt sich in der meisterhaften Wiedergabe individueller Antlitze aus, und nichts ist zu finden, was sich mit darüber Hinwegschreiben und darüber Hinweglesen der Opferung Hunderttausender für irgendein Ziel einverstanden erklärte. Jeder Einzelne dieser Dargestellten ist ein Liebhaber seines eigenen Lebens und fern davon, dieses weiß Gott, welchen hehren Zielen in den Rachen zu werfen, wenn er nicht muss. Verletzlich und menschlich sehen sie uns an, die Mumien-Porträts, und sie haben nichts mehr gemein mit „de bello gallico“ oder sterbefreudigen Heroen, blonden oder einfachen Bestien. Warum wohl die Geschichtsschreiber diese Tatsache so vernachlässigen?

Aber auch diese Abbilder sind nur die Nachfahren einer Kunst. Was der oberflächliche Kenner Alt-Ägyptens mit Totenkult abtut, oder wer gar vermutet, dass dem Volk am Nil das Diesseits nichts, das Jenseits alles bedeutete, dem sei der Grabspruch aus dem dreizehnten Jahrhundert vor Christus ins Gedächtnis gerufen, der lautet: „Dein Glück hier wiegt mehr als dein Leben im Jenseits."

Aus dieser Wertschätzung des irdischen Daseins leitet sich die gesamte Kunst Ägyptens ab, wenngleich ein überaus hartes, karges Leben wenig verdiente, fortgesetzt zu werden: Selbst das Brot enthielt Sand, Medikamente waren unbekannt, die Kindersterblichkeit hoch, Rückgratverkrümmungen aufgrund des Tragens schwerer Lasten an der Tagesordnung; Bilharziose, Filariose, Unterernährung die Todesursachen schlechthin. Und trotzdem wollte der Ägypter, so wie er war, weiterleben und schuf sich das Porträt, damit sein entflohener Lebensgeist das Gesicht und den Körper wiedererkennen konnte. Er schuf es so lebensnah wie möglich, um jeder Verwechslung vorzubeugen, und legte den Grundstein zu einer Kunst, die uns in ihrer Großartigkeit, aber noch mehr mit ihrer Magie bis heute nicht losgelassen. Ob Dürer oder Michelangelo, ob Rembrandt oder Picasso oder Bacon – sie alle halten die Sterblichkeit im Zauberakt ihrer Malerei für eine kurze Spanne auf. Das heißt nicht, dass sie das Unbekannte herbeisehnen, sondern das Bekannte – so schwer es auch immer sein mag – verlängert sehen wollen.

Das realistische Porträt danken wir vielleicht Ägypten. Es entsprang einer metaphysischen Notwendigkeit des Menschen und setzte sich in allen Kulturen durch, wenngleich es in einigen, wie etwa der buddhistischen, überwunden wurde, als man dank erlernbarer Vertiefungstechniken die Grenzen des geistigen Lebens des Menschen auf eine nie gekannte Stufe hob. Die Römer Nordafrikas – von denen unsere Überlegungen hier ausgehen – treten uns dank der hochentwickelten Porträtkunst Ägyptens ungemein lebendig entgegen und erlauben uns, im Geiste die Arkaden und den Hafen Leptis' zu beleben, die Fora zu bevölkern und den Marmor-Senatoren ihre Gesichter wieder zu geben, ja einer ganzen Stadt Leben und Würde einzuhauchen, obwohl sie eineinhalb Jahrtausende lang vom Sand verschüttet war.

Wie weit liegen Kulturen auseinander, deren eine – die der Engländer im vorigen Jahrhundert – Mumien als Dünger importierten (das Wort Mumie kommt von Bitumen), während die andere, aus gering geschätzten Fellachen bestehend, den Transport ihrer Könige auf dem Nil (Amosis der Erste, Tutmosis der Erste / Zweite / Dritte, Ramses der Erste / Zweite / Dritte, Nefertari, Hatschepsut und andere mehr) vom Ufer aus weinend verfolgten und nichts von den Zöllnern wussten, die die toten Pharaonen unter der Zoll-Definition „Dörrfisch" ins Nationalmuseum überstellen ließen.

Mumien, schon Sammelobjekte des Sonnenkönigs und Nicolas Fouquets, waren das Ergebnis jahrhundertelanger Studien der Konservierungstechniken. Man füllte die Augenhöhlen mit Zwiebeln, Holz, Glas, Keramik und legte Gold, das Fleisch der Götter, auf das Antlitz und die Körperöffnungen. Christliche Mumien trugen Alltagskleider. Wurden auch sie zu Osiris? Oder griff unser heutiges Credo von der Auferstehung des Fleisches auf Ägypten zurück? Ba (die Persönlichkeit) und Ka (die Lebensenergie) mussten einander nach dem physischen Tod wiederfinden. Die Zerstörung des Körpers verhinderte dies. Daher musste er mit allen Mitteln erhalten bleiben. Die Totenstädte Ägyptens liegen zum Teil in der Oase Kharga. Eine von ihnen ist Dush. Sie ruht in der libyschen Wüste. Wieder Libyen.

Aber so viel Übereinstimmung wir auch suchen und finden, in einem unterscheiden sich die antiken Kulturen Etruriens, Griechenlands und des Mittelmeers grundsätzlich von Ägypten: Ägypten brachte den Tieren ebenso viel Achtung entgegen wie den Menschen. Ja, es kannte keinen Rangunterschied zwischen den beiden. Es errichtete Fröschen, Stieren, Katzen, Krokodilen, Vögeln Denkmäler und balsamierte sie ein. Nur Inder achten heute noch das Tier so wie Alt-Ägypten. Laut der Bibel ist das Tier dem Menschen untertan, nicht anvertraut.

In der Agora, dem Markt und Versammlungsplatz Leptis', liegt ein Marmorsockel aus Paros. Er ist das Fundament eines der steinernen Senatoren, die im Museum stehen. Wie viel verdankt Kunst ihrer Funktion, wie viel dem Unbegreiflichen? Der Töpfer, der ein vollendetes Gefäß – z. B. eine Vase – formt, sorgt für die Aufgabe, die es zu erfüllen haben wird, und hat damit seinen Auftrag erfüllt. Warum bemalt er die Vase mit mythologischen Szenen? Wie viel Heiliges finden wir roh und ungeschlacht dargestellt und wissen es doch weit über alle Ästhetik erhaben? Es ist auch hier die Funktion, die adelt. Aber die Ebene, auf der dies geschieht, liegt im Transzendenten, im Unerforschlichen. Sogar dem Hässlichen, scheinbar Unvollkommenen wächst Bedeutung zu durch den Kult, durch die Überzeugung, die es nährt. Erst wenn das Hässliche seiner Bedeutung entkleidet wird, zurückgeworfen allein auf seine Ästhetik, wird es so wenig, wie es darstellt, und die Frage nach dem Recht seines Bestehens taucht auf. Vieles unserer heutigen Kunst wäre erträglich, entbehrte es nicht einer Bindung, drückte es nicht oft klägliche Unbildung, Mangel an Überzeugung seines Schöpfers aus. Der daraus entstehende Mangel an Überzeugungskraft – Skepsis in ein Kunstwerk gegossen – verdammt es, zur Hülle von etwas zu werden, was nie war. Inhalt vertritt niemals die Wahrheit, aber die Wahrhaftigkeit. Hässlichkeit als solche hat keinen Anspruch auf Wahrheit; der Schönheit gelingt es, diesen Mangel zu überspielen. Sie belässt uns die Oberfläche, den Landeplatz der Illusion, einst des Göttlichen. Denn Menschen schaffen das Innen, Götter aber das Außen.

Wer von Leptis nach Tripolis reist, riskiert, von zwei „Gegenwarten" enttäuscht zu werden. Die eine liegt zweitausend Jahre zurück und hinterließ trotz aller Zugriffe von Natur und Menschen Spuren einer Sicherheit und eines Vertrauens in Macht, die wir uns heute nicht mehr vorstellen können.

Römische Steinmetze fuhren nicht im BMW an den Arbeitsplatz. Pensionen und Medizin gab es für wenige. Das Bismarcksche Sozialverständnis hatte noch nicht die Chinesische Mauer als Weltwunder in den Schatten gestellt. Sicherheit war noch kein Recht geworden, und den Dienst mit der Waffe verweigerte man höchstens durch Flucht. Aber die Unanfechtbarkeit römischen Selbstverständnisses prägte jeden Ziegel, jeden Stein des Imperiums zwischen Persien und Schottland, ohne den Eindruck des Protzens oder der Aufdringlichkeit zu hinterlassen. Man staunt angesichts der gewaltigen Baufragmente, aber man empfindet weder Häme noch Schadenfreude angesichts des Zerfalls. Der Tod Roms wird staunend hingenommen. Er steht im Widerspruch zum Titanen, der da starb. Wo Berge abgetragen wurden, um aus ihnen Städte zu errichten, findet man sich mit dem Zerfall mühsamer ab als dort, wo Sand zu Beton gebunden und später wieder zu Sand wird.

Leptis Magna, die civitas foederata, die Stadt, die Caesars Zorn erweckte, weil sie Pompejus die Treue hielt; Leptis, der von Augustus und Tiberius das Schlagen eigener Münzen zugestanden worden war – die einzigen Silbermünzen des römischen Afrika –; Leptis, das räuberische, das das kleine Oea mit Grenzstreitigkeiten, Rinderraub, Überfällen in die Arme der Garamanten trieb und somit Valerius Sixtus im Jahre neunundsechzig die von Rom herbeigesehnte Gelegenheit bot, diese Nomaden des Landesinneren zu verfolgen und zu „befrieden" und Rom den Weg nach Äthiopien, längs der Praeter caput saxi (Plinius) freizukämpfen; Leptis, diese steingewordene Wirklichkeit, auf deren einem Bruchstück ich hier im Forum sitze, schloss seine Marmoraugen für immer, und niemand weinte.

Tripolis hat nichts vom einstigen Oea. Selbst seine zum Teil aus dem siebten Jahrhundert stammenden Moscheen bestechen eher durch ihre ehrwürdige Dürftigkeit. Türkische Bäder zeigen ihr Ansehen durch überaus feine Verzierungen, Schnitzereien, Stuck. Und vielleicht spielt ein Quäntchen Dankbarkeit der Wüstensöhne mit, die des Waschens mit Sand leid. Ebenso wie die Brunnen einer Moschee eher an die Gnade Allahs erinnern als der heilige Ort des Gebetteppichs, wo immer man diesen in der Düne entrollen mag.

Der Muslim spricht unmittelbar zu Gott. Alle religiösen Vorschriften haben sein Heil und das Heil seines Mitmenschen im Auge. Almosen sind Pflicht, und einskommasieben Prozent seines Reichtums hat der Fromme den Armen zu geben. Vierzig Kniebeugen am Tag bis ins hohe Alter schreibt der Gebetsritus vor. Die volkswirtschaftliche Bedeutung für das Gesundheitswesen ist nicht abzuschätzen. Auch hier spricht die Weisheit des Propheten, der selbst seine Feinde nicht ruinierte oder kränkte, ihnen wohl das Eigentum, die Dattelpalmen nahm, aber das Recht auf die Früchte beließ; oder der Jerusalem Mekka gleichrangig erklärte und Äthiopien nie in einen Krieg verwickelte, da sein erster Muezzin Äthiopier war.

Die Moscheen Tripolis' stammen aus einer Zeit, da Christen von Juden im Jemen verfolgt und verhöhnt wurden, und es war König al-Vise (der Elefant), der ihnen in Sanaa Hilfe und Freiheit gewährte.

Wer Tripolis kennen lernen will, muss mit dem Augenschein hart ins Gericht gehen. Vom antiken Oea steht ein prachtvoller Triumphbogen im gewohnten quadratischen Grundriss, umgeben von Marmorbruchstücken wahrhaft kaiserlicher Dimensionen. Hochrelief, Echinus, Architrav bester römischer Steinmetz-Tradition ragen aus dem Ufersand des Ortes, der hart am Meer liegt. Man geht zwischen Katzen und Plastikfetzen, Papierknäueln und verdorrten Disteln. Ein Atem von Nachlässigkeit, ja Überdruss liegt über dem Ganzen, und man hat den Eindruck, als wäre Geschichte ein Fenster, das manche Kulturen gern blind sähen.

Tripolis, die Stadt aus dem achten oder siebten Jahrhundert vor Christus, von der Nora, die älteste phönizische Siedlung auf Sardinien stammen könnte; Tripolis ist heute eine großenteils von italienischen Baumeistern des Faschismus errichtete, anonyme Hafenstadt. Wenig hat sich aus der türkischen Herrschaft erhalten. Wer die vernachlässigten Arkaden durchwandert, erkennt, wie unangebracht die europäische Kultur des Erhaltens in einer Kultur des Errichtens wirkt. Der Okzident findet vielleicht seinen bezeichnendsten Ausdruck in der Dom-Bauhütte, also jener Werkstatt, die von Beginn den Dombau begleitet und nach angenommener Vollendung des Baus an ihrer Stelle bleibt, um für alle Zeiten die Instandhaltung zu sichern. Nichts davon gibt es im Orient. Die gewaltigen Bauten Tamerlans, der Kalifen in Kairo oder Istanbuls, Pekings oder Sri Lankas kennen das Prinzip des Erhaltens nicht. Selbst die unbeschreiblichen Weltwunder Isfahans begannen am Tag, als der letzte glasierte Ziegel auf ihre Kuppel gemörtelt wurde, zu verfallen. Im Orient widerspricht man der Zeit nicht.

Nur in den Moscheen, im Zwiegespräch mit Gott wagt der Baumeister, der Künstler sich auf die Brücke der Metaphysik. Er vertraut dem Ornament und seiner Wiederholung den eigenen Anspruch auf Unvergänglichkeit, auf Wiederkehr an, indem er dasselbe Muster immer und immer wieder bringt, es so in Farbe, Form, Feinheit mit sich selbst in ein Dickicht verwirrt und verwebt, dass es aus seiner ursprünglichen Funktion heraustritt und zu etwas Eigenem wird, das unabhängig von seiner Oberfläche leben könnte. Wiewohl nur die zweite Dimension in Anspruch genommen wird, so erschöpft sie sich nicht in sich selber und lässt den Betrachter, der anfangs seiner so sicher war, in einem Spiel aus Pracht und Endlosigkeit zurück, das Zweifel an der Sicherheit des eigenen Urteils aufdeckt. Man erkennt, dass der Westen bei all seinen augenscheinlichen Triumphen nur einen der unendlich vielen Strahlen der Sonne darstellt; der Mensch selber könnte einen dieser Strahlen darstellen, wäre er bescheiden genug.

Das widersprüchliche Tripolis, in dessen Gassen noch zur Jahrhundertwende jeder nach Sonnenuntergang zu Recht für sein Leben fürchtete, ist heute eine sicherere Stadt als viele der so genannten zivilisierten Welt. Man stößt dort nicht nur auf einen Basar, der nichts als Ramsch anbietet und dessen Geschmacklosigkeit nur von jenem Tourismus gerechtfertigt wird, der sich die Schießbuden-Ware ins Haus holt; auch hier finden Händler Nischen, wo man die Freude des Kenners sowohl in den Augen der Berber als auch eines Europäers aufblitzen sieht, wenn ein rares Stück zu redlichem Preis den Besitzer wechselt; obschon dieser jetzt schon weiß, wie melancholisch sein entwurzelter Fund in der Vitrine wirken wird.

Nahe der Hafen-Festung, die lange Zeit Korsaren eher anzog als abstieß, nahe dem Basar und seinen türkischen Bädern, nahe den Moscheen, die noch aus der Zeit stammen, da man das Minarett nicht kannte und die Gläubigen vom Dach des Bethauses rief, nahe der Küstenpromenade mit ihren zwanzig Meter hohen Palmen, die aufs Meer hinaus grüßen, liegt das moderne Museum von Tripolis und empfängt den Besucher mit Felszeichnungen, die achtzehntausend Jahre alt sind und aus dem Acacus-Gebirge stammen. Die besterhaltenen Altäre der phönizischen Göttin Tanit, einer Ischtar, Demeter, Juno werden ebenfalls gezeigt. Man wandert durch ein Sammelsurium von Tierbälgen und Fischpräparaten, die den Schulklassen Fauna und Flora Libyens beibringen könnten, ehe man in einem halbverdunkelten Saal vor den Orden und Schwertern, Ehrenbändern und Ehrengewändern steht, die das Oberhaupt Libyens zum Geschenk bekam, und die so ausgestellt sind, dass sie unwillkürlich den Eindruck erwecken, ein Spaßvogel habe sich hier einen Scherz erlaubt.

Ein weiterer Flügel des Museums ist der Antikensammlung gewidmet. Ein Mosaik aus dem zweiten nachchristlichen Jahrhundert wird zuerst für ein holländisches Stillleben gehalten. Auf einer etwa zwei oder drei mal drei Meter messenden Fläche tummeln sich eine Vielzahl Meeresbewohner, angefangen von der Languste bis zu Schnecken, Barschen, Flundern, Krebsen und so weiter. Bei manchen Fischen ist selbst das Maulinnere so fein durch die Farben abgestimmt, dass man den Eindruck gewinnt, der Künstler habe eine Lampe in den Fischschlund gestellt. Die Krustentiere möchte man aufheben und nach Hause tragen. Das Mosaik stammt aus der Villa eines römischen Arztes und diente als Rezeptur, denn so wie man heute Heilkräuter einsetzt und viele von diesen der Überlieferung durch die Mönche dankt, so setzte man in der Antike auch bestimmte Fischteile gegen verschiedene Gebrechen ein; Wissen, das verloren gegangen ist. Ein anderes Mosaik zeigt Jagdszenen. Wieder ein anderes Sklaven, die einen Gebundenen auf einem Zylinder einem Leoparden entgegen rollen. Bären werden auf Stiere gehetzt, und die Hand des Meisters hat nicht verfehlt, die Ratlosigkeit im Auge des großen Raubtiers festzuhalten.

In der Skulpturensammlung, die übersichtlich, hell und gut abgestimmt wirkt, überrascht eingangs ein Dionysos; vielleicht aus der Hand Praxiteles'? Ein Antinous, den Leonardo entworfen haben könnte, die Venus von Cyrene und wieder eine Gruppe: diesmal römische Patrizierinnen, deren Würde das Gegengewicht zur Macht der Senatoren darstellt, die wir in Leptis kennen gelernt haben. Würde man das müßige Spiel der Vergleiche nicht scheuen, so könnte man diese Frauen auf die Ebene einer Ute von Naumburg oder der Bildhauerei von Saint Denis oder Pisanos stellen. Und wieder erkennt man, um wie viel mehr Ähnlichkeit sich in einem Bereich vorwagt, der sich der Beschreibbarkeit entzieht und vielleicht am besten durch die persönliche Betroffenheit, ja Erschütterung wiederzugeben ist. Die Römerinnen, vor deren Abbildern wir hier in einer afrikanischen Stadt stehen, blicken uns mit jener Bescheidenheit an, der Macht nicht Erfüllung, sondern Voraussetzung war. Welch ein Abstand zu Fragonard, zu Marie-Antoinette oder den Damen, die noch Van Dyck riefen.

Vielleicht die besten Büsten Neros, Tiberius', Hadrians, aber auch Zeus', Poseidons finden sich hier, wo Griechenland verehrt wurde wie nur selten. Beschämt denkt man an den barbarischen Wiederanfang, die byzantinische Starre, die karolingische Ungeschlachtheit, die tausendjährige Lähmung, ehe die Pisaner, Donatello und die Renaissance erwachten.

Sabratha

Mesopriantemum. Blaurot leuchtet der Teppich aus Blütensternen, von grünstaubigen Armen gereicht, über dem Sand. Das Meer zieht in unbestimmter Entfernung seine Kobaltlinie zwischen löwenfarbenen Resten einer Stadt sechzig Kilometer westlich von Tripolis. Auch hier bildeten Numidier den Hauptanteil einer Bevölkerung, deren Lebensweise von den eingewanderten Griechen, Phöniziern, Römern bestimmt wurde. Lucanius kam von hier, und seine Stoa hörten Nero und Claudius, aber viel weiter durfte der griechische Gedanke nicht in einem Land, das Herkules zu seinem Melqart sagte und den phönizischen Gott damit meinte, der unter der Bezeichnung Liber in ganz Afrika bekannt war. Eshmum wurde Äskulap, und auf Nora, nahe Cagliari in Südsardinien, ist ihm der prominenteste Tempel geweiht. Arche, der Bischof von Leptis magna, der Bischof des Oster-Traktats aus dem zweiten Jahrhundert wusste es.

Byzantinische Mauern schützten das antike Sabratha, die Perle einer Hafenstadt, die viel bewunderte und beneidete, noch eine kurze Zeitspanne vor den Troglodyten aus dem Landesinneren, die für Purpurschnecken und jene, die ihrer bedurften, nur Verachtung kannten; ihnen war ein Jupiter-Tempel, ein Theater einzig Maß eigener

Zerstörungskraft. Sabratha, steingewordene oder steingebliebene Wehmut. Das Schauspielhaus steht wieder unversehrt mit seinen Rängen und Statuen und erwartet die Verstärkung der Schauspielerstimme durch die Brise des angrenzenden Meeres. Drei Säulenordnungen hoch ragt die Bühnenrückwand. Die Reliefs vor dem Graben zeigen keine Verletzung. Kein Kopf wurde den schönen Gestalten abgeschlagen. Der Sand war gnädiger.

Über nahe Höhenrücken und Hügel geht man an Bibliotheken, Basiliken, Tempeln und Thermen vorüber, ohne das Meer aus dem Blick zu verlieren, das Mittelmeer, den Palast Poseidons, der Nereiden und Träume.

Was weißt du von der Sonne Heimweh?

Ägypten

Was weißt du vom Nil
und seinen tausend Klaftern
den weißen Reihern
und dem roten Lotus
den schweren Kähnen
und zu feinen Händen für Granit
von Masten
die die Suren nachts ans Kreuz des Südens heften
von Ufern
wohin Wüsten trinken kommen
Was weißt du von den Adlern
und dem heilen Auge Horus'
von Bergen, die zu Tempeln wurden
weil sie schwer von Sonne tönten
Was weißt du von den Inseln und Oasen
von den Büffeln und den Kindern die sie reiten
von Palmen Blüten Sykomoren fern im Sand
und dem Lehm der Hütten der den Tod nicht kennt
Was weißt du von der Feder
die Herzen leichter will als Wahrheit
Was vom ernsten Schreiten in den Königsgräbern
tief im Totenberge
Was weißt du von den Pyramiden
und den eingezognen Rudern ihrer Königsbarken
die im Sonnenwind nach Osten gleiten
wo die großen Sterne warten
immer noch
Was weißt du von der Klage Isis'
von Ebenholz und Elfenbein von Punt
von Gold Türkisen und vom Kostbarsten
dem Silber

Was weißt du von der Sonne Heimweh
nach dem Alabaster

Am südlichen Ostufer des Lago Maggiore, zwischen Barza und Taino weidet eine vor kurzem geschorene Schafherde. Die Lämmer blöken ins Dezemberlicht. Ein starker, brauner Ziegenbock mischt sich zwischen das schmutzige Weiß. Am Waldrand lagern zwei Hirten.

Ihre angebundenen, kräftigen Maultiere fressen vom alten Laub. Die milden Linien der Berge am anderen Ufer deckt Schnee. Es ist elf Uhr vormittags. Morgen um diese Zeit werden wir in Kairo sein. Zeit, die tödliche Fiktion; Zeit, die gedachte Geduld. Zeit, die Göttin des Rückens, die vorwärtsgewandte Vergangenheit. Zeit, die Rückkehr des Ungewesenen. Zeit, der Ornat des Todes. Morgen werden Bäume genau dieses Flugs wegen zu sterben beginnen, ich aber werde vor Denkmälern der dritten, fünften und sechsten Dynastie stehen. Und gleichzeitig wird im südlichen Kalifornien ein Mammutbaum den Tag erwarten, und er wird ebenfalls mehr als viertausend Jahre alt sein und immer noch leben.

Vierzehn Uhr zwanzig, Rom. Flughafen. Wohltuende Vergesslichkeit freundlicher Kellner. Aus dem Wolkenhimmel ein Flugzeug nach dem anderen. Die Ewige Stadt, selbst von hier ein Ort, über den zu schreiben Anmaßung bleibt.

Achtzehn Uhr zwanzig, auf dem Flug nach Kairo. Flughöhe zehntausend Meter, Fluggeschwindigkeit die Hälfte der Stürme auf dem Saturn. Im Kopfhörer „Stille Nacht". Wieder das Phänomen, alle Mitreisenden zu kennen. Wer an Vorbestimmung glaubt, zweifelt doch immer, wenn Flugzeuge abstürzen. Aber dieses Bekanntheitsgefühl klärt vieles.

Es ist später. Unter uns das Ereignis Mittelmeer, dann Kreta. Kreta, das Eiland, dessen Kühe noch heute jenen göttlichen Augenschnitt besitzen, der Hera zugesprochen wurde. Stets fielen mir die Augen der Rinder auf den Reliefs von Mere-Ruka bei Sakkara in Ägypten ein, wenn ich Homer las. Winterlich liegt der Ida. Zeus friert. Im Kopfhörer wieder „Stille Nacht".

Zwanzig Uhr zehn, Kairo. Das alte Heliopolis funkelt, und träge schleift sich der schimmernde Airbus eine Schneise von den Sternen zum Sand. Dunkel bewacht der Nil das Blitzen der Stadt und hält den Lichtern seinen Spiegel hin.

Zweiundzwanzig Uhr, die Hotelhalle ist taghell. Neben Fotos von Nackttänzerinnen ein Weihnachtsbaum. Im Watte-Schnee versinkt ein Schaumgummi-Rentiergespann samt Schlitten und Weihnachtsmann. Aus den Lautsprechern klingt gedämpft „Oh Tannenbaum". Von den Terrassen sieht man Pyramiden. Heute ist der sechsundzwanzigste Dezember. Über dem Schlitten wölbt sich eine prachtvolle Stalaktitendecke bester Mameluckentradition. Aus Carrara-Marmor Repräsentationsemporen und Geländer, Skulpturen, Bronzegitter feiner Auffassung, silberne Scherenschnitt-Leuchter, Rosenholz-Vitrinen und Purpur-Damaste an den Wänden geben der Herberge vornehme Züge. Die Menschen sind freundlich, auch untereinander. Kein Geschrei, kein Getuschel. Etwas Weltläufiges zeichnet diese Hamiten aus. Sie unterscheiden sich von der interessierten Düsternis anderer Nordafrikaner.

Kairo, Misr-el-Kahira, die Siegreiche, die aus den Resten Memphis' oder Abu-Serges Erbaute, wo Joseph für Octavian – nach dessen Sieg bei Actium – zimmerte, wo heute noch Teile des Alten Testaments aufbewahrt werden, wo die Zitadelle Gohars aus dem Jahre neunhundertfünfundsechzig noch erkennbar ist, wo Ibn-Tuluns Moscheediener dir heute noch, elfhundert Jahre später, Tücher um die Schuhe binden, damit du das Heiligtum, seine riesigen Höfe nicht mit dem Staub der Karawanserei entweihst. Kairo ist keine ägyptische Stadt; es ist die Aneinanderreihung verschlossener Villen längs der Oleander-Alleen, wenn du vom Flugplatz kommst und am Mahnmal des ermordeten Sadat vorbei willst, wo sich Touristen zwischen Ehrenwache und dem Katafalk gegenseitig ablichten, auf dem Granitblock sitzend, der jenen schützt, der die Pharaonen zu schützen suchte, weil er selber einer war. Kairo, das ist das braungraue Trümmerfeld, das hochgezogene Schnellstraßen überspannen, um jene, die Fahrzeuge besitzen, schneller von einem Viertel der Vierzehnmillionenstadt zum anderen zu tragen. Kairos Bevölkerung ist zu fünfundachtzig Prozent muselmanisch, zu fünfzehn koptisch. Kairos Oper bauten Japaner, die Untergrundbahn Franzosen. Seine Schätze bewachen Osmanen, seine prachtvollsten Minarette dankt es Mamelucken. Und wer glaubt, in Paris zu sein, den überrascht ein nach Osten gewandter Offizier, der betend mitten in der Stadt kniet. Das Unbegreifliche dieser staubigen Königin des Nils liegt ebenso in den sechshundert Moscheen, die Abbasiden, Seldschuken, Mamelucken, Fatimiden, Osmanen hinterließen, als in dem Brotfruchtbaum oder der Mimose, die nach jahrelanger Dürre im Händlergeschrei und Straßendunst, im Halbdunkel der Auto-Abgase dem Leben die Treue halten. Wer nennt die wunde Geduld der überladenen, geschundenen Esel, ihr Ausharren? Kairo, das ist ein Stück Strom, der sich teilt, um eine Insel frei zu geben, von deren Hotels und Parks aus man bis Giseh blickt und nachts das Weichbild einer modernen Metropole mit palmenumstandenen Wolkenkratzern genießt, aber wo sie enden, liegt die Totenstadt, in der die Lebenden wohnen. Es sind Hunderttausende, die im uralten Mamelucken-Friedhof hausen. Aus der Rast wurde Bleibe. Kairo, das ist die Alabaster-Moschee Mehmed-Alis. Kairo, das ist der Begegnungsort Roosevelts mit Churchill und Tschiangkaischek, als 1943 der Krieg gegen Japan entbrannte. Kairo, das sind Taubenschwärme, Eukalypten, Palmenrondells, Fladenbäcker, Wasserpfeifen, überfüllte Busse, aus denen die Fellachen quellen, ein Ozean von Kaftanen, Schafherden, die den Lincoln eines Staatsgastes in ihre Mitte nehmen. Kairo, das sind kleine, schwarzgekleidete Soldaten, die himmelhohe Gotteshäuser bewachen, in denen der letzte Schah, der letzte osmanische König ruhen. Kairo, die Stadt ohne Kanalisation, die Stadt, wo ein Krieger einem Kind mit dem Bajonett die Puppe aus dem Geäst einer Akazie befreit, in das es sie jauchzend hochgeworfen. Kairo, wo sich Ehrenwachen schnäuzen, wo Adler über dem Sheraton-Hotel kreisen, Reiher vom Nil ins Abendlicht über die löwenfarbene Zitadelle ziehen, wo man nachts furchtlos geht, tagsüber aber vor den Straßenhändlern flieht. Kairo, wo die Menschen mit einem Dollar eine Woche aushalten, wo man kein zorniges Gesicht sieht. Kairo, die hoffnungsloseste, toleranteste Stadt der Welt. Kairo, Hauptstadt Ägyptens, des Geschenks des Nils im Land der Sonne, wo grün Auferstehung bedeutet und Ka, der Geist, als unsterblich gilt.

Man erreicht die Stadt im Flugzeug, dem Symbol der Dynamik, aber man kreist um die Pyramiden, dem Symbol der Statik, ehe man landet. Diese aber liegen im Westen, dort, wo die Heimat des Todes, und erwarten den Tribut der Griechensöhne. Und wenn du die Deckblätter einer Pinienfrucht nebeneinander legst, so ergeben sie die Gestalt eines Ginkgoblattes, des ältesten Baumes der Erde. Die Zugvögel, die unser Winter zerstreut, sammelt die gnädige Hand des Nils wieder ein. Kairo, die ehemalige Königsstadt, bewahrt noch drei Pforten. Und obwohl sie auf Strecken von einem Krieg heimgesucht scheint, erweckt sie weniger den Eindruck der Selbstaufgabe als Lissabon.

Nach Westen gehen, heisst sterben

„Das Geschenk des Nils" erstreckt sich von Assuan bis ans Mittelmeer und besteht zu fünfundneunzig von hundert Teilen aus Wüste. Allein die Ufer des Stromes und einige Oasen, deren ausgedehnteste – Fajum – in Unterägypten bei Memphis liegt, bilden Grün, sind fruchtbar. Die tausendfünfhundert Kilometer des über sechstausend messenden Stromes aus dem Herzen Afrikas durchziehen Ober-, Mittel- und Unterägypten, einem Gesamtgefälle von etwa achtzig Meter gehorchend.

Ein schmaler Streifen jenes fruchtbaren Lehms, den die Minerale tausender Ufermeilen anreicherten, bildete die Lebensgrundlage der Bewohner dieses nacheiszeitlichen Landstrichs, dessen Kulturbeginn etwa achtzehntausend Jahre vor Christus anzusetzen ist. Die Sommersonnenwende brachte die hundert Tage dauernde Überschwemmung und jene dreiunddreißig Ellen Wassers, welches Ernte bedeutete, bis Nassers Staudamm in Assuan allem ein Ende setzte; den fünftausend Jahre alten Liedern der schöpfenden Fellachen, ihrer Kunst, mit dem Wasser umzugehen, ohne es zu vergeuden oder zu zerstören, noch von ihm vernichtet zu werden, ihren Gebeten und Verwünschungen in jener Sprache, die nicht die arabische ist. Ein schmaler, fruchtbarer Streifen Grün längs eines der gewaltigsten Ströme der Erde ist die einzige Beschwörung des Lebens zwischen Atlantik und Rotem Meer, ja darüber hinaus bis an den Indischen Ozean. Die Tempeleingänge erwarten den Besucher mit ihren ruhigen, granitenen Wächtern. Du aber stehst vor jenem Tempel, der Ägypten ist, stehst vor Menes und Kleopatra, dem ersten und dem letzten Herrscher, ehe du in seine Hallen trittst. Die Badarier tauchen vor dir auf, die die Gerste anbauten vor sechstausend Jahren, und du weißt, in Ägypten wächst diese Feldfrucht nicht von selbst. Hergebrachtes Korn aber bedeutet Ackerbau und er Kultur. Und lange vor der Zeitrechnung woben und töpferten, schneiderten, parfümierten sich die Ägypter, schliffen und meißelten ihre kundigen Zeichen in die Hochufer des Nils und hinterließen uns die Zeugnisse der entwickeltsten Neusteinzeit. Dies geschah zwischen zehntausend und viertausend Jahren vor Christi Geburt. Auf ihren Booten setzten sie über den drohenden Strom mit seinen Flusspferden und Krokodilen, und sie kannten die Trauer. Ihr Land teilten sie in Gaue oder Provinzen, zweiundvierzig an der Zahl, und diese regierten Fürsten, deren oberster der Pharao war. Er herrschte über das südliche, das mittlere, das obere Ägypten. Pharao, das große Haus inmitten der Lehmhütten und ihren zierlichen Gittern aus Holz und ihren Gärten. Das große Haus aus Stein, das gottgewollte, gottesstämmige. Ein Haus, das uns später, viel, viel später in völlig veränderter Form und jedes Anthropomorphismus' entkleidet, als wirkliches Haus Gottes, erst als Tempel, dann als Moschee entgegentritt und von den Lehnsoldaten und ihren kühnen Baumeistern zu den erhabensten Werken des nahen Orients gestaltet wurde. Es gibt keine Bauvorschrift für eine Moschee, außer der, dass die Gebetnische in die Richtung Mekkas zu weisen hat. Aber die Zisterne im Innenhof ist ebenso selbstverständlich, wie es die Reinigung vor dem Betreten des Tempels in Ägypten war, und faszinierend sind die zerbrochenen Kreise der Stalaktitendecken und Wandfliesen, die weder dem Quadrate noch dem Bogen gehorchen, sondern in ihrer Gebrochenheit etwas Eigenes bilden. Die Zahl Pi: dreikommaeinsviereinsfünf..., den ägyptischen Pyramidenbauern vor fünftausend Jahren schon bekannt, aber noch nicht auf die Kreisfläche verwendet, hier kehrt sie in ihrer Rätselhaftigkeit wieder und begnügt sich mit der Unvereinbarkeit, ja unterstreicht diese. Es geht etwas Herrisches, etwas Unbeugsames von diesem „bis hierher und nicht weiter" des arabischen Ornaments aus, das Quadrat und Kreis zu vermählen auf die prachtvollste Weise aufgibt.

Das Museum

Das Leichenhaus der Dinge der ältesten Kultur der Welt, hier liegt es hinter hohen Mauern aus Autobussen, eingeschnürt von Schnellstraßen und einem unüberquerbaren Platz. Turbanträger in kamelfarbenen Kaftanen drängen sich an dich mit Andenken. Ihr Recht darauf ist unerträglich. Dann eine kleine Grünfläche, ein Weiher, Lotusblüten, Papyruspflanzen, schmatzende Sperlinge auf einer Dioritstatue. Große Dankesinschriften am Giebel für die Archäologen, keine Erwähnung des Weltdiebstahls an Ägypten. Dann tritt man für ein geringes Entgelt über die Marmorempore des blassen Gebäudes in dessen Inneres. Gut sind die Karten, gut sind die Führer, aber dann blickt dich Mykerinos an, und du fühlst, an wie viel Ewigkeit sich der Bildhauer dieses Königs vor viereinhalbtausend Jahren maß, und um wie viel enger Phidias, Praxiteles oder Poliklet wirken. Der Widerhall der

Ewigkeit ist gewaltiger als jener der Seele. Das Maß, das als Leidenschaft nur den Bestand kennt, misst anders als jenes, dessen Götter menschlich.

Man geht von Basalt zu Kreide, von Kreide zu Ton, von Ton zu Holz. Sie nähten und sägten, zimmerten und buken, säten, fischten, jagten, tanzten; aber sie taten es, „als mäßen ihre Körper dreißig Meter". Wer Hathor, die kuhgestaltete Göttin der Liebe, deren sternenbesäter Leib das Himmelsgewölbe ist, welches auf der Erde ruht, in einer Museumsecke sieht und später die leere Nische vielleicht in Königin Hatschepsuts Tempel in Theben, der wird bei aller Einsicht traurig. Man harrt vor einem Schreiber, dessen Augen aus Kristall, angestrahlt von einer Lampe, zu blitzen beginnen, und frägt sich, ob er die Angaben eines Landvermessers niederschreibt, ob er die Säcke Korns der Tempelherren Karnaks aufnimmt, ob er das Gold aus Punt, Kupfer, Elfenbein, Türkis verzeichnet oder niederschreibt, dass ein Elternpaar, das sein Neugeborenes getötet, dieses nach Gesetz nun drei Tage und drei Nächte auf den Armen zu tragen hat, vielleicht schreibt er, welche Feinde aufgespart, welche enthauptet, gepfählt, verbrannt werden, welcher Verräter lebendig zur Mumie gewickelt, vom Natron zu Tode geätzt werden wird. Weiter geht man, steht vor dem Würdenträger aus Sakkara, Sheik-el-Beled, dessen Lebendigkeit in sechsundvierzig Jahrhunderten so wenig gelitten hat, dass man den selbstzufriedenen Zedernholzspießer Bürgermeister jenes Ortes nannte, wo man ihn gefunden, weil er dem Bürgermeister dort zum Verwechseln ähnelte. In einem weiteren Saal ein unbedecktes Haupt aus Stein, Nofretete. Vielleicht ist dieses etwa lebensgroße Antlitz aus dem vierzehnten vorchristlichen Jahrhundert das schönste der Welt. Eine völlige Ebenmäßigkeit bestimmt die feinen, nur an Edelstes gewöhnten Züge der Königin, die ihrem Heiligen sechs oder sieben Töchter gebar. Echnaton, des erbärmlichen Ablasshandels der thebanischen Tempelherren müde, verließ die Stadt und baute eine neue. Er, der Dichter der Sonnenhymne, war Nofretete treu. Er wusste mit den fünfhundert Konkubinen Karnaks nichts anzufangen, ihn verwundete die Geldgier jener Priester, die das Wissen ihrer Zeit besaßen, die über ein geordnetes Studium der Schrift und der Medizin, des Bierbrauens und Tuchfärbens, der Kalenderrechnung und der Ertragsschätzung des Bodens verfügten und dennoch nie genug hatten. Sklaven verrichteten Arbeit für sie, und ihr Zynismus ließ jedes Leben zu, denn wer bezahlte, dem versprachen sie Formeln, um den angenehmeren Teil des ewigen Lebens zu erlisten. Osiris, den obersten Richter zu übertölpeln, erklärten sie zu ihrer Aufgabe. Osiris war die Zeugungskraft des Stiers, des Ziegenbocks; Osiris war die Heuschrecke, der Nil, den sein Bruder Seth – oder war es die Dürre? – vor Neid tötete. Osiris war es, dessen Leib in einen Baum geriet. Und als die Zeder gefällt werden sollte, um das Dach eines Königspalastes zu decken, da ging ein so starker Duft von ihr aus, dass die trauernde Isis diesem nachging und Osiris wiederfand und zurückbrachte. Doch Seth tötete ihn abermals und zerteilte seinen Leib zweiundvierzigmal und verstreute ihn auf die zweiundvierzig Provinzen (Nomoi) des Landes. Aber Isis fand alle Teile außer dem Geschlechtsteil, doch sie war schon schwanger und gebar ihren Sohn Horus, und auf den ältesten Darstellungen säugt sie das Knäblein in einem Stall, wo es in einer Krippe liegt. Horus aber wird der Falke, der Mutige, der die Könige schützt. Er kämpft und besiegt den Bruder seines Vaters, Seth, aber er tötet ihn nicht, sondern überantwortet ihn seinen Richtern. Somit endet die persönliche Rache. Es ist die Geburt der Justiz. Osiris aber, der zweimal Ermordete, durfte nicht mehr zurück zu den Lebenden. Er wurde Herr der Toten. Sein Reich ist im Westen, und er bestimmt, was mit jenen zu geschehen hat, deren Herz schwerer als die Feder, die die Wahrheit bedeutet.

Echnaton wollte weder von Amun, dem Widder-Gott, noch von Ra-Amun, dem Gott der Götter, weder von Isis noch Osiris, vom Krokodilgott Sebek, noch von Horus, Hathor oder Toth, dem paviangestalteten Gott der Weisheit, dem Ältesten von allen, wissen. Echnaton, der ein Land bewohnte, in dem die Schweine abgerichtet waren, den Samen in die Erde zu stampfen, aber auch zu dreschen, in dem die Affen die Früchte ernteten, in dem aller Boden ihm, dem Pharao, oder den Priestern gehörte, wo man dreiunddreißig Fleischsorten, achtundvierzig Backwaren, vierundzwanzig Getränke unterschied, wo der Reiche Wein, der Arme Bier trank. Echnaton wusste, dass auch seine Gelehrten von jenen Menschen abstammten, von denen sie sagten, sie seien Tiere einst gewesen und ohne Sprache. Und Echnaton verachtete jene, die ihr Wissen zur Unterdrückung der Nichtwissenden verwendeten, um sie besser ausbeuten zu können. In ihm, dem Künstler, der Künstlern gebot, ihn so darzustellen, wie er war, und der uns die zärtlichsten Interieurs eines Gottes hinterließ, die wir besitzen, dessen befohlene Naturausschnitte – ob Pflanzen- oder Tierdarstellung – schwer zu übertreffen sind, in ihm schlug der Monotheismus Wurzeln; er kam seiner Aufrichtigkeit, seiner Geistigkeit entgegen. Ein jüdisches Gedankengut ist schwer auszuschließen. Auch ihm ist Religion Dank, aber er dehnt diesen über Ägypten hinaus, und Orion frisst bei ihm nicht mehr täglich drei Götter. Echnaton, der große Ketzer, der seinen Namen von Amenhotep dem Vierten in Ech-en-Aton (Aton ist befriedigt) geändert hatte, sprach vom Herrn der Liebe, siebenhundert Jahre vor Jesaja. Aton (Adonis?) ist kein Schlachtengott. Er ist der Gott der tanzenden Lämmer, des Blühens, des Lächelns, der Freude. Und ihm widmete der Pharao Achetaton (Stadt des Gesichtskreises Atons), in der die Abbildung Gottes verboten war. Er stieß nicht nur die Priester von sich, sondern ließ auch das Zeichen Amuns, eine der fünf göttlichen Bezeichnungen, auf die der Herrscher Anspruch hatte, aus allen Siegeln seines Vaters Amenhotep des Dritten, des großen Eroberers, tilgen. Sein Verhalten war von königlicher Verwegenheit, und als die Hethiter die nördlichen Grenzen seiner Provinzen

angriffen, und er – ungewiss, ob diese Gebiete nicht ein Recht auf ihre eigene Freiheit hätten, – zögerte, seinen Statthaltern die erbetene Verstärkung in der nötigen Zeit zu senden – denn er scheute, ägyptisches Blut für eine ungerechte Sache zu vergießen –, da war es um ihn geschehen. In kurzer Zeit machten sich die eroberten Gebiete wieder selbständig.

Die Tributzahlungen endeten; Ägypten war wieder arm und klein. Der dreißigjährige Echnaton starb gebrochen. Sein Pfad war zu steil gewesen für den greisen Geist seines Volkes.

Im Obergeschoss des Museums von Kairo befindet sich ein verschlossener Saal. Darin bewahrt man die Mumien von sechsunddreißig Pharaonen, die aus einem abgelegenen Versteck, in das sie vor tausenden von Jahren Priester vor den Grabräubern gerettet hatten, gebracht worden waren, ehe ihretwegen moderne Grabräuber einander in die Haare gerieten und der Neid eines von diesen zum Untergang aller geworden. Unter diesen Toten sind auch Seth der Erste (tausenddreihundertsechs vor Christus) und sein Nachfolger Ramses der Zweite, der mit Aaron, dem Bruder Moses', gesprochen. Es ist gut, dass sich nicht mehr jedes Touristengesicht über die erhabenen Toten beugen darf, ja, dass man daran denkt, diese Könige für immer zu bestatten. Seth der Erste, der Erbauer der Säulenhalle Karnaks und Abu-Simbels, entzogen dem feisten Staunen Al Capones.

Unbedeutender als Tutanchamun (tausenddreihundertdreiunddreißig bis tausenddreihundertdreiundzwanzig) kann man nicht sein, aber wer die riesigen, schimmernden Horusflügel aus Gold seinen Totenschrein an allen vier Ecken bewachen sah, wer das Nilpferdbett, das Löwenbett, den Grubenschmelz-Türkis-Lapislazuli-Goldhelm und -Sarg leuchten sehen, wer die Göttin der Weisheit Uräus, die Kobra, sein Haupt bewachen, die Arme den Jüngling über der Brust zum Zeichen des Todes kreuzen sah, der bleibt ergriffen. Die Geste des Todes, wir finden sie wieder an den erhabenen Buddha-Darstellungen, das Kreuzen der Arme, ist es nicht auch die römische Zahl Zehn, und ist die Zehn nicht eins und null, alles und nichts? Wird nicht die Zehn in Ägypten mit dem Zeichen des Hufeisens geschrieben, und ist dieses nicht das griechische Omega? Und sind nicht Alpha und Omega Beginn und Ende?

Tutanchamun ließ die Stadt Echnatons zerfallen und zerstören. Er setzte Theben wieder in seinen alten Rang, ließ die Siegel seines Vorgängers löschen, verwischte dessen Spuren, gebot, den alten Göttern zu huldigen wie früher, ließ seinen fähigen Feldherrn Haremhab die Provinzen wieder erobern und förderte in seiner kurzen Regierung die Wiedereinsetzung der früheren Lebensform eines Volkes, das das Hüttenwesen, die Glaskunst, den Kalender, die Wasseruhr (Klepsydra), das Leinen, die Tinte, das Papier, die Geometrie, das Alphabet, die Volkszählung, das Postwesen kannte, das die institutionalisierte Schule, Regierung, Monogamie, die Moralphilosophie, die Liebeslyrik, den Abenteuer- und Kriminalroman „erfunden“ hatte, das Naturforschung trieb, die Bedeutung des Herzens, des Gehirns als Zentralnervensystem erkannt hatte und zwischen Spondylose und deformierender Arthritis zu unterscheiden wusste, Zäpfchen zur Empfängnisverhütung verwendete und das Geschlecht des Embryos mittels eines Urintests zu bestimmen verstand.

Tutanchamuns Grabschacht wurde schräg unter ein bereits bestehendes Pharaonengrab ins Tal der Könige getrieben, und Carter erriet diesen einzigen, unerbrochenen Ort (neunzehnhundertzweiundzwanzig), und so finden wir die Streit- und Jagdwagen, die Ringe, Schemel, Bogen, ja den Straußenfederfächer, den Thronsessel, den Dolch, die Sandalen, die Alabastervasen (Kanopen) für die Eingeweide unversehrt und von einer Meisterhaftigkeit des Handwerks und der Kunstauffassung zeugend, der wir nichts entgegenzusetzen haben. Ein letztes Blumengesteck rührt uns ebenso wie die mitgegebenen Spiele, und es fällt uns schwer, im dumpfen, melancholischen Gesicht des schwarzuniformierten Soldaten am Saaleingang die Gegenwart zu begrüßen.

Abu-Simbel

Weit ist der Flug von Kairo über Luxor nach Assuan und Abu-Simbel. Wo Nubien war, funkelt Wasser. Es ist das Land der Löwenjäger, die heute noch untereinander das altägyptische Idiom sprechen, das sie nicht schreiben. Ende Dezember. Man misst achtundzwanzig Grad Celsius.

Feingefiedert kommt uns der sudanesische Himmel entgegen. Das uferlose Saphirblau eines glitzernden Sees kennt kein Grün. Siebzig Milliarden Kubikmeter Wassers, drei Kilometer Basisbreite des Dammes, fünfhundert Kilometer lang ist das Staubecken, hundertfünfzig Kilometer tief reicht es in den Sudan und fängt die Katarakte auf. Ab hier, stromaufwärts, beleben Krokodile und Flusspferde – die Gottheit der Hebammen – den Nil. Der Fischreichtum ist groß, aber die Fangtechnik jene vor dreitausend Jahren.

Man steht auf hellziegelrotem Boden. Nicht fern ragt der einzige Baum weit und breit: eine goldenblühende, duftende Mimose. Dann Fels, so weit das Auge reicht. Und mitten drin diese Ägäis, an deren Ufer kein Gras, kein Strauch gedeiht, denn der fruchtbare Schlamm liegt ungenützt unter dem Süßwasserspiegel. Schakalfarbene Hündchen tollen in der prallen Sonne. Vor uns türmt sich hellbraunes Gestein. Im Herzen des ockerfarbenen Ereignisses vergisst man, dass der vor uns ragende Berg sechzig Meter tiefer und zweihundert Meter fern von dort lag, wo heute der See gleißt. Man vergisst die riesige Betonkuppel, die den Tempel unsichtbar von außen einschließt und in der Laser jede geringe Erdbewegung oder statische Veränderung erfassen. Man vergisst die Habichte im Abendhimmel und blickt nach

Osten durchs Licht, das in die ursprüngliche Grabkammer Seths (die dann jene Ramses' des Zweiten werden sollte) fällt. Zweimal im Jahr begrüßte die Sonne das Antlitz des Herrschers, und heute noch umfängt sie seine in die Wand gemeißelte Gestalt, ehe sie die anderen Götter streift, mit Ausnahme des Schattengottes. Heute noch, am Geburtstag des Herrschers, der vor dreitausendeinhundert Jahren starb, küsst ihn Ra; und beide Herrscher freuen sich aneinander.

Aus der Kammer tretend steht man in einem von Säulen aufgefangenen Raum, dessen Wände des streitbaren Königs Beherrschung der Pferde, der ganzen Kriegskunst in naturnahen Reliefs lebensgroß zeigen. Wir folgen ihm auf der rechten Wand, wie er sein Heer prüft, ehe er nach Norden gegen die Hethiter aufbricht, wie er die abgeschlagenen Hände und Geschlechtsteile seiner Feinde zählt. Wie er Hathor verehrt. Man denkt sich diesen schönen, gottgleichen König, der seinen Bruder umbrachte und doch ein großer Herrscher war, der allen vorangegangenen Dynastien sein Raubsiegel aufdrückte und unwillentlich dadurch zur Bewahrung der Alabasterstatue Tutanchamuns beitrug. Er beanspruchte wie alle Herrscher das Rot in der Schrift und wachte streng darüber, dass die Lagerhäuser gefüllt waren. Man kannte Kredite und Schuldverschreibung und eine genaue, kniffige Eigentumsregelung, aber der Handel lebte vom Tausch. Geld wusste man nicht. Es fällt nicht schwer, sich diesen Gottkaiser auf den wenigen schlechten Straßen in einem goldblitzenden, flaumleichten Jagdwagen vorzustellen, wie er Euphrat wärts dahineilt, gezogen von den Pferden, die einst die Hyksos gebracht; seine von Geburt helle Haut der Stämmlinge Zentralasiens, die zu Ägyptern wurden, dunkel gebeizt. Man denkt sich den Gottgleichen seinem Wesir letzte Anweisungen geben, den Sieg oder die Niederlage betreffend, oder Stierkämpfe, Box-, Ringkämpfe, Spiele, Feste befehlend oder dem Schreiber diktierend, was die Sohnesfolge sicherte, eingedenk des Vermögens, das bis dahin nur über die weibliche Linie vererbt wurde. Ramses der Zweite: Hier, an diesen fahlen Sandsteinwänden zweifelt und siegt er immer wieder, und die herrlichen Bilder zeigen und erzählen, wie er die Tochter seines Feindes heiratet und außer seiner Kraft die Weisheit des Großen ins Spiel bringt.

„Die Ohren des Jungen sind auf dem Rücken", sagt ein ägyptisches Dorfschulzenwort, ein Rohrstockwort. Die Ohren Ramses' waren es nicht. Selbst im verworrenen Ineinandergreifen der fünfhundert Hieroglyphen, der hieratischen und demotischen Erzählkunst geht das große Epos auf dem Pylon von Luxor nicht unter, das die Taten dieses Herrschers erzählt, zu dessen Zeit man zwar noch siebenundzwanzig Zeichen benötigte, um die Zahl neunhundertneunundneunzig zu schreiben, und eine Million durch einen Mann darstellte, der seine Hände über dem Kopf zusammenschlägt, der aber niemandem vertrauter war als dem Gott der Erfinder, Toth, dem Trismegistos und spätern Hermes der Griechen.

Während man im Inneren dieses von Menschen versetzten Berges in Abu-Simbel von Bild zu Bild schreitet und die Regierung (tausendeinhundertneunzig bis tausendzweihundertvierundzwanzig vor Christi Geburt) eines Mannes vorüberziehen lässt, der zu denken vermochte wie ein Caesar, tritt man melancholisch ins Tageslicht zurück. Mit Nubiens Gold bezwang er zwölfhundertachtundachtzig bei Kadesch (Syrien) die asiatischen Alliierten, verwandelte seine sich abzeichnende Niederlage durch persönliche Tapferkeit in einen Sieg, festigte diesen, ernannte sich zum Gott bei Lebzeiten, zeugte während eines Lebens hundert Söhne und fünfzig Töchter und schuf aus seinem eigenen Blut eine Dynastie, die vierhundert Jahre lang Pharaonen stellen sollte. Er vollendete die Bauten Luxors und Karnaks, besiegte die umliegenden Völker, stach einen zweiten Kanal vom Nil zum Roten Meer und vollendete neben sechs nubischen Tempeln Abu-Simbel, den Berg. Er ließ einen Tempel mit Vorhof, Vestibül und Säulenhalle aus dem Gestein hauen, so gewaltig, dass man ihn dreitausend Jahre später noch mit einem einzigen Aufruf an die Zivilisation zu retten vermochte.

Man steht im Abendlicht. Goldener fällt der Ockerornat von den Schultern des sanften Berges, und mit kaum spürbarem Lächeln erwarten die Riesengestalten an seinem Eingang den Mond jenseits des Nils.

Abu-Simbel ist mehr als ein Tempel, mehr als Vergangenheit. Es ist der Ka der Welt, ihr eigener unsterblicher Geist, der durch dieses Scheintor Zutritt weiß ins Herz aller Menschen. Abu-Simbel ist schon lange kein ägyptisches Heiligtum mehr; es ist ein Vermächtnis, um das der Weltgeist schreitet, und solang der Mensch in sich die Stimme vernimmt, die ihm gebietet, Zeugnisse wie dieses zu hüten, ist es um ihn nicht geschehen. Am einundzwanzigsten Februar, dem Geburtstag Ramses' des Zweiten, und am einundzwanzigsten Oktober scheint die Sonne auf diesen Gottkönig und auf jene, die er um sich gesammelt, auf Nefertari, „die zweimal Schöne", der er ein nicht minder erhabenes Grabmal neben seines gesetzt. Ramses der Zweite, Mittler zwischen Sonne und Menschen.

Philae

Vorsichtig steigt man über das scharfe Geröll in eines der wartenden Boote in einer Bucht des Nasser-Stausees. Reiher spiegeln sich im leicht bewegten Wellenspiel. Habichte stehen hoch über der Wüste. Am Bug der kräftigen, breiten Holzbarke steht ein Nubier im hellblauen Kaftan und weißen Turban. Er spielt ein Sistron, das aus drei zu einem Dreieck gebundenen weißen Rohren besteht und als Resonanzkörper ein bespanntes kleines Waschbecken aus Emailblech verwendet.

Eine Brise kühlt die kurze Fahrt längs scharfkantiger Granitufer. Man glaubt sich in Sardinien. An einem Inselchen, auf das man das

Heiligtum Isis' gerettet hat, hält man und steigt gemächlich die kurze Strecke zum Vorhof empor.

Isis, Demeter, Kybele, Kali, Ischtar, Ceres, die Göttin der Liebe, der Zärtlichkeit, der Mutterschaft; die Bringerin des Weizens, der Gerste, der Feldfrucht. Isis, die Entfernung zwischen dem Gold des Lebens und dem Schwarz des Todes. Isis, die dem Schakal Anubis, dem Begleiter der Verstorbenen zu Osiris, Ferne. Isis, die Kennerin der Knoten und des Lösens, die Öffnerin des Kettenhemdes aus Lapislazuli. Isis, die Bachstelze im Tempelhof, die Korallenzeichnung der Wadi aus zehntausend Meter Höhe, von wo die Wüste Meer und Leben scheint. Isis, hier steht ihr Haus; hier, wo der Nil Nubiens Granit zersprengend bei Assuan den Norden sucht. Wo sein zartes, grünes Kleid sich um seinen Körper enger rafft, enger noch als um den Körper Nofretetes oder Nikes, hier steht ihr Haus, ihre Stätte, eingehüllt in Oleander, Palmen und Mimosen, und man blickt durch die sandfarbenen Säulenhöfe, sieht das Blau des Himmels mit dem schmalen Grün der Erde zu Türkis verschmelzen, dem Wahrzeichen der Seele Ägyptens. Türkis ist keine Farbe, es ist eine Vereinigung. Osiris in seiner unendlichen Ferne und Bläue vermählt sich dem zerbrechlichen Grün, dem Warten und Hoffen und Dauern. Die Gewissheit des Unabänderlichen liegt in den Armen des Lebens, und die Gnadenlosigkeit der kupferfarbenen Wüsten vermag nichts dagegen. Türkis ist ein Ereignis, das in jedem Menschen stattfindet, und je mehr er dem Tode zuneigt, umso mehr wird das Grün in ihm überhand nehmen, die Auferstehung, denn das längerwellige Licht bleibt dem Auge erinnerlicher, auch wenn es älter und müder wird. Und Grün ist Erlebnis, Erinnerung, Trost, Auferstehung. Ägyptische Türkise sind vielleicht die schönsten, die sanftesten der Erde. Sie sind die Schwelle, über die Asien schritt, ehe es zum Westen wurde. Sichtbar ist die Sanftmut des Türkises, und das versöhnliche Mineral erlaubt nicht, Klinge noch Dolch aus ihm zu schaffen. Sie zerbrächen, wie Echnatons Herz zerbrach. Wäre Sinais Gipfel ein Türkis, Gott hätte Abraham dorthin nicht gerufen.

Philae, heute Agilkia, zählt nicht einmal dreitausend Jahre (!), und man wandelt durch Pylone und Höfe, die das Haupt der Nubien-Verwüsterin Hathor zeigen, ihr Frauenantlitz mit den Kuh-Ohren, und man denkt auf einmal anders über Pasiphae. Verwundert stößt man auf Hieroglyphen aus dem ausgehenden vierten nachchristlichen Jahrhundert, auf das Demotische der zweiten Hälfte des fünften Jahrhunderts unserer Zeitrechnung. Philae liegt einem Inselchen gegenüber, auf dem eines der Gräber Osiris verehrt wurde, und lädt gleichzeitig mit ptolemäischer Geste zur Rast im Pavillon Trajans.

Hier ruht man aus von Justinians (fünfhundertsiebenundzwanzig bis fünfhundertfünfundsechzig) Zerstörung der Abbilder der prachtvoll gemeißelten Götter. Hier blickt man, umspielt von Winden, den Gänsekeilen hoch im Himmel nach, die noch genau so sind wie jene, die man auf einem Wandgemälde aus dem Jahr zweitausendsiebenhundert vor Christus im Museum Kairos in Erinnerung trägt. Hier denkt man an die – von Kopten bis heute unvergessene – Verfolgung der Christen durch Diokletian (zweihundertvierundachtzig bis dreihundertfünf) und deren zwei Kirchen aus dem vierten Jahrhundert, die friedlich neben jener Halle standen, wo Habib bei der Erschaffung des Wassers dargestellt ist und eine Schlange ihren Gott umschlingt. Hier herrschte Bes, der Herr der Feste, ein Dionysos. Vor deinem innern Auge ziehen die Granitbrüche Assuans und ihre halbfertigen Kolosse vorüber. Du hörst das Klappern der Hufe der eiligen, mageren Pferde, siehst die rot-gelb-grünen Quasten leichter Kaleschen, ihre Messingbeschläge und die grünen Bündel frischer Arzneikräuter, Futter der Zugtiere. Die splitternde Wüste ist nunmehr eingezogen in dein inneres Auge. Du wirst sie nie mehr vertreiben, und die Blicke der kühnen Menschen tief hier im Süden erreichen dich wie durch Alabaster. Du bist auf dem Weg in die Zeit, die du suchst, aber es ist schwer, Jahrhunderte hinter sich zu lassen, noch schwerer Jahrtausende. Bald wirst du Elephantine, die Insel im Nil, die milde erste Schnelle hinter dir lassen. Flussabwärts wirst du nach Norden streben, getragen von einem, der mehr weiß vom Süden, als sich dem Wendekreis einschreiben lässt, und der dennoch schweigt.

Der Nil

Der Nil, das ist das Große, Unwirkliche, das deinen und jeden Osten von deinem und jedem Westen scheidet, das sich von deinen inneren Monsunen nährt, das unendlich weit herkommt und so langsam fließt, dass die kräftigen Winde stromaufwärts steuern helfen und stromabwärts tragen. Nil, das ist der Türkis der Ströme. Wer den Nil aus dem Weltraum sieht, erschrickt vor den Wüsten, die er durchschneidet, und bewundert die Unbeirrbarkeit seiner Fluten. Nichts ist selbstverständlich. Aber am wenigsten ist es der Strom, an dessen Ufer die löwenfarbenen Wüsten zu trinken kommen; dessen Ufer das Leben vom Tode scheiden.

Langsam legt unser Hotelschiff ab. Es hat keinen Kiel und anstelle der Schrauben Propulsoren. Ein heftiger Windstoß würfe den schmucken Turm um, aber für die Fahrt auf dem von wechselnden, zahlreichen Wandersandbänken und Untiefen gezeichneten Strom ist es geeignet. Hellgraue kleine Möwen begleiten uns. Die bedächtigen Flusssegler, deren Masten die Hypothenuse der Windfläche bilden, umfahren uns, und so träge die granitbeladenen Kähne scheinen mögen, sie weichen unendlich langsam, aber dennoch sicher der daherdümpelnden, eisernen Schwester, und ihre düsteren Kommandanten hocken grußlos im Getäu. Ein mittelblauer Himmel liegt hinter den abfallenden steinigen Höhen, die die Ufer zu Palmen verwandeln. Über die leicht bewegte Wasserfläche eilen eine Blässhühnerart und zahlreiche Enten. Reiher stehen in den Schilfbänken kleiner Eilande, die wir bald zur Rechten, bald zur Linken vermeiden. Die Ufer verbergen in ihrem dichten Grün Siedlungen aus getrocknetem Lehm, aus denen nur hie und da ein freudiges blau-weiß- oder gelbgestrichenes Haus leuchtet. Dann wieder Hirten, die ihre Büffel ans Wasser führen. Als der Mond schon hoch im Tag steht, gewahre ich durchs Fernrohr eine Bucht, an der herrlich rot-drapierte Kamele lagern, und sehe eine Gruppe Beduinen um ein kleines Feuer sitzen. Wenige dutzend Meter breite, grüne Ufer wechseln mit Zuckerrohrplantagen. Manches, was wie Baumwolle scheint, liegt dazwischen. Kein Papyrus weit und breit. Wo blieben sie, aus denen man die vierzig Meter langen Rollen der Totenbücher schuf, die man heute nach fünftausend Jahren noch lesen kann? Wo sind die vielen Bienen der Obelisken?

Warum hat die unendliche Sahara nicht auch aus diesem Fluss ein Wadi gedörrt, eines ihrer zahllosen Wüstentäler? Warum leihen die Sprachen der Sonne das männliche Geschlecht dort, wo sie tötet? Erst im Norden wird sie weiblich, schützend, bewahrend, heilend. Warum zog es Napoleons Wissenschaftler nach Ägypten, die römische Kolonie, die christliche Niederlassung, in einer Zeit, da man glaubte, alles habe mit den Griechen, vielleicht den Chinesen begonnen? Warum fand sich gerade bei ihm ein Champollion, vor dessen Scharfsinn erschrickt, wer je vor dem Fragment des Steins von Rosette (Raschid) stand? Wer war das Volk, dessen Sprache anfänglich dem Semitischen so ähnlich war, das vom Piktogramm nie ganz loskam, und ein Haus zeichnete, wo es Haus zu sagen galt, bald aber ein Löwenhaupt dorthin setzte, wo es Oberhoheit meinte, und endlich, um das Wort „gut" zu sagen eine Laute zeichnete, denn mit dem „Wohllaut" ließ sich das Wort „gut" noch am ehesten umschreiben. Trotz der Kompliziertheit, in die das System mündete, entstand ein Konsonanten-Alphabet von vierundzwanzig Lettern, und der Schritt zur Demokratie war getan, der in China ausblieb. So ist Sindbad ein Ägypter aus dem dritten vorchristlichen Jahrtausend und Aschenbrödel eine Ägypterin, wo es Schühlein gab, wie man sie heute im Schwarzwald oder Spessart immer noch vergeblich sucht. Wer aber das Heilige schrieb, wer dem König schrieb oder der Ewigkeit, der verwendete Hieroglyphen bis zuletzt.

Unsere Fahrt wird langsamer. Auf einer geräumigen Flussinsel dösen braunrote Rinder und Ziegen. Rhizinusstauden halten ihre rotnervigen Zackenblätter in den Wind, eine Lichtung wird von einem Minarett überragt, dem man auch aus dieser Ferne die sichere Schönheit ansieht. Die Strombreite ist schwer abzuschätzen. Vielleicht sind es tausend Meter, vielleicht die Hälfte. Keine Brücke. Vom Roten Meer zum Atlantik keine Brücke.

Und auf einmal sah man den schlanken, geschwungenen Leib des blaugrünen Stroms sich heben, und die Wüsten zu seinen Seiten wurden bernsteinfarbene Schwingen, die ihn emportrugen, hoch, hoch empor an die Sterne dort oben im tiefdunklen Blau. Und der riesige türkisgrüne Vogel setzte sich zur rechten Hand Osiris, faltete seine Flügel, und die Erde war nicht mehr.

Kom-Ombo

Wenn du die Konturen der Höhenzüge genau betrachtest, wirst du den welligen Kiefer Sebeks, des Krokodilgotts, erkennen.

Kom, das Gold, Ombo, der Haufen oder das Dorf. Kom-Ombo, das goldene Dorf, denn hier prüfte man den Goldverkehr, und hier verehrte man das Krokodil und den Sperber zusammen in einem Tempel. Nur hier.

Wir wandern die wenigen Uferschritte empor zu den weiten Vorhöfen dieses schon Trajan und Nero bekannten Heiligtums und finden die Kaisersiegel in Wänden und Säulen. Ja selbst Farbe, die in zwei Jahrtausenden nicht abfiel, leuchtet unter freiem Himmel hier. Drei Meilen vom Tempel grub man zahlreiche Mumien von Katzen aus, die als Göttinnen der Reinlichkeit und der Musik verehrt wurden, weil aus ihren Därmen die Saiten der Lauten, Harfen und Leiern gedreht wurden, die neben Flöten und Sistrum die Chöre des Pharao begleiteten. Die Bilderwände lehren uns, womit ägyptische Ärzte heilten, und wozu sie rieten, wenn Weihrauch und Myrrhe nicht mehr halfen und weder Klistiere noch Erbrechen vom Leiden erlösten und Gebete, die an Ibis gerichtet waren, nichts fruchteten. Vom Ibis glaubte man, er befreie sich selbst, indem er seinen Schnabel als Klistierspritze verwende. Aber noch heute befinden sich Krokodil-Mumien im Heiligtum, und man schaudert vor diesem ständigen Memento mori, das im Nil, der Quelle des Lebens, auch die Heimat des Todes wusste. Wie konnte man das Entsetzen bändigen, wenn nicht seiner Unvermeidlichkeit Gottgewolltes zuschreibend, ja es selbst zum Gott erhebend. Nur so war sein Angriff ein Gottesurteil und in seiner Unvermeidlichkeit der Trost des Höheren. Unvermeidlichkeit, hier kehrt sie im Gewande Gottes wieder, denn das Zwischenwesen Mensch kommt ohne Sinngebung nicht aus. Sebek, der an der Waage, die die Herzen wiegt, wartet, um die Sünden von Osiris ausgeliefert zu bekommen, hier tritt er selber auf. Unerwartet, lautlos, gerichtlos zieht er den Fischer, den Hirten, den Trunkenen, das Vieh, die Wäscherin in die Tiefe. Aber seine Heiligkeit vergöttlicht das Entsetzen und verkleinert es auf den Augenblick des Endes. Auch hier drängt wieder das Türkishafte, das Mildernde, Tröstende des ägyptischen Wesens in den Vordergrund.

Im ptolemäischen Heiligtum erstaunt eine tiefe Zisterne, die vom Urwasser schöpfte; ein unvergiftbarer, sehr tiefer, kunstvoll angelegter Brunnen, dessen Schacht von der Anhöhe, auf der der Tempel ragt, zum Spiegel des Nils reicht.

Die Sonne geht unter. Schimpfend und winkend bedeuten uns die Aufseher, dass wir zu gehen haben. Im Purpur des Abends seufzt der

Strom. Vom Norden wehen schwere Schwaden einer fernen Fabrik. Wir rechnen den ägyptischen Kalender nach. Er unterschied drei Jahreszeiten zu je vier Monaten und stammt aus dem Jahr zweitausendsiebenhunderteinundachtzig vor Christus. Man unterschied das Steigen, Überschwemmen und Fallen des Nils, die Anbauperiode, die Ernte. Der Monat hatte dreißig Tage, denn man leitete ihn vom Mondmonat zu neunundzwanzigeinhalb Tagen ab. Den Unterschied am Jahresende entgalt man in Dankfesten.

Ob Philae, ob Kom-Ombo: Rom war überall. Es pflegte, erhielt, setzte instand. Seine Kaiser – Hadrian, Trajan, Nero oder Justinian –, alle schonten mit dem sicheren Gefühl der Mächtigen der Welt das Großartige, das sie antrafen, und sie verfeinerten ihren Geschmack auch dort, wo die Künstler ihrer Zeit längst verroht waren. Die Statik und Feierlichkeit der Kunst Ägyptens sind keineswegs Unvermögen, sondern Auferlegtes. Ebenso wie Iktinos die dorische Säule dem Heiligtum voranstellte, wenngleich er die jonische, ja die korinthische kannte, so bleibt auch dem Ägypter keine Wahl dort, wo er das Höchste anstrebt und jede Mutwilligkeit ein Verlassen des Hervorzurufenden bedeutet. Änderung war Entweihung.

Edfu

Schnepfen fliegen auf. Braune, lebhafte Knaben helfen die steile, sicher gebaute Kaimauer emporklimmen. Oben wartet eine Droschke. Das erblindete Auge des Kutschers räumt jede Warnung zur Seite. Nirgendwo ist so viel zu staunen, nirgendwo so viel Licht wie in diesem Land, wo mehr erblindet sind als anderswo auf Erden. Wir rumpeln auf dem übel riechenden Gefährt, von Kinderscharen umdrängt, die Bonbons und Kugelschreiber betteln. Ein Dutzend schwarz gekleideter Frauen sitzen im Straßenstaub im Halbring vor einem abblätternden Tor, dem Spitaleingang. Gegenüber stehen Buden, in denen Tee gebrüht wird, Fladen gebacken, Obst und Gemüse feilgehalten. An Schnüren längs unserer Straße baumeln hoch aufgehängt Kaftane, silbergestickt mit Pailletten, bemalt, bedruckt, einer geschmackvoller als der andere, zu Preisen, für die man im Westen ein Paar Strümpfe ersteht. Darunter häufen sich Buden, die Granit- und Alabastergegenstände guter, aber auch erbärmlicher Machart ausliegen haben, Ramsch, Kitsch aller Art. Es sind die weltweiten Kennmarken der Nähe bedeutender Kulturdenkmäler.

Staunend schreiten wir die hunderte Meter der langen, mächtigen Außenmauer des vollständigsten Tempelbezirks Alt-Ägyptens ab. Was hier von den Nachfolgern Alexanders des Großen errichtet wurde, bedürfte der Sprache von einst. Alles, woran man sich gewöhnt hat, zerfällt angesichts dieser Vorhöfe und den vierzig Meter oder noch höher aufragenden Eingangspylonen, jenen schrägen, von Mesopotamien her bekannten Pfortenpfeilern, die ihresgleichen nicht besitzen.

Durchschreitet man den horusbewachten Platz, so tritt man in einen Säulenwald, dessen Schäfte mehrere Meter im Umfang messen und wohl bis in zwanzig Meter Höhe Szenen des Totenbuchs oder der göttlichen Legenden eingemeißelt tragen, ehe sie in die prachtvollsten Palmen- und Papyruskapitelle münden, die – den Kämpfer weit überkragend – den Eindruck eines steinernen Heerzugs, nicht aber einer architektonischen Funktion hinterlassen.

Die Decken schwärzt Ruß, denn das Gebäude diente Christen lang als Zuhause. Aber immer wieder erstaunt, wie der ägyptische Architekt die Säule des Dienens für das Auge enthob und ihr – wie der Frau in seiner Gesellschaft – ihre Aufgabe zumaß, ohne ihr Stattlichkeit, Würde zu nehmen. Ein durchdachtes Lichtspiel geschickt gezogener Gaden leitet den Tempelbesucher furchtlos durch die ungeheure Gebäudemasse, und wo man nicht begreift, wie der Künstler selbst die abgelegensten Kammern erhellte, worin man Papyrusrollen oder Geschenke verwahrte und diese so lebhaft und fein verzieren und meißeln konnte. Da wird man belehrt, dass rußfreie Sesamlampen, aber auch Lenkspiegel Licht in die Räume trugen, die von der Decke abwärts geschmückt wurden.

Edfu liegt an einer Krümmung des Nils. Es hatte weder Überschwemmungen noch die rasende Hand der Wüste zu fürchten. Reste aus der Zeit Ramses' des Dritten sind ebenso zu erkennen wie das Ausbreiten der Tempelstadt unter der heutigen Siedlung. Die Wände des Horus-Heiligtums tragen Osiris' Martyrium.

Es fällt schwer, nach dem Einswerden mit der Dimension des Denkens, das diese Bauten schuf, den Weg in die Gegenwart zu finden. Menschen, die durch jene Tore schritten, haben nicht anders gelitten, aber an anderem. Menschen, die über den Nil ruderten und sich von solchen Tempeln aufgefangen wussten, bedurften nicht der Panik-Dusche Tag für Tag, die uns aus tausend Zeitungen den Rest des Friedens aus der Seele peitscht, ohne Trost an seine Stelle zu setzen; die uns hilflos macht und uns zehnmal vergiftet, was uns Mühe, Fleiß, Fortschritt und Opfer in den Schoß legten, weil wir uns die Sorgen von immer weiter herholen, um endlich via Satellit zu verzweifeln. Jene Menschen aber nahmen ihren Tod an, denn selbst Osiris hatte ihn angenommen; doch sie nahmen den Tod nicht an, der nicht der Ihre war. Ihre Kinder trugen anstatt Kleider Ohrringe, ihre Bauern Lendenschurze. Ihre Gewölbe aber und ihre Bogen gaben sie den Griechen weiter, und ihre Ingenieure wussten eine dreiundvierzig Kilometer lange Mauer zu bauen, um das Wasser des Fajum-Beckens zu stauen und aus Sumpf fünfundzwanzigtausend Morgen Ackerland zu gewinnen. Ihre Handwerker blieben solche, und deren Söhne wurden es wieder. Wer sich in Staatsgeschäfte mischte, den traf schwere Strafe. Damit aber bekennt sich dieser aufgeklärteste, bewundernswerteste Despotismus der Welt noch einmal zum Orient und überlässt den Griechen den Schlüssel zu Freiheit. Das Heiligtum des Menschen wurde von den Griechen von außen in sein Inneres verlegt, und wer sich den sterbenden Sokrates in der Cella des Tempels von Edfu vorstellt, der bekommt ein Bild davon, was dieser Geist nicht nötig hatte, was er einriss, lang bevor ein Alexander sein Pharaonensiegel in den Stein graben ließ, und eine ägyptische Königstochter von ihm schwanger ging, ehe er starb.

Dieser Sandstein aus Luxor erzählt von den Versuchen Soters, Ptolemäus' des Ersten, die ägyptischen mit den frivolen Griechengöttern zu versöhnen, erzählt vom Haupt Pompeius', von der Syrerin Cleopatra, der Hüfteschwingenden oder Verwöhnten, vom Betruge Seths, des Bruders Osiris', der anlässlich eines Festes einen prachtvollen Sarkophag jenem zusagte, dem er passte, und – als alle diesen erprobt – auch seinen Bruder einlud, sich hineinzulegen. Und siehe, er passte, denn für ihn war er gemacht. Und Seth verschloss den Sarg und warf ihn ins Meer. Er trieb an die Küste Libanons und geriet dort in jene Zeder, die der König Mesopotamiens zu fällen befahl. Den Rest wissen wir. Horus aber, der Sohn Osiris' verlor im Kampf gegen Seth ein Auge. Ein Falke, der nur ein Auge besitzt, stirbt. Das wusste Horus und war traurig; aber sein Volk hub an, sein Auge zu verehren; und das Auge heilte, wer an es glaubte. Und das Volk glaubte an Horus und seine Kraft und Tapferkeit, und so fasste er wieder Mut und besiegte Seth, den Oberägypter endgültig und übergab ihn den zweiundvierzig Todesrichtern, die der Anzahl der Körperteile Osiris', aber auch der Provinzen und Totenbücher entsprachen. Das Auge jedoch erhielt das Volk, und es gilt heute noch als wundertätig. Dies alles liest man an den Wänden des Tempels, aber man liest auch die Formeln der Zubereitung von Duftstoffen; und da diese Kunst früher sehr ernst genommen wurde und Gottesdienst bedeutete, kann man an manchen Zeichnungen die roten Ausbesserungen des Oberaufsehers erkennen, ehe die Steinmetzen das Gezeichnete meißeln durften. Die halbhohe Wand zwischen der ersten Säulenflucht und dem zweiten Vorhof blieb als architektonisches Element byzantinischer Kirchen bis heute bewahrt. Sie erlaubt immer nur überschaubaren Gruppen den Zutritt zum Allerheiligsten und trennt diese physisch und psychisch von den Draußenstehenden. Schutz im liturgischen und profanen Sinn. Wer den Tempel betrat, musste rein sein, denn Nut, die Göttin des Himmels und der Kardinalpunkte, prüfte auch das Wasser. Der Andächtige wusch sich, wie man sich heute noch in den Höfen der Moscheen reinigt, ehe man ins Heiligtum schritt. Nur Christen betreten ihre Stätten und Häuser mit Kot an den Schuhen. – Man verlässt die Höfe, schreitet hinaus vor den gigantischen Bau und fühlt jede Hast abfallen.

Zum Tal der Könige

Welche Geduld im Auswerfen der Fischnetze! Alle Wüstentäler, alle Wüstenberge sind in den schimmernden Gesichtszügen dieser

Afrikaner enthalten. Und sie bewegen sich bei jedem Atemholen und werden zu neuen Landschaften vom Atlas bis zum Sinai. Und alle toten Kinder, alles Zerrissene, Verdorrte, alle Morde und Härten, alle Dürre, alle Feste, Tänze, Geburten und Tränen der Jahrtausende graben sich durch jedes einzelne dieser Antlitze, das nichts von sich weiß und mit den Murmeln seines eigenen kleinen Lebens spielt, durchhuscht von Ka, dem unsterblichen Geist, nur vom Licht beachtet, das über ihn streicht auf seinem großen Weg vom einen Ende der Welt zum anderen, wo es die Schutthalden zu wärmen gilt, die unendlichen Schutthalden der gebrochenen Herzen, der versiegten Hoffnungen, der Unerfüllbarkeiten. Und Vögel fliegen auf, die aus den Lotusblüten am Ufer des Nils kommen, und sie kreisen erschrocken einmal, zweimal, dann plätschern sie wieder in die Flut zurück, denn sie haben die Netze in der Sonne stehen sehen und wissen, was es bedeutet. Ein heftiger Nordwind rüttelt am Strom, und ein Raubvogel fällt von seiner Bö. Schwalben zerkleinern die dichten Luftblöcke. Nirgends ein Ölbaum. Palmen, Schilf. Und je kleiner die breiten Boote, umso hartnäckiger schmückt man sie mit den Farben der Freude. Juwelen und Brautkränze liegen auf dem trägen Strom, den niemand zur Freude befährt. Aber keiner ist traurig. Man hat vergessen zu trauern, denn wer den harten Weg des Leids und der Not gegangen ist, wendet die Steine nicht. Gesichter sind wie Datteln, in der Jugend prall und herb, im Alter gefurcht und milde; und sieht man diese Menschen auf ihren Eseln, so überrascht immer wieder die seltsame Übereinstimmung der Tiere mit ihren greisen Reitern.

Hier in Ägypten, dem Land des Türkis, hat man den Tod gewaltig gemacht, so gewaltig, dass er zu leben begann. Hier, wo sein Heimatland ist, hier, wo er alles, hier findest du keine Darstellung eines Skeletts, keinen Totenschädel, nichts Makabres, und selbst jene, die man einfach in den Sand legte, weil sie arm und namenlos waren, selbst ihnen bewahrte das Land die Züge durch alle Zeiten. Und wer den Toten im Budapester Museum sah, der verliert die Angst, denn dieser ist einer, der vor langem eingeschlafen ist, nichts weiter. Oder vielleicht erwacht er bereits. Kein Mitleid, keine Angst erweckt er, ja nicht einmal Staunen. Man könnte neben ihm leben, seine Sprache lernen, sich mit ihm beraten. Er ist ein Vasall dieses Todes, dieses ägyptischen Todes, der keiner ist. Und man blickt in Fellachengesichter, in denen die Augen so voller Gegenwart stehen, dass man die Landschaft der Züge um sie her vergisst; und man sieht sie rauchen und schweigen, während der Wüstenwind ihre Stirnen trocknet und die Granatäpfel vor ihnen reifen lässt. Ruhig sitzen sie und haben vielleicht bei Sonnenaufgang ihr Kind, zerfressen von Hakenwürmern, begraben. Ruhig sitzen sie, und ihre Frauen tragen, gekleidet ins feinste schwarze Leinen der Welt, massige Lasten auf dem Haupt. Sie sitzen auf der Zeit wie die Geier auf den Kadavern und reinigen das Eigentliche vom Gestank der Rastlosigkeit. Sie tun es, ohne zu überlegen, augenblicks bereit, in ihr So-Sein den Giftköder der Anpassung an die Zivilisation hineinzuschlingen. Aber vielleicht bleibt ihnen die Zeit gnädig. Vielleicht geht der Kelch des Fortschritts an ihnen vorüber. Vielleicht müssen sie nicht fortschreiten in den Rückschritt. Vielleicht gelingt ihnen, die Mitte zu erreichen, wo Kultur zu Zivilisation, Zivilisation zu Kultur wird, und die Grenze der Weltzerstörung noch nicht überschritten ist.

Kanäle sind hier, Kanäle vom Nil westwärts gestochen. Winzige Züge fördern hoch bepackte Zuckerrohr-Loren, von denen Knaben munter kauend winken. Eukalyptus einer starken, fleischigen Art säumt unsere ordentliche Straße längs des Wassers, in dem sich die Wäscherinnen und Hirten die furchtbare Bilharziose holen. Ein Lehmhüttchen da, eines dort, und das halbfertige daneben ist für die heiratende Tochter oder den Sohn gedacht. Im zurückgebogenen Gehörn der Wasserbüffel spielt der Wind. Ein Lachen, Fröhlichkeit geht von den Kattunkleidern aus, die zum Trocknen hängen. Sie sind selbst gemacht. Man kann hier niemandem ein Gewand schenken; es würde als fremd erkannt und wiese den Dorfbewohner als Almosenempfänger aus. Jeder hat einen Kaftan für die Arbeit auf dem Feld und einen zweiten. Und wenn diese verschlissen, näht ihm seine Frau oder Mutter oder Schwester den Ersatz. Selten sieht man Kamele. Sie wurden von den Ptolemäern eingeführt und setzten sich eher dort durch, wo ihre extreme Belastbarkeit und Genügsamkeit das Überleben entscheiden. Hier, wo man den alten Nilschlamm heiligt und das Bauen von Hütten aus ihm verbietet, hier, wo ein flammendes Grün dutzende von Kilometern in die Wüste greift, hier erkennt man, was es bedeutete, wenn der Nil seinen fruchtbaren Lehm über Land breitete, wenn er die Wüste zum Funkeln brachte, und das endlose Glühen in diesem Grün erlosch, wogegen selbst ein Smaragd stumpf.

Der Staudamm in Assuan hält seit neunzehnhunderteinundsiebzig den Schlamm des Nils zurück. Die Fluten werden steigen. Der See wird noch größer werden. Der Damm wird irgend einmal erhöht werden müssen. Der heute schon anstelle des Schlamms eingesetzte Mineraldünger wird die Böden mit Nitraten und Stickstoff vergiften. Aber in Kairo, tausend Kilometer flussabwärts wird man die Leuchtschrift Coca-Cola nachts noch von den Pyramiden aus lesen können.

Wie lange hat man schon keine Glocken läuten hören? Januar ist es; Januar welchen Jahres?

Von den Kanälen wendet sich die Straße einem rötlichen Bergmassiv zu. Das Grün wird spärlicher. Noch einige Zypressen, eine Casuarina Cumminghamiana, einige Dalbergio Sissoo, Bougainvilleen, Palmen, Sykomoren, deren so saugfähiges Holz zum Absprengen des Granits verwendet wurde.

Zu unserer Rechten ein gewaltiges Sandplateau, an fernen Rändern von spärlichen Büschen bestanden. Zwei Kolosse ragen. Diese also sind die Kolosse des Memnon, die Amenophis der Dritte seinem riesigen Tempel voranstellte. Noch Herodot schreibt, dass sie, die siebenhundert Tonnen schwer und aus einem Block gehauen, geklungen haben sollen; doch als er sie sah, waren sie schon still. Das Tönen kam vom Spiel des Windes, und man sagte, sie klagten um ein totes Kind, und der Tau wäre Tränen. In den Tempeln aber übte man die Kulte der in die Berge versenkten Könige.

Die Straße steigt an. Vorbei an fahlen Siedlungen, deren Kraftlosigkeit betont wird von erbärmlichen, im Walt-Disney-Stil gehaltenen grellen Hauswand-Zeichnungen zur Erinnerung an die Pilgerschaft nach Mekka, geht es längs einer endlosen, ockerfarbenen Maulwurfslandschaft am Fuß der Felswände. Löcher um Löcher gähnen uns an, Gräber Altägyptens. Zur Rechten des Friedhofberges der Totentempel Ramses' des Zweiten. Ein unscheinbares Asphaltband endet plötzlich. Wir gehen einige dutzend Meter. Kleine Schilder, ins Geröll getrieben, erinnern, dass hier das Grabmal Nofretetes ist. Ein kleiner, verschlossener Schachteingang. Man liest, wo Italiener, Franzosen, Briten nach Königinnen suchten. Sechzig Gräber seien gefunden, weitere sechzig unentdeckt, sagt man. Vielleicht waren die Grabräuber, die infolge der furchtbaren Not nach der Zwanzigsten Dynastie alles zu Geld machten, was sie erlangen konnten, „glücklicher". In ihren Seelen sah es wohl nicht viel anders aus als in jenen unserer Vorfahren zu den Zeiten der großen Pest. Es ist kühl. Der Wind trägt Regen. Es geschehe zum ersten Mal nach acht Jahren, wird uns gesagt. Deir-el-Bahri, l'Uadi-Sikket-Taquet-Zaid: Orte, die uns daran erinnern, dass im neunundzwanzigsten Regierungsjahr Ramses' des Dritten (elfhundertfünfundsechzig vor Christus) hier die Arbeit niedergelegt wurde, weil die Gruppe von fünf Dutzend, die stets mit Ausheben, Meißeln und Verschönern der Herrschergräber beschäftigt waren, wieder einmal zu lang auf ihren Lohn, Getreide, Fleisch, Gemüse, Wein, Salz hatte warten müssen und es leid war, ihre Zehntagewoche nur von den Klagen und der Unzufriedenheit ihrer Familien unterbrochen zu wissen, wenn sie auf kurz zu dieser heimkehren durfte.

Als Pyramiden und Mastaba keine sicheren Orte mehr für die letzte Ruhe der Könige waren und diese längst alle drei Ägypten in ihrer Hand vereinigt hatten, wählten sie Theben, also Luxor, zum Sitz ihres Regierens und legten im Westen ihre Totentempel, ihre Schächte und später – ab der Achtzehnten Dynastie (fünfzehnhundertfünfzig bis dreizehnhundertsieben) und dem Sieg über die Hyksos – ihre majestätischen Felsgräber an.

Durch einen schmalen, hellen Gang geht man einer tief gelegenen Kammer zu. Es ist die Ruhestätte einer Königin. Auch ihr Sohn, der als einer der drei Knaben starb, die sie gebären und verlieren sollte, wurde hier beigesetzt. Die linke, helle, hohe und etwa zehn Meter lange Grabwand trägt am Sockel blaue Lotusknospen bis zu etwa dreißig Zentimeter Höhe. Über diesen – nahe dem Eingang – steht der schlanke, in einen schneeweißen, feinplissierten Leinenrock gekleidete junge Vater und führt mit unendlich zarter Geste den zuversichtlichen Knaben Anubis dem schakalköpfigen Gott zu, in dessen Gebärde beim Empfang des Kindes die Strenge einer fast väterlichen Zuneigung weicht. Kindern und Märtyrern blieb das Wägen ihres Herzens erpart. Eine Feder wird ihnen zum gefahrlosen Passieren der Fährnisse bis ins Paradies Schutz leihen, und ihre Mütter werden einst neben ihnen ruhen. Szenen aus dem Totenbuch beleben die gegenüberliegende Wand, und aus fünfunddreißig Jahrhunderten blicken Farben unaussprechlicher Schönheit – Goldocker, Kupfergrün, Sepiabraun, Blauschwarz, Rot und Weiß – mit unverminderter Kraft auf uns herab, und die gebundene Sinnlichkeit der Linien und Züge veredelt den Eindruck und hinterlässt ein unerwartbares Erlebnis.

Man tritt ans Tageslicht. Eine Niedergeschlagenheit, die von den rostroten Bergen dieser Einöde niedersteigt, legt ihre Flügel um uns. Kein einziger Grashalm, kein Strauch, kein Baum, kein Vogel, kein Tier. Nichts. Geröll bis an die Brust der Berge und blasse Streifen den Höhen zu, wo die Lasttiere schreiten.

Wir verfolgen das Tal, das sich emporzieht; es ist das Tal der Könige. Ein Kuppelbau wirft seine stumpfe Silhouette herab. Carters Haus, des Entdeckers (neunzehnhundertzweiundzwanzig) des Grabmals Tutanchamuns. Was mag er gedacht, gehofft, gejubelt haben dort oben?

Gewaltige Splitterberge fast weißen Kalksteins scheinen die Wüstenschlucht ausfüllen zu wollen. Aber bald trippeln wir gebückt die steilen Schächte hundert Meter tiefer ins lebende Gestein hinab. In leuchtenden Erzählungen begleiten uns Kapitel des Totenbuchs; und wir lesen, dass es den Dämonen die Köpfe abzuschlagen galt, dass Wasser nicht zu Feuer werden durfte, dass genügend Speise und Trank auf der Totenbarke zu sein hatten, dass Musik gewünscht war; dass drei heilige Schlangen den Granit-Sarkophag, der etwa acht Meter lang, fast zwei Meter hoch und ebenso breit war, in die Tiefe begleiteten, wo unter einem sich mählich verdunkelnden Abendhimmel im endlichen Grab ein sternenschweres Nachtgewölbe die letzte Stätte des Toten überspannt, das zur Rechten und Linken von feierlichen Bildern – aus dem Leben Osiris', Hathors und Horus' eingefangen – belebt wird.

Vorsichtig geht man um die zyklopischen Trümmer des Sarges, den siedendes Öl und Wasser – aus den Händen der Habsucht – gesprengt haben. Nicht jeder Herrscher konnte seine Abkunft von den Göttern herleiten, daher sehen wir den einen oder anderen von Hathor gesäugt.

Wer sie hinaufstieg, die steilen Rampen, wer die Brücken, die fast senkrechten Abstürze in die Bergkammern betrat, der kann dem Scharfsinn oder der Überlieferung der Grabhyänen nur verbitterte Bewunderung entgegenbringen. Das banale Versteck Tutanchamuns unterschritt ihre Intelligenz. Zu den Einzigartigkeiten Ägyptens zählt eine Rationalität, die für die Magie unangreifbar wird. Gleichzeitig aber bedeutet dies nicht die Auflösung derselben, sondern sie begibt sich ihrer Wirkung jenen gegenüber, die taub für sie wurden, und schreitet ungesehen in ihrem Priestergewand neben ihnen her, dem Wort vom Zufall und von der vorläufigen Unerklärlichkeit geheimnisvoll lächelnd und ihren Rocken drehend, aus des Garn das Netz ist, durch das der Menschen Gedanken leicht fallen.

Nachdem wir das gewaltige Grab eines späten Ramses verlassen, stehen wir vor dem schlichten Granitschrein Tutmosis' des Dritten (vierzehnhundertneunundsiebzig bis vierzehnhundertfünfundzwanzig), des ägyptischen Napoleons (Har-Meggido), der als Knabe seine Kunstsammlung anlegte, die erste ernstzunehmende Flotte aufs Mittelmeer schickte, seines Landes Nachbarländer tributpflichtig machte und ein begabter Vasenmaler war. Roter Granit, wie jener Napoleons, in einer etwa vier mal fünf Meter messenden, knapp zwei Meter hohen Kammer, deren Wände nichts als Zeichnungen und eine Unzahl feiner fünffingriger Sterne in zarten Farben schmücken. Einen größeren Kontrast als dieses Kriegergrab im Schmuck der Zartheit, als die Schlichte, gepaart mit dem Wissen um die Taten dieses Mannes, kann man nicht denken.

Auch das Tal der Könige kann nicht wirklich geschildert, noch abgebildet werden. Es muss erlebt werden, und selbst dazu ist es zu großartig. Es gibt Ereignisse, die sich nicht aufspießen lassen wie Insekten. Sie versagen sich einer schüchternen Annäherung nicht, wenden sich aber von jenem ab, der ihnen seine Gegenwart überstülpen will. Man zweifelt, ob es richtig war, diese Gräber zugänglich zu machen. Soll sie niemand sehen? Sollen sie nur Auserwählte sehen? Soll ein scharfsinniger, aber menschlich unbrauchbarer Archäologe Zutritt zu ihnen haben, ein feinsinniger, ehrfürchtiger Musiker aber nicht? Soll die Dreistigkeit eines seine Kunden täglich übertölpelnden Wurst- oder Käsehändlers diesem den Flugschein an einen Ort bescheren, den er anstatt Las Vegas wählt? Soll der Atem aller die Quelle weniger vergiften? Ist es Demokratie, wenn wir das Unwiederbringliche gemeinsam zertrampeln?

Hatschepsut (vierzehnhundertdreiundsiebzig bis vierzehnhundertachtundfünfzig) in Deir-el-Bahari. Man reibt sich die Augen angesichts der Säulenflucht ihres in den Fels getriebenen Tempels, dessen Restaurierung etwas gelungener sein könnte. Es sind dorische Säulen. Dorische Säulen hier? Die Tochter Thutmosis' des Ersten, Hatschepsut, die Tochter der Wohlgerüche, die Trajan- und Humboldt-Eigenschaften in sich vereinigte und trotzdem bei öffentlichen Anlässen als Mann und mit Bart auftreten musste, Hatschepsut ließ eine Empore bauen, die noch heute durch ihre Musikalität und Großzügigkeit besticht. Als Bäume und Teiche die Anlage begleiteten und belebten und die Menschen sich auf dem Nil-Kanal näherten, der dem Tal der Könige im Westen Luxors vorgelagert –, musste ihr Herz höher geschlagen haben.

Die Vorhöfe und Hathor geweihten Gänge stellen nicht nur mit ihren Frauenkopf-Kapitellen eine liebliche Originalität dar, sondern unterrichten den Betrachter genau über die Expedition, die die Königin nach Punt, dem sagenhaften Goldland (Somaliland) gesandt, von wo Schätze an Wissen und Gütern nach Ägypten kamen. Bewunderung weckt diese aufgeklärte Königin, die beim Errichten ihres Tempels auf einen anderen, vor einem halben Jahrtausend unvollendet gelassenen zurückgriff, ihn herrlich ergänzte und einbezog. Sie ließ Schiffe bauen, um ihre mächtigen Granit-Obeliske von Assuan nach Theben zu schaffen, wo sie noch heute stehen. Und ergreifend ist ihre Bitte um Vergebung auf einem von diesen, weil sie keinen aus massivem Gold errichtet hatte, wie sie es gelobt. Sie ließ die Spitze vergolden und beschreibt, wie viel Gold sie dazu aufwendete und wem die Goldspitze den Weg wies; denn Obeliske waren Gelöbnisse an die Sonne, an Ra-Amun, den Gott der Götter. Der Obeliske Linien wiesen zu ihm; ihre Spitze vereinigte sich mit ihm am Morgen, mittags und wiederum am Abend. Die Sterne ruhten auf ihr. Die Seiten des Obelisken wiesen ins Land des Lebens und des Todes, und sie vereinigten den Norden mit dem Süden, den Osten mit dem Westen in Gott, in Ra-Amun. Sie führten vom Unbelebten zum Leben, vom All zur Erde, vom Tode zur Auferstehung. Ihre Geburt ist die der Mastaba, einer Bank, auf die man die Toten bettete. Und als Imhotep, Zosers Architekt, Arzt und Bildhauer – der Leonardo seiner Zeit (zweitausendsechshundertdreißig bis zweitausendsechshundertelf) – in Sakkara eine Mastaba über die andere stellte, musste er, den Gesetzen der Statik gehorchend, die nächsthöhere kleiner machen, und die natürliche Verjüngung ergab die erste Pyramide. (Pi-re-mus bedeutet Höhe), aus der die stufenlose, und endlich in ihrer vollendeten Form der Obelisk wurde. Der Obelisk ist die Seele der Form. Von ihm geht sie aus. Er ist der Anlass. Seinen Linien gehorchend erschließt sich die Unendlichkeit der Endlichkeit.

Die Straße wird breiter. Ein dunkles Blau breitet sich über die weichenden Berge. Die scharfen Wände fallen immer noch ins Geröll. Aus den Ziegenhirten werden Punkte. Ihre Tiere scheinen Hirsekörner, die aus den Lehmsiedlungen rieseln. Der Mond steht irgendwo im fremden Himmel, neben ihm ein Stern. Die Luft ist kühl; die Wüste hat uns vergessen. Eine dreieckige Bergspitze steht im letzten Licht dieses Tages und wacht über die toten Könige in ihrem Herzen.

Nubische Tänze

Der magische Tanz schreibt den Kosmos in die Erde. Kein Tänzer ist Kind. Dort, wo ein Kind tanzt, überschreitet es die Zeitschwelle. Es wird ungeboren, so wie auch der Tänzer Teil des ungeborenen Alls ist, das erst durch seinen Tanz beschworen wird.

Vier Afrikaner folgen den wechselnden Rhythmen der Trommeln. Sie begrenzen ein Quadrat. Wir sind in Ägypten. Man findet fast nie einen Tanz, der weder dem Kreis noch der Wellenlinie gehorcht, der also das Wasser leugnet und dem Lichte zuneigt. Schatten fallen in Linien, denn das Licht hat nur eine Kehrseite. Sie bilden Winkel.

Vier Tänzer, jeder an seiner Ecke, ein Block, aber unerstarrt. In der Mitte wiegt sich die Frau. Jeder der schönen Menschen folgt den Rhythmen, ohne des anderen zu achten. Die Schritte der Frau bewegen sich am Platz; aber ihr Körper ist so sehr Tanz, dass alles Einordenbare daraus gewichen ist. Ihre Züge zeigen Lächeln, das wohl Übereinstimmung bedeutet. Übereinstimmung womit? Man denkt an die Faszination, die die Weisen und Tänze der Schwarzen am Beginn des 20. Jahrhunderts auf den Westen ausübten. Mit der zunehmenden Abhängigkeit voneinander durch Wirtschaft und Technik schmolz der Zugang des Individuums zu den Quellen seines Seins, seines Ursprungs. Der Tanz ist ein Weg. Er ist eine Unmittelbarkeit. Nichts ist ihm fremder als Unterhaltung oder Zeitvertreib. Er kennt die Zeit noch nicht. Er endet nicht. Nur die Erschöpfung setzt ihm Grenzen, die seine nicht sind. Er ist Selbstfindung; und – in der Erweiterung dieser – Zugang des Einzelnen zum Kosmos. Der Tanz führt im Gegensatz zu allen anderen Manifestationen nicht in die Gesellschaft hinein, sondern aus ihr heraus. Man mag sich noch so sehr zusammentun, im Tanz ist man allein. Frauen wissen das in ihrem Innersten, daher sind die meisten von Natur gute Tänzerinnen. Sie ziehen es vor, vom Universum verstanden zu werden, nicht vom Nächsten; denn dem Universum ist ihre Mutterschaft verpflichtet und der Mann nur Vorwand.

Die Weisen werden schneller. Ein osmanisches Element mischt sich in sie. Das Zweisaiteninstrument, dessen Klangkörper ein hohler Kürbis ist und das mit einem rohen Bogen gestrichen oder geschlagen wird, lässt eine erstaunliche Tonbreite zu und bedarf sorgfältigen Stimmens mittels zweier Wirbelschrauben. Ein Gesang wird vernehmbar. Auf ihren Zehenspitzen und mit fast geschlossenen Augen wiegt sich die Tänzerin in sich selbst am Platz, während ihre Partner nun Stäbe als Waffen schwingen und Krieger, Hirten, Festung werden, ehe sie zum Kreis übergehen und Erntedank tanzen. Die Rhythmen werden schneller. Die Tänzer haben sich gefasst. Ihr Ausdruck ist ein anderer. Sie erleben eine Löwenjagd und bilden nun eine Reihe, das verstärkende Prinzip. Vor und zurück in wechselnder Wildheit stampfen die erregten Leiber, und die Turbane leuchten, ihre Kleider lösen sich. Wilder und wilder, kriegerischer und kriegerischer werden die Gesten. Der Löwe ist nah, vielleicht verwundet. Nur sie, die Göttin – Hathor, Isis, Ischtar oder wer auch immer –, wiegt sich wie im Traum am selben Platz, während die Kette der rasenden Tänzer über sie hinwegfegt, vor und zurück, immer und immer wieder mit den ineinander verschränkten Armen ihr Haupt vor- und zurückstößt. Sie nimmt es nicht wahr, sie weicht nicht aus, sie beugt sich nicht. Unbeirrt schreiben ihre Füße, was ihnen die Weise in einer Sprache sagt, die wir nicht mehr verstehen.

Plötzlich bricht die Trommel ab. Die Tänzer lösen ihre Arme voneinander. Es geht wie ein Staunen durch sie. Das Jahrzehnt zieht wieder in ihre Körper. Die Gegenwart ätzt sich wieder in ihre Gesichter.

Karnak–Luxor

Als alles noch jung war und die Ewigkeit ein Kind, da suchte sie einen Ort zu spielen. Dieser Ort war Karnak und Luxor, und die Spielzeuge waren die Jahrtausende. Theben oder Wesi oder Ne, alles Namen für eine Stätte, die von den Arabern Platz der Paläste oder Luxor genannt wurde, denn dort war der Gott der Götter, Amon-Ra, und zu seinen Ehren errichtete man auf einem Geviert, das fünfhundert Meter Kantenlänge maß, in zweitausend Jahren (sechzehnhundert vor bis vierhundert nach Christi Geburt) den gewaltigsten Tempel der Erde. Der Säulenhof Ramses' des Zweiten misst achttausend Quadratmeter. Hier blühte eine Akademie tausend Jahre vor Griechenland. Hier wurden von den Priestern die jungen Ausländer zusammen mit der ägyptischen Elite ins höchste Wissen ihrer Zeit eingeweiht. Hier lernten sie die Gastlichkeit der Könige schätzen und gingen den Weg vom Erschrecken zum Staunen, vom Grauen zur Bewunderung. Hier in dieser dreißig Meter hohen Halle wandelten sie zwischen den hundertvierzig mit Erzählungen und Belehrungen verzierten Säulen und erkannten, dass es weder in der Musik, noch in der Malerei, noch in der Bildhauerei je etwas Vergleichbares geben würde. Hier sahen sie den Obelisken Hatschepsuts, den aus dem Granit-Muttergestein zu sprengen es Monate bedurft hatte, weil die Sykomorenkeile nur alle drei Tage gewechselt werden konnten. Und den zu befördern Sen-Mut, der geniale Architekt und Geliebte der Königin, Schiffe hatte bauen lassen, deren Oberfläche größer als die Gesamt-Oberfläche des Steines sein musste, der erst am Ort hier zum Obelisken gehauen und geschliffen wurde. Diorit, härter noch als Granit, diente zu dessen Bearbeitung. Granit, das wunderbare Mineral, es widersteht der Zeit grenzenlos, aber ein einziger Riss – und sei er noch so fein – wird wandern, bis der ganze Block zerbirst. Granit ist die steingewordene Treue. Den Obelisken in sein Fundament zu setzen, ohne ihn zu verwunden, bedurfte es Meister. Im Kulturaustausch, den insbesondere Thutmosis der Dritte pflegte, lernten die Nachbarvölker, Ägypten zu bewundern und die Universität, die dieser Tempel war, zu lieben. Hier wusch und krönte man den Pharao. Hier segnete er. Hier zog Echnaton den Priestern davon und klagte sie der Volksferne, der Esoterik, der Auserwähltheit an. Hier las man die Philosophie Ptanhoteps aus dem Jahr zweitausendachthundertachtzig. Hier durften Schlangen, Krokodile, Gänse, Ziegen, Falken, Schwalben, Kühe frei leben. Hier wusste sich der Pharao vorübergehend auf Erden, denn sein Körper, seine Seele und sein Ka würden gerettet werden. Die Priester, die sich zweimal am Tag, zweimal des Nachts wuschen, würden dafür sorgen und sorgen, dass er ins „glückliche Feld der Nahrung“ von Osiris aufgenommen werden würde, anstatt von Krokodilen gequält Hunger und Durst zu leiden. Sie würden für ihn beten, und die sechsundachtzigtausend Statuen ihrer Tempelstadt würden es wissen. Gottgefällige Talismane, Fische, Geier, Schlangen und der Skarabäus würden ihn schützen, und die Totenbücher. Auf zweitausend in Tonkrügen verwahrten Papyrusrollen stand, wie das „Herauskommen bei Tage“ (wörtliche Übersetzung von Totenbuch) zu geschehen habe, und womit Osiris zu besänftigen sei. Thoth, der Gott der Weisheit, hatte noch ehe Geschichte war, dieses Buch den Menschen auf ihrem Weg nach Westen mitgegeben, dass sie den Osten fänden. Von Ramses dem Dritten (elfhundertvierundneunzig bis elfhundertdreiundsechzig) wissen wir, dass ihm Libyen, Phönizien, Syrien, Palästina Tribute zollten, und dass er zweiunddreißig Tonnen Goldes, tausend Tonnen des damals noch teureren Silbers, hundertfünfundachtzigtausend Sack Kornes und noch vieles mehr den Priestern Thebens schenkte, und wir wissen, dass zu jener Zeit Assyrer, Babylonier, Perser und Phönizier auf die Grenzen drückten, dass Dorer und Achaier Kreta unterwarfen und das Ägäische Meer befuhren. In dieser Zeit besaßen die Kenner der Mysterien eine Viertelmillion Morgen besten Ackerlands, Einkünfte von hundertneunundsechzig Städten in Ägypten und außerhalb, dazu hundertsiebentausend Sklaven. Und sie bezahlten keine Abgaben.

Wer die Widderallee des Amun-Ra abgeschritten, die Pylonen durchmessen, unter Ramses’ des Zweiten Hypostylen verstummte, ehe er die Hieroglyphen Hatschepsuts Obelisken las, der darf einen Wunsch denken. Und nachdem er dreimal wider den Uhrzeigersinn den riesigen Skarabäus aus Granit umschritten, wird er die rechte Hand aufs Herz legen, sich zur eingemeißelten Sonnenscheibe wenden, dann zum heiligen Weiher und seinen Wunsch aussprechen. Viele sieht man heute noch in sich gekehrt und schweigend dieses tun. Es herrscht Stille.

Die Ägypter glaubten, der Schleim, der aus den Vorderöffnungen des Pillendrehers tritt, befruchte diesen. Dieser Selbstbefruchtung maßen sie Göttlichkeit zu und verehrten den Skarabäus als das Symbol der Auferstehung und der Fruchtbarkeit. Sein und Bleiben, Substanz und Existenz war ihnen das Tier. Er schützte den Toten vor den Dämonen und wurde ihm anstelle des Herzens eingesetzt. Er diente als Siegel, und die Kaufleute von Elephantine wiesen sich mit ihm an den Grenzen aus. Seine Flachseite wurde verwendet, um Botschaften zu übertragen, als Brief.

Eine Prozession von granitenen Widdern und kauernden Sphinxen, die einander gegenüber lagen, geleitete über zweitausend Meter den Besucher von Karnak nach Luxor, wo gigantische Pfeiler Ramses’ des Zweiten Taten verkünden, seinen Sieg von Kadesch verkünden und vielleicht als Paten der späteren Trajansäule gelten können.

Kein Palast eines Pharao blieb erhalten. Alles zerfiel. Das Haus seines Lebens zählte nicht. In den Höfen dieser Anlage aber finden wir eine Moschee über dem Vorläufer eines Erechtheions. Wir stehen lang vor den feinen Zügen des Granitkolosses Ramses des Zweiten und können unser Staunen über die Zärtlichkeit des Meißels nicht in Dankbarkeit für den Anblick umsetzen. Zerstreut folgen wir einer stilisierten Biene, die die beiden Brotlaibe – das untere und das obere Ägypten – mit ihren Gliedern festhält. Hier also, wo der Papyrus Unterägyptens sich mit dem Lotos Oberägyptens nicht nur in Kapitell und Säulenschaft vereint, hier begann der Schauder Echnatons, des großen Häretikers und Ketzers. Hier, wo jener, der Gott darzustellen verbot, den ganzen Glauben seiner Zeit als Götzendienst verwarf, *einen* Gott über allen Menschen dieser Erde zu erkennen glaubte, hier findet man eine Kirche, eine Moschee, aber unfern steht der Skarabäus, um den noch heute Menschen wandeln, wenn sie tief in Not. Echnaton floh, seinen Gott im Herzen, nach dem Ort Tell-el-'Amarna (Akhetaten, Horizont der Sonnenscheibe). Echnaton, der sein Volk erlösen wollte, ohne zu wissen, woran es litt. Es waren nicht die Götter.

Es ist kein Land des Gedichts. Alles scheint gesagt. Was wachsen sollte, wuchs; was dorren sollte, dorrte. Licht zeichnet klar. Es erlaubt keine Erwartung. Was ist, ist. Was noch kommen wird, ist noch nicht, kann nicht, beleuchtet nicht. Es ist ein hoffnungsloses Land. Die Zwischenräume des Seins, die das Gedicht mit seiner Schwingung, seiner Botschaft vom Werden ausfüllt, sind nicht. Die Zeit hier ist fugenlos. Das Hoffen, jener Seelenraum zwischen Sein und Nichtsein, das Hoffen findet nicht statt. Man lebt vor oder hinter dem Schwert der Sonne. Unversehrt steht sie am Himmel. Sie gab einen Teil ihres Seins an den Kosmos, an die Erde, an Ägypten, aber ihren Aufwand einzufordern, ist sie zu groß. Was die Menschen aus ihrem Licht schufen, zählt nicht, ist nichts. Auch wenn es hier zum unwiderrufbaren Zeichen mächtigster Baukunst geriet.

Papyruswälder, Lotushaine aus Säulen zwölf Meter Umfangs, deren Wucht ihre Proportion, ihre Zeichnung wieder aufhebt. Das Licht hat hier gebaut, gesungen, und seine Choräle gehorchen nicht dem schöpferischen Zagen des Gedichts. Nur Zeit darf diesem Willen widersprechen. Niemand vermag zu ergänzen, was ein Geist geschaffen, der aus uns gewichen. Diese Erde kennt kein Schmeicheln, kein Erleichtern. Wer ist, hat es zu sein. Was ist, ebenfalls. Niemand nimmt es ihm ab. Mitleidlos stehen die Sonne, die Sterne, ja noch der Schatten. Es ist apollinisches Land. Die Locke ist ihm fremd. Wenn dir ein Mensch verstarb, wenn dich ein Mensch enttäuschte, du wirst sie wiederfinden in Ägypten. Der Tod vermag dort wenig. Alles will Versöhnung. Völker gingen fort; doch ihre Häuser stehen und wissen, dass sie wiederkommen. Gast ist man und wartet; wartet, wartet auf die erlösende Umarmung. Dann darf man sich wieder trennen. Osiris ist in allem. Dieses letzte Mal aber wird den Tempeln dann erlauben zu zerfallen.

Grüngrau ist die Luft hier.

Hoch am Himmel steht die Flammenschrift eines Flugzeugs.

In den Dünen der Religionen wandert mühsam der Gott

Jemen

Unsere Maschine hat längst das Mittelmeer, Ägypten unter sich gelassen. Im Lautsprecher verstummt die Jupitersymphonie. Leichtes Gewölk, Seitenwind. Nach fünftausendachthundert Kilometer Flug landet der Trident am Flughafen Sanaas (Azal-Uzal), einem Mahra, also heiligen Ort und Karawanenrastplatz – „die Befestigte" –, jene Stadt, von der man sagte, Sem, der Stammvater der Semiten und Sohn Noahs habe sie auf dem Berg Nikkum gebaut. Sanaa, die Perle des Arabia Felix in al-Yamen, der rechts Liegenden, rechts, wo die Sonne aufgeht.

Wir sehen vor Müdigkeit nichts von einer Stadt, die Persern, Äthiopiern, ja Harun-al-Rashid (achthundertdrei), Mamelucken und Türken die Zerstörung wert war, und von der so viel übrig blieb, dass neunzehnhundertvierundachtzig die Unesco sie zum Weltkulturerbe erhob. Wir sehen vor Staub keinen der „Wasserzüchter" (Zisternen). Unser Taxi rumpelt durch eine breite Senke, Sa'ila, das vom Norden nach Süden verlaufende Flussbett, das die Häuser trennt. Dann steigt die Straße an. Unter einem Granitmassiv kauert unser Hotel. Der Mond scheint in die milde Nacht. Bis zur Verkündigung des Islam betete man zu diesem sanften Gott. Es ist Ende April. Pfützen spiegeln silbern. Ein leichter, fast kühler Wind weht. Unordentlich verstreut liegt ein schwaches Beleuchtungsnetz unter uns und hält die nächtlichen Häuser zusammen. Im Sand der Straße rascheln Plastikfetzen.

Wo bin ich? Richtig, im Jemen! Der Schlaf war kurz, aber die Neugier ist größer als er. Vor dem Hotel schlagen die Seile, die die schwarz-rot-weiße Fahne halten, an den Mast. Später wird man mir sagen, dass diese Farben Vergangenheit, Revolution und Zukunft bedeuten. Man wird behaupten, dass Letztere hell sei. Welche Zukunft besitzt die Ewigkeit?

Im Geländewagen hoppeln wir kurz darauf der Stadt zu und zwängen den Toyota durch wartende Herden von Fettschwanzschafen, Hühnern, Ziegen, Buckelochsen, grünen und grauen Futterhaufen, wartenden, hastenden, verschleierten Frauen und Dolche tragenden Kindern in Plastiksandalen, Adeligen, die sich schwarz kleiden und Bäuerinnen in roten, grünen, weißen, blauen Umhängen. Mannshohe Blech- und Lehmverschläge werden von verstaubten Misteln, Palmen, Feigen-, Kirsch-, Qatbäumen oder Bougainvilleen beschattet. Wenige Hunde streunen. Hie und dort schreitet ein in sich Gekehrter weiß gekleidet; ein Lehrer aus dem Sudan oder aus Ägypten, wie man uns sagt. „Heute Abend sind die alle tot", meint unsere Begleiterin und deutet mit dem Finger, den sie gleich darauf bezeichnend über ihre Kehle zieht, auf die harrenden Tiere. Ein Fest steht bevor, sagt sie und vergisst die Tiere. Das große Fest des Jemen. Alles hupt, wenig fährt. Alte tragen keinen Dolch mehr.

„Wenn ich sage, deine Frau ist schön, freust du dich. Wenn du sagst, meine Frau sei schön, bring ich dich um. Woher kannst du wissen, ob meine Frau schön ist, wenn ich sie vor deinen Augen verschleiere und schütze?“ Der mir dies erklärt, schiebt seine verspiegelte Sonnenbrille hoch und zeigt auf ein Musikinstrument in den Händen eines Blinden. „L'ud“, meint er, und ich entsinne mich, dass die Laute hier ihren Ursprung hat.

Nach kurzer oder langer Zeit, die wir durch die ungepflegten Straßen und den Kot motorisiert taumeln, hindurch zwischen blau gestrichenen Schmiedeeisentoren und einstöckigen Hausbeginnen, aus denen die Stahlstacheln des Willens zum Weiterbauen in den wunderbar blauen Himmel drohen, bleibt unser „Japaner“ vor einer Lehmmauer in der Farbe der Automatenschokolade stehen. Die Medina. Wir klettern dankbar von den Sitzen und finden uns nach wenigen Schritten in einer zehn Fuß breiten Flucht von fünf-, sechs-, siebenstöckigen Häusern, deren Fundamente aus Stein, deren Äußeres ein Aneinanderreihen viereckiger Türme in der Farbe der Umfassungsmauer ist, und die, Stockwerk um Stockwerk empor, verschiedene weiße Bandornamente tragen, nur von Stuckfenstern (takhrin) und ihren leuchtend roten, blauen, grünen, gelben Scheiben unterbrochen. Irgendwann münden sie in Dachgärten. Wenige dieser Bauten sind jünger als vierhundert Jahre. Während wir staunen, werden wir von Zeit zu Zeit von Lastenträgerinnen angestoßen. Wir steigen durch das kühle, weiß gekalkte Treppenhaus eines dieser Gebäude hinauf, nachdem wir den größeren, also den Männern vorbehaltenen Türknauf aufgehoben und fallen gelassen hatten.

Als wir wieder auf der Straße stehen, fragen wir umsonst nach jener Moschee, die noch zu Zeiten Mohammeds errichtet wurde. Ein Reisegefährte wird ermahnt, keine der Frauen zu fotografieren, er würde die Seele rauben. Auch von Männern sei zuerst die Erlaubnis einzuholen, ehe man sie aufnehmen dürfe. Womit solle sich ein so Beraubter dem nächsten Leben stellen? Zudem warnt eine Weissagung, Sanaa werde von Fremdlingen zerstört.

Nur der Markt (Suq-al-Milh) kennt keine Häuser, keine uneinnehmbaren Wehrtürme, die von Ur oder Chaldäa übernommen scheinen und noch heute so konstruiert werden, dass zu ebener Erde, aber auch im ersten Stock die Haustiere zwischen Basaltmauern ihren Schutz finden, während die höheren Geschosse den Eltern, dem Harem, Männern, Großeltern, verheirateten Kindern und dem Gesinde vorbehalten sind. Es gibt keine Architekten im Land der Architektur. Wer diese Städte einmal in seinem Leben gesehen hat, trägt die Sehnsucht nach ihnen lebenslang mit sich. Ihre Paläste leiten sich weder von

Zelten noch Jurten, weder von Tempeln noch Höhlen ab. Jeder Einzelne könnte einen König aufnehmen.

Im Suq knurren Kamele, Dromedare, und man bietet immer noch Gold, Weihrauch und Myrrhe feil, wobei Letztere je nach tribaler Überlieferung unterschiedliche Wohlgerüche bietet, deren Zusammensetzung gehütet wird. Zwischen Schläuche-, Schrauben-, Kleider-, Handwerkszeug-, Früchte-, Gewürze-, Obst-, Samen-, Stoff-, Sandalenverkäufer drängen sich die Schau- und Kauflustigen. Hingekauerte alte Frauen mustern uns und bieten immer wieder Myrrha an, die feine Beischlafbotschaft, mit der ihre Geschlechtsgenossinnen sich ihrem Mann signalisieren. Die ausgelegte Vielfalt der Gewürze stammt aus Indien, wie vor der Zeitrechnung, als man weder in Petra noch anderswo wusste, woher die Karawanen wirklich kamen, ja, nicht einmal den Ursprung des Salzes kannte, das aus der Nähe Adens stammt. Erst die Durchquerung Bab-al-Mandabs, des Tränentors im Roten Meer, brachte die Wende und das Ende des sagenhaften Reichtums Arabia Felix'.

Gold- und Silberschmiede kennen wenig Andrang. Kunstloses Zeug liegt auf ihren Bänken. Es stammt aus landesfremden Fabriken und ist lieblos gefertigt. Aber wer Münzen aus der Stadt der Königin Sabas sucht, der findet sie hier, auch wenn sie den Namen Münze noch nicht verdienen, da es unregelmäßige Silberrundlinge sind, die das Mondsymbol in die Legierung geschlagen tragen.

Ein alter Mann will uns Qalis zeigen, den Ort der Ecclesia, der Teak-Kirche aus der Zeit, da die Aksumiten Äthiopiens den Hymiariten Sanaa entrissen, ehe sie es nur fünf Jahrzehnte später an Persien verloren und die Stadt sechshundertachtundzwanzig zum Islam übertrat. Aber noch heute ruft man mit Weihrauch nach den Engeln, mit Weihrauch, wie damals, als man die Geschenke an die Götter auf die Steine schrieb, die die Sonne las.

Die Königin von Saba schreite auf Eselsfüßen, ging zu ihren Lebzeiten das Gerücht, und so bat Salomon sie auf einen Steg über die Wasser und erkannte, dass es eine Verleumdung war.

Warum gleichen die Statuen aus dieser Zeit den Kouroi? Warum ähneln die Tonkelche aus Marhib so sehr den Lukumonenkelchen Etruriens? Warum starrt uns ein phönizischer Stier in diesem Land an? Man verehrte Venus und den Mond. War Salomons Braut rachsüchtig oder weise? War sie beides? Als ihre Magd beim Wasserholen von einem Gewitter überrascht und durchnässt nach Hause kam, sahen die Männer, dass sie keine Unterkleider trug, und lachten. Die Herrscherin erfuhr es, erzürnte, und seit dieser Zeit tragen die Männer Röcke – und die Frauen Hosen. Aber das Opfer, das man jährlich den tiefen Zisternen brachte, blieb eine Jungfrau. Die Sitte erhielt sich bis Mohammed. Ein einziger Brief genügte, und der Prophet hatte überzeugt. Es bedurfte keiner Eroberung. Falke und Schlange blieben das Emblem des Jemen. Heute beten die Muslime nicht mehr für ihre Toten, sondern für alle und die neunundneunzig Namen Allahs; das Siegel des Propheten kennt keine Jahreszahl.

„Sie werden mit Flügeln durch die Lüfte steigen wie Adler“, sprach Jesaia. Neunzehnhundertneunundvierzig brachte eine Luftbrücke die Juden aus dem Jemen in den neu gegründeten Staat Israel zurück. Es waren die seit Jahrhunderten geschätzten Silberschmiede und Bauarbeiter, die allerdings ihre Häuser nun niedriger zu bauen hatten. Ihre Ornamentik verlieh den Städten das Unvergessliche. Sie wurde vergessen.

Gabelweihen kreisen in großer Menge über Sanaa. „Operatori ecologici“ (Straßenkehrer) nennt sie scherzweise ein Mitreisender, und Abfall gibt es genug, um das Wort zu rechtfertigen. Großäugige Kinder turnen über die Müllhäufen in Begleitung ihrer schweigsamen Mütter, vorbei an düsteren Männern, tief, tief in den Schluchten der Medina, der Altstadt, wo es keine Pferde und wenige Maulesel gibt, und wo man sich zur Zeit des Rufes des Muezzin als Fremder manchmal vor Steinwürfen in Sicherheit bringen muss.

Jemen bedeutet aber auch Datteln, Oleander, Zedern, Lauch, Zwiebel, Granatäpfel, Mango, Papaya, Paprika, Tomaten, Gurken, Melonen, Kürbis, Ziegenkäse, Hupen, Schweigen, Unaufdringlichkeit, keinen Bettel, keine Bilder, Bernstein – woher? Dolchgriffe aus Nashorn. Lerchen, Eukalyptus, Fenchel, Achat, Onyx, Basalt, Obsidian, indische Pfauen in Gärten. Im Sykomorenschatten plaudern Männer, kauen Qat und rücken ihre Maschinenpistole zurecht.

Wir ziehen uns in unsere Herberge zurück. Den Hotelbasar führt ein Taubstummer, ein Alter. In den folgenden Tagen verwundert mich seine Intelligenz, sein Gespür, und wir werden fast Freunde. Zum Schluss lässt er beim Kauf, ohne zu feilschen, den Preis nach, ja er schenkt; und er vertraut mir an, dass er bald eine weitere Frau heiraten werde, bereits neun Kinder habe und eine Million D-Mark auf der Bank. Sein Wissen hält seiner Wachsamkeit die Waage, und trotz des unglaublichen Wirrwarrs seiner zum Teil kostbaren Altertümer könnte ich mir einen Dieb dort schlecht vorstellen. Er zählt zu jenen, die man in der eigenen Erinnerung unzertrennlich mit einem Land verbindet, und nicht, weil sie einen übers Ohr gehauen oder sonst enttäuscht haben. Ich will ihn den Türken, Persern, Juden, Marokkanern, Palästinensern, Indern zuzählen, von denen mir Gutes widerfuhr.

Thula, Hababa, Kawkaban, Shibam, Wadi-Dhar

Basaltmauern entlang geht es am nächsten Tag durch Schluchten und Furten, über die sich ein unendlich freudiger Himmel spannt, unter Falken- und Rabenblicken in das Felstal bei Amran (Bait-Naam), wo über einem fruchtbaren Kessel die Festung des letzten Imams aus umliegenden Qat-Plantagen ins Land schaut. Qat, ein amphetaminhaltiges Staudenbäumchen, das bis zu sechs, acht Meter hoch gedeiht, besetzt über neun von zehn Teilen der kargen Anbaufläche Jemens. Die feinen Blättchen werden täglich geerntet und angeboten, und die bereits morgens schwer arbeitenden Bergbauern liegen nachmittags in nach Geschlechtern getrennten Räumen, schwätzend und kauend, bis sich nach etwa fünf Stunden der leichte Ermunterungsrausch einstellt, der die Sinne anregt, den Schlaf raubt und den Hunger aufhebt, aber Magen und Zähne zerstörenden Säften preisgibt. Die Lebenserwartung der Männer liegt hier bei etwa sechzig Jahren.

Seltsam sticht das Waffentragen von der scheinbaren Friedfertigkeit ab. Wenn es nicht ein Dolch (Jiambiya) ist, so muss es wenigstens seine Scheide sein, und die Silberverzierungen auf dieser sind zuweilen Kunstwerke. Richter und Autoritäten tragen ihren Krummdolch nicht an der gleichen Hüftseite wie der Mann von der Straße. Man sagt, keiner der von Nasser zur Aufhebung des Gottesstaates entsandten ägyptischen Soldaten sei lebend heimgekehrt.

Qat, wer einen Zweig stiehlt, wird erschossen und verscharrt. Wer um eine Tagesration bettelt, dem muss sie gegeben werden. Qat, wer im benachbarten Saudi-Arabien beim Kauen ertappt wird, verfällt der Todesstrafe.

Schütteres Grün winziger Äcker färbt die Ockerweite der Hochebene. Wir entnehmen den ungenauen Angaben, dass wir zweitausend Höhenmeter über dem Meer sind. Nahe Schüsse künden einen Hochzeitszug an, der eine windgeschliffene Basaltflanke emporklettert, um nach Thula, der Achtpfortigen, der Erhabenen, einer Stadt aus dem neunten Jahrhundert, die sich auf dreitausend Meter Seehöhe erhebt, zu gelangen. Man erzählt, dass die Ottomanen der langen Belagerungen müde wurden, als sie der Imam zu frischem Obst einlud. Es waren Imame, die den Frauen die Verschleierung befahlen.

Arabiens Baumeister führen die Erfindung des gemauerten Bogens auf die Nachahmung des Palmhauptes zurück. Perser sagen, die Baukunst Arabiens bestand im Errichten des Zeltes, ehe sie Persien kennen lernten.

Ibb, Jiblah, Taizz

Man weiß nicht, wo man ist. Die Frühstücksräume der Hotels, ja die Kontinental-Frühstücke ähneln einander weltweit. Erst die Vogelstimmen aus den Sykomoren, der Mimosenduft, ferne Stimmen von Minaretten setzen dich auf den fliegenden Teppich.

Wieder im Toyota, dem trefflichen Kameraden auf Rädern, zusammen mit unserm dunkeläugigen Fahrer, der mich unterrichtet, dass wir Strecken zurücklegen werden, wo für tausend Meter ein Liter Treibstoff verbraucht wird. Er sagt es stolz, denn hier kostet Benzin fünf Cent. Es wird aus eigenem Erdöl gewonnen, da man sich mit dem ultramarxistischen Süd-Jemen neunzehnhundertneunundachtzig weise zusammenschloss, als die Hilfe aus dem Ostblock versiegte und ein Bruderkrieg das Ungeschickteste gewesen wäre. Man genoss die saudi-arabische Freundschaft zum eigenen großen Vorteil, bis man eine Solidaritätserklärung an den Irak wagte und sechzig von hundert Teilen der Staatseinkünfte ab diesem Tag verlor.

Gebirgsketten, Äcker, pflügende Dromedare, grünrostende Felsen, Dorftürme ohne Weiß, Qatplantagen, Kürbis-, Rhizinusstauden, Falken, Bussarde, Gebirgspässe. Der Himmel ein gewölbter Saphir. Ruhige Menschen, die unter einem Jahreseinkommen von fünfhundert Dollar nicht zu leiden scheinen. Armut und Not unterscheiden sich voneinander wie Würde und Elend. Selbst die Ziegen hier sind klein, die Schafe scheinen ohrlos. Kinder in langen Röcken verkaufen Qatbüschel.

In der Wüste verlieren sich Mauern. Mauern in der Wüste. Türme, immer wieder Türme mit ihren weiß getünchten Fensterrahmen gegen den bösen Blick. Das Haus ist das große Kleid, das die Sippe hüllt. Schotten rufen Jemeniten, um ihre Schlösser zu restaurieren. Die Spindeltreppe und tragende Achse des Hauses heißt „qutb", was so viel wie „die Frau des Hauses" bedeutet. Auf ihr liegen die weiß gekalkten Akazienbalken, die die Räume stützen. „Gadad" nennt sich der unglaublich glatte und daher hygienische, weil staubabweisende Verputz im Inneren des Wohnraums. Er wird aus Lava, Sand, Kalk, Hirn, Eiweiß, Knochenmark angerührt. „Wähle den Nachbarn, ehe du das Haus errichtest", sagt ein Sprichwort der Sesshaften. „Wähle deinen Begleiter, ehe du den Weg wählst", sagen die Beduinen. Im Haus tätowiert man die Stirn des Neugeborenen gegen die Dschinnen, die Geister; und wer bei uns dreimal auf Holz pocht, tut auch nichts anderes. Die bösen Mächte vertreibt der Weihrauch. Ihre Speise ist das Ei. Daher zerschmettert man ein frisches Ei auf der Schwelle, nachdem man zuvor mit dieser Dämonenstärkung dreimal im Kreis gegangen ist, und zwar vor dem Maghreb, dem Gebet, ehe die Sonne scheidet. Der Islam vermochte nichts gegen diese Bräuche, und selbst in Häusern, deren Bewohner Sima, die heilige Schwiele vom vielen Berühren des Bodens beim Beten auf der Stirn tragen, weicht die Frömmigkeit dem Überkommenen. Der kostbarste Schatz eines Hauses sind seine Bücher.

In der großen Moschee von Sanaa liegen die Teppiche dicht. Es sind Buß-Geschenke, und ihre Vielfalt und Pracht spiegeln die Schöpfung selber. Kein Wissenschaftler zieht hier an den Fäden des täglichen Wunders, um endlich einen Blick in die Leere zu erhaschen. Teppiche halten Wahrheiten fest. Knoten um Knoten, Farbe um Farbe, Märchen um Märchen. Wer im Westen über einen Teppich geht, ahnt selten etwas vom Schicksal des Mädchens, der Witwe, der Brüder, das hineingeknüpft.

Wo der Jemenit keine Moschee errichtet, da bezeichnet er die Heiligkeit des Ortes mit einer weiß gekalkten Einfriedung in der Wüste. Auch hier in den Bergen gibt es Pilgerherbergen aus Stein, und der

Wanderer weiß, dass man an ihn gedacht hat, und er verlässt den Ort, wie er ihn angetroffen. In den Städten gilt noch heute die Hijra (Hawta), die Schutzmeile, darin der Verfolgte Zuflucht findet. Asylrecht für Menschen und ihre Habe.

Lang bevor man bei uns von Antibiotika sprach, ritzte man hier, wie in China, Kindern mit einem Akaziendorn den Blattern-Erreger unter die Haut, um sie in ihrer Abwehr zu stärken. Den Horror vacui, hier gibt es ihn noch, den Schrecken vor der räumlichen Leere, die als unheilvoll gilt. Hier fürchtet man die Geister des Abtritts und die Geister der Herdasche und der Dunkelheit, und sieben Nachbarn bittet man um je einen Eisennagel, aus dem man ein Halsband für die eigene Frau schmiedet. An bestimmten Tagen opfert man ein Lamm und gießt sein Blut auf die Schwelle. Aber hier erfand man vor eintausendzweihundert Jahren die Algebra, und von diesem Volk abzustammen, gilt noch heute als Ehre bis hinauf ins Atlasgebirge.

Pässe hinunter nähern wir uns wieder der Wüste. Im Sand neben der Piste wandert ein Junge in Ketten. Er ist allein. Damit er nicht verloren geht, fesseln ihn seine Angehörigen. Er ist geistesgestört.

Das Land weitet sich. Hühnerfarmen, Biogas-Anlagen. Bald hebt sich die Straße wieder auf zweitausendsiebenhundert Meter. Riesige Kakteenkandelaber umstehen uns. Ein Felskegel vor uns verbirgt Ibb. Die Straße umwindet den Bergsporn, dessen Flanken in einem Panzer aus Lehm, Schlamm, Exkrementen, roten, blauen, grünen Plastikfetzen glänzen. Bäume stehen in Blüte, aber ein näheres Hinsehen entlarvt: Es sind Plastiksäckchen, die der Wüstenwind in die Dornen presste, was uns aus der Ferne wie Blühen erschienen war. Endlich erreichen wir ein Terrassen-Restaurant. Musik. Aranjuez, das berühmte Gitarrenstück schmeichelt unserm Ohr hier, tausende Kilometer von Spanien entfernt und doch an dieses bis ins Spätmittelalter gebunden.

Ibb. Jedes Haus ist eine Festung, und die Terrassenfelder grünen seit tausenden von Jahren. Der Regen erlaubt vier Ernten. Die Koranschule stammt aus dem Jahre tausendsechs, die Stadt selber aus dem neunten Jahrhundert. Auf einmal vergisst man den unsäglichen Schmutz und verfällt dem Herrscherpalast, den dreißig Moscheen, der seltsam arabisch-normannisch anmutenden Architektur, die man doch in Palermo schon gesehen zu haben glaubt, ihrer düsteren Monumentalität. Man denkt von hier bis an die Hebriden und ist auf eine unerklärliche Art zu Hause.

Taizz. Stadt des Silbers, der Suqs, der Moscheen. Alte Hauptstadt am Fuße des Berges Sabir.

Heute ist Neujahr (achtundzwanzigster April). Eine unabsehbare Ziegen- und Schafherde, seidige Buckelochsen, Hühner, Enten werden den Tag nicht überleben. Um halb fünf Uhr früh, wenn die Felswände ihre blauen Schatten in das trockene Wadi werfen, wird der Muezzin rufen.

Den Blick aus dem Fenster des Gasthofs, in dem wir absteigen, lohnt ein Neuntöter auf einem Papayaschössling. Grünfinken stürmen die Siedlung, die im unbeschreiblichen Morgenlicht einen Blick auf Kamele, Palmen, Akazien, Kuhreiher, Lerchen und Falken freigibt und einer neapolitanischen Krippenlandschaft ähnelt. Hier ringen Landschaft, Vegetation und Tierwelt darum, im Betrachter etwas über das Sichtbare Hinausgehende zu entwerfen. Wir stehen an der Grenze zur Vollkommenheit, vielleicht, weil wir wissen, dass unmittelbar in der Nähe Wüste, nichts als Wüste wartet, und dass bald, allzu bald eine Schirmakazie, ein Raubvogel im Himmel wieder genügen muss.

Aber es gibt auch Tage, die nur mit ihren Förderbändern das Gebirge anfassen, und mit ihren Telefonmasten, Baggern, ausgerissenen Wurzelstapeln vom Straßenrand drohen; Tage der Dolche tragenden Kinder in Lehmhütten neben halbfertigen Betonhöhlen. Wo jene leben, deren Autos keine Nummernschilder tragen, da es ihre Kamele auch nicht tun, wie sie sagen. Herrschen hier, auf dem Weg zum Roten Meer nach Hodeida, auch Beduinen? Wir queren die Wüste. Der gefrorene See der Gewohnheit bricht ein. Die Strecke des Vertrauten liegt hinter uns. Was man beherrscht, schätzt man nicht, außer es ist ein arabisches Pferd.

Eine Brise. Das Meer. Palmen neigen sich dem Fluten. An einem Strunk lehnt das riesige Sägeblatt eines Fisches, eine Wal-Rippe baumelt von einem Ast. Wir lagern im Schatten einer Hütte aus Palmblättern. Die See plätschert nah. In der Sonne hält man es nicht aus. Schwer warten massive Boote im Sand. Man hat sie aufgedockt, und unter ihnen lagern kleine Knaben und bieten Muscheln feil. Blüten schlingen sich durch den Hain, fast ohne dass man die Ranken erkennt, die sie hervorbringen. Ein Duften ist, und schimmernde Vögel wechseln im Gesang mit schillernden. Wir werden zu einem Fischmahl gebeten; Barracuda serviert man, den gefürchteten Hecht des Meeres. Die Stunde hat etwas Paradiesisches. Dankbarkeit ist mehr als ein Wort.

Wenig später geht es mit neunzig Stundenkilometer wieder durch die Dünen. Langsamer sei zu mühsam, meint lachend der Fahrer. Hier leben Luchse.

Zabid. Prä-islamische Gründung in der Tihama. Später ließ Abu-Musa hier die erste Moschee errichten, nachdem er mit dem Propheten zu Medina gesprochen hatte. Es folgten zweihundertsechsunddreißig weitere. Hier erfand Ahmad-Abu-Musa-al-Jaladi das al-Jabr, unsere Algebra. Fünftausend Studenten besuchten die berühmte, in zweihundert Schulen aufgegliederte Universität eines Landes, das heute achtzig Prozent Analphabeten zählt. Koranschulen, Hochschulen, Moscheen sind Versammlungsorte Lernwilliger und Lehrwilliger. Das Ringen galt dem Wissen und gilt es noch. Wissen aber führte einst zu Bescheidenheit. Wir wissen nicht, wie jene aussahen, denen Allah die großen Gaben lieh. Der Koran verbietet, sie abzubilden. Wir durchziehen das Land des Goldes, des Weihrauchs, der Myrrhe, der Edelsteine, der Korallen, des Balsams und der Aloë, aber die Häuser hier entriegelt man seit urdenklichen Zeiten mit einem Seil vom höchsten Stockwerk aus; und was Arabia Felix meint, heißt in Wirklichkeit Eudaimon arabica und ist ein Ausspruch Euhemeros' von Messene aus dem vierten vorchristlichen Jahrhundert, und es meint nicht Glück, sondern Wohlstand, womit wir wieder auf der Erde sind. Und das Geheimnis Salomons bewahrt noch immer der Wiedehopf.

Hier, im Land des kostbaren Wassers gilt die Quelle (ayn) als Nähe Gottes. Die Märkte (Suq) liegen stets an Wasserstellen, und die Gewerbe dürfen diesen umso näher sein, je reiner sie sind. So finden sich unmittelbar am Wasser die Herausgeber, Händler, Drucker des Korans oder heiliger Gegenstände; den Buchbindern folgen die Essenzen- und Aromahändler, Seifensieder, Getreide- und Gewürzhändler, Gold- und Silberschmiede. Am fernsten liegen die Gerber. Springbrunnen kühlen die Luft in den Moscheen; denn Wasser erneuert die Seele, das Auge und heilt, was es reinigt. Es stellt die Unschuld wieder her; denn es gibt nur eine Unreinheit, die der Seele.

Dreiundvierzig Grad im Schatten. Die Luft ist feucht. In abgedunkelten, tief eingelassenen Kellern liegen längs gekalkten Wänden Männer auf verkleideten Pritschen und kauen Qat. Ihre Augen mustern uns gleichmütig, während wir in der binsenbeschatteten Gasse versuchen, Cola-Büchsen, Bananenschalen, Lehmpfützen und Unrat auszuweichen und der Iskandar-(Alexander-)Moschee zustreben, die geschlossen sein wird. Endlich halten wir vor einem Diwan, einem Männerrastplatz, dessen Innenausstattung seit dem Jahr dreizehnhundertvierundfünfzig keine Änderung erfahren hat. Eine brokatähnliche Deckenschnitzerei in Rot, Gold, Beige, Blau, Grün. Schatten, Tee, Stille. Keiner will mehr fort.

Als wir wieder ins Sonnenlicht treten, verjagen wir eine Weihe, die sich an Abfällen gütlich tut. Wieder sind die festlich in Tüll und zarte Farben gekleideten Kinder da, die uns überallhin begleiten. Die Häuser scheinen Zikkurate.

Eine Stunde später rasen wir erneut durch die Wüste. Ferien auf dem Presslufthammer. Falken umkreisen das Zifferblatt des Lebens. Aus der Ferne heben sich hohe afrikanische Hütten ab. Wir werden sie heute nicht aufsuchen, aber wir wissen, sie sind geräumig und innen weiß verputzt und tragen bunte Zeichnungen gegen den bösen Blick und Ornamente, die in ihrer Unbeschwertheit an finnische oder norwegische Muster erinnern und dennoch eine unendlich ferne Verwandtschaft zu den altägyptischen Dekorationen verraten. Zwischen den Hütten und uns liegen Rollen. Es sind tragbare Bienenstöcke in der Steppe. Ginster, Schlangen und Bienen gelten als Glücksbringer. Singvögel werden mit Gold aufgewogen. Weit ist das Land, und bis vor wenigen Jahren gehörten achtzig Prozent davon dem Imam. Er stammte, wie seine Vorfahren, vom Propheten ab. Seinetwegen trug man die Jiambiya. Sie musste eine helle Stimme in ihrer Klinge bergen; ihr Griff hatte schlank zu sein wie eine Jungfrau, und erst nach fünfzehn Jahren darf er dunkeln, sei er aus Nashorn, Bernstein oder Holz.

Vom Küstenstreifen entfernen wir uns gegen Osten. Was ist die Aufgabe der Berge? Durch Mango- und Bananenstauden bepflanzte Täler. Zwischen dem schäumenden Grün der Akazien, der Feigensträucher und der Palmen steigt die schmale, gepflegte Straße aus der Hitze der Meeresnähe, dem reißenden Fluss Manava folgend in die Lava- und Granitwelt empor, deren zerklüftete Massive einmal sterbenden Elefanten ähneln, ein andermal riesige Geister scheinen. Was wäre Sehen ohne Staunen?

Die Bäuerinnen tragen keinen Schleier, aber dafür peruanisch anmutende Hüte über flammenden Kleidern. Sie bieten frische Blattbündel an, in die Tagesparfüme eingewickelt sind. Bis an die Berggipfel begleitet den Fels das Grün. Die Welt scheint unbezwungen, doch in diesen Tälern wütet noch die Lepra. Ein smaragdfarbener Häher sucht das Weite. Wer ist er? Der Blick in die bizarren Höhen wird von Umrissen gefesselt, die auf schmalen Graten in über dreitausend Meter Höhe wie Würfel wirken. Es sind Häuser. Ganze Weiler, Dörfer, deren Wohntürme auf messerscharfen Granitgraten, sechs, sieben Stockwerke hoch aus unverputzten Steinquadern geschichtet, in ihrer weißen Verzierung in den tiefblauen Himmel leuchten.

Manaka heißt der Pass, auf dem ein Kind einen schweren Lastwagen an uns vorbeisteuert. Hier wird mit Waren, die den Indischen Ozean überquerten, gehandelt wie vor Christi Geburt. Heute herrschen dort die Ismaeliten, aber der Ort wurde schon im vierten Jahrhundert vor unserer Zeitrechnung beschrieben: Haraz. Wir befinden uns hundertdreißig Kilometer von Hodeida am Meer und achtzig Kilometer von Sanaa, aber der Fahrer zeigt auf die kreisenden Geier und sagt, ob da oder dort ein Esel verende, die Geier wüssten es. Sie überprüften riesige Entfernungen, und kein Mensch wüsste wie.

Auf zweitausendachthundert Meter Seehöhe begleitet unsere so oft halsbrecherische Straße zum ersten Mal eine zwanzig Meter lange Leitplanke. Es wird die letzte Sicherung bis zum Ende unserer Reise sein. Ein Absturz weist über tausend Meter in die Tiefe. Die Temperatur liegt bei zwölf Grad Celsius. Eine Libelle steht in der Luft, eine Heuschrecke bemüht sich fast starr vor Kälte über den Weg. In einem ausgewaschenen Granitblock planscht eine Schar jauchzender Kinder im Wasser, das direkt aus einer Quelle hineinströmt. Heckenrosen blühen. Von den Schultern der Berge, die sich wie eine Sippe aneinanderreihen und bis an die Grenzen der Blicke reichen, fällt der Terrassenmantel grün und unendlich tief in die schattigen Täler, bewacht nur hier und da von einer Zeder oder einer Sykomore, einem Wasserhaus. Man möchte niederknien.

Weiße, grüne, rote Granitformationen wechseln einander ab und werfen ihre Schatten in die Kaffee- und Qatgärten. Bis hierher also flohen Menschen vor Menschen und zogen sich „in die rauen Berge zurück". Bei Sonnenaufgang verlässt der Bauer seinen Wohnturm und begibt sich auf die Terrasse. Der Nachmittag, an dem sich die gefährlichen Gewitter ballen, gilt der Muße. Stumm steigt die Kultur auf einer titanischen Treppe zum Himmel.

Plötzlich hüllen uns Wolken. Die Temperatur sinkt auf zehn Grad. Mir fällt auf, dass alle Hunde, die ich im Jemen gesehen habe, den gleichen, sehr kräftigen Körperbau zeigen, den gleichen kurzen Haarmantel tragen und dem appenninischen Wolf nicht unähnlich wären, trügen sie nicht ein klimaverträgliches Kleid.

Müde fahren wir wieder Richtung Sanaa. Irgendwann führt der Weg an einem Gräberfeld vorbei. Wo der Europäer Achtlosigkeit, ja Vernachlässigung vermutet, handelt es sich um Nichteinmischung in Gottes Ratschluss. Das unbedeutende Zwischenspiel „Leben" genannt, was bedeutet es gegen die Auferstehung? Wie klein wirkt jede Klage davor.

Wir halten. Es gibt Qishr, den Sud aus Kaffeeschalen. Die Bohnen sind zu kostbar; sie werden ins Ausland verkauft. Über einem ausgetrockneten Fluss – ein Wadi, dem man in zwei Monaten vielleicht eine junge Kuh opfern wird, damit er sich wieder fülle – geht es dem Hamam unseres Fahrers zu, dem Bad. Er freut sich darauf ebenso wie auf seine Cousine, die seine Frau ist, was als Ideal einer Bindung gilt. Alle seine Brüder gehen reinen Berufen nach. Morgen wird er Gebete stiften wie wir Messen, weil die Gefahr der Reise fast zu Ende sein wird.

Sanaa – Ma'arib

Wir sind noch früher auf dem Weg als sonst. Heute trägt unser Chauffeur eine schwere Pistole. Belustigt fragen wir, ob sie wirklich funktioniere. „In einer halben Stunde dürfen Sie schießen", sagt er treuherzig.

In Saba, dem Land der Königin Balkis, gehorchen die Wüstensöhne noch heute eigenen Gesetzen, und wenn sie es für forderlich halten, entführen sie einen Touristenzug, um von der Regierung die Rücknahme einer für ungerecht gehaltenen Entscheidung zu erzwingen. Zum Stolz der Abkömmlinge dieser Sabäer gehört, dass den Gefangenen nichts geschieht.

Von den Minäern, den Himyariten abzustammen, ist selbst für einen Berber Ehre. Uns scheinen manchmal Lumpen, was die Knaben hier am Leib tragen, aber keinem fehlt der Dolch; denn „wer Leben spenden kann, darf es auch nehmen" und „wer zeugungsfähig ist, muss sein Ethos verteidigen können", sagt das Gesetz der Wüste.

Tausend Jahre ehe die Monsune entdeckt wurden und ihre Verlässlichkeit die Güter vom Rücken der Kamele in die Schiffsrümpfe zu verlegen einlud, war der Jemen das Land, aus dem die Heiligen Drei

Könige aufbrachen, bevor sie sich zuerst in Mailand, dann in Köln zur ewigen Ruhe begaben.

Etwa dreißig Kilometer östlich von Sanaa steigt die Straße hoch ins Felsgeklüft. Dort grenzte das Reich der Königin von Saba an jenes Salomons. Heute, dreitausend Jahre später, ließ ein Scheich die Karawanenpisten zu Straßen ausbauen, und in wenigen Stunden erreicht man Marhib. Gebirge wie jene zu Assuan wechseln mit schwarzen Lavakegeln und Feldern. Verschleierte Hirtinnen hüten Schafe und Ziegen. Riesige honiggelbe Dünen schieben vereinzelt ihre Löwentatzen nach Westen. Ein gewaltiger Gebirgszug erhebt sich wie Donner. „Hier ragte ein Vulkan", meint unser Führer, „aber er ist fortgezogen. Keiner weiß wohin." Wir stehen vor der Abraumhalde der Ewigkeit. Lavageröll plätschert in breiten Bahnen zu Tal. Ein Basaltdolch ragt in den Himmel. Kein Luftzug. Die Temperatur klettert über vierzig Grad. Dromedare irren über tiefschwarze Schlackenfelder. Zwei Schwalben durchschneiden den Himmel. Woher? Wohin?

Straßensperre. Kleine, selbstbewusste Soldaten grüßen kriegerisch freundlich. Ihre Kalaschnikows werden zum Teil von Klebebändern zusammengehalten. Sie scheinen mir weniger bedrohlich als die Felsabstürze, unter denen die Kontrolle durchgeführt wird, angesichts der tonnenschweren Brocken, die in der Gegend liegen und vor noch nicht allzu langer Zeit aus den Höhen herabgestürzt zu sein scheinen. Inschallah! Eskortiert fahren wir weiter und schweigen angesichts der Steinblöcke, die in den tiefen Löchern liegen, die sie in die Straße geschlagen haben. Endlich erreichen wir die Ebene. Ein riesiger Talkessel weitet sich. Eine Lerche steigt aus der Ginstersteppe.

Barraqish, die Hauptstadt der Ma'in im fünften Jahrhundert empfängt uns in ihrem völlig erhaltenen vierzehn Meter hohen Mauerring, auf dessen einer Seite in einer heute angeblich nicht mehr lesbaren, wundervollen Schrift ein Text steht. Wir betreten eine unversehrte Wüstenstadt, in deren Mitte als einziges Weiß auf hunderte von Meilen im Umkreis eine winzige Moschee leuchtet. Daneben bohrt sich ein Brunnenschacht tief, tief in den Grund, und wieder hören wir von Menschenopfern, die die Sonnen- und Mondanbeter vor Mohammed darbrachten. Von hier zogen die Karawanen nach Ma'rib, der Stadt, die der Garten, das Paradies schlechthin war. Ein sechshundertachtzig Meter langer Staudamm aus gestampfter Erde hielt tausend Jahre lang das Wasser eines Flusses zurück und schuf einen vier Kilometer ins Land reichenden See in Wadi-Adhana. Maryab hieß das Wunder, das erst zur Zeit des Propheten zerbrach. Palmenalleen und Palmenhaine empfingen die Karawanen. Frauen, die mit einem leeren Korb auf dem Haupt Ma'arib durchquerten, kehrten mit einem obstgefüllten zurück. Es fiel von den die Mauern überragenden Zweigen. Die Weihrauchstraße fand hier ihre märchenhafteste Unterbrechung zwischen Indien und Rom. Hier stammen die Yamanis der gesamten Arabischen Halbinsel her, die Abkömmlinge Sabas, die Sabäer.

Israel passt sich die Wüste an; Arabien passte sich der Wüste an.

Salomon, der als der größte aller Magier verehrt wird, wusste nicht, was er seiner Königin schenken sollte, und versetzte ihren Palast in sein Reich.

Deutsche Archäologen graben hier, und zwischen vierkantigen Pilastern tummeln sich herrlich grün gefiederte Vögel – oder sind es die Dschinnen Salomons?

Ma'arib, die Perle Jemens, die blühende Stadt. Von einem Hügel wehen ihre Reste. Den Hof einer leeren Moschee stützen Säulen des Palastes der sagenhaften Königin. Drei Familien wohnen heute noch hier. Die Landschaft scheint Religion geworden zu sein, ja mehr noch: Glaube.

Shalom – ein israelisches Fragment

ISRAEL

ISRA-EL, der Überwinder Gottes, denn Jakob rang mit dem Engel.
ISRAEL, wo nur eine Flagge weht, die Israels.

ELAT – UVDA

Man fühlt sich nicht willkommen. Scheinbar halbwüchsige Kontrolleure wühlen im Gepäck Weißhaariger. Eine billige Aluminiumtür; der Sandsturm schlägt auf und zu. Durch schmutzige Fenster sieht man fern vor Dünen Herkulestransporter in Tarnfarbe ihre schweren Rümpfe auf massive Räder stützen. Der Flughafen liegt fern der Stadt.

Es ist Spätnachmittag, aber von Zeit zu Zeit verdunkelt der Sand die Sicht, und man hört nur noch sein Prasseln auf dem Blech des Wagens, der uns fährt. Schweigsam folgen wir besorgt dem unentwegt Zigaretten rauchenden Fahrer bei seinen Manövern durch die hellbraunen Wüstenhügel. Er schiebt ein Tonband ein, und während des vom Sandsturm aufgesogenen Sonnenuntergangs hören wir eine krächzende Flamencostimme. In die Wüste ist aus aneinandergelegten Steinen ein Baum gezeichnet. Bald ist es Nacht, und den ersten Anblick des Toten Meeres verstellt eine riesige, von tausend Ampeln ausgeleuchtete Fabrik, die die Mineralien der tiefen Leblosigkeit zu Schönheitsartikeln umwandelt. Die Straßen, aus militärischen Gründen gepflegt, bringen uns die unbelebten Ufer nordwärts, und die bewegungslose Flut wirft das Mondlicht in die Felsmassive zu unserer Linken, dass man mühelos und ohne zusätzliches Leuchten gefahrlos wandern könnte. Den Himmel kleidet ein Blau, bei dem man an die Flucht aus Ägypten denkt. Dieser Mond, diese Sterne fingen die Blicke des großen Rabbi auf. Ein Gefühl des Dagewesenseins keimt.

JERUSALEM

Böige Winde peitschen den Regen über die hellen Kalksteinhäuser der Millionenstadt. Barletta? Bari? Otranto? … dieses Gestein. Nein, Jerusalem. Rosenhecken, Rosenfelder. Skulpturenparks führen die entrissenen Stadtviertel hinauf und herunter. Täler öffnen sich mitten in der Stadt, und einen Blick weiter dürstet die Wüste. Keine Bettler, kein jüdisches Gesicht. Wo beginnt das neue Jerusalem, das an das alte schließt? Ist es Absicht, dass die Knesset, das Parlamet und den Obersten Gerichtshof eine Gerade verbindet, und dass Letzterer höher liegt, weil Gerechtigkeit höher als der politische Augenblicksnutzen zu liegen hat? Ist es Zufall, dass zwischen den beiden ein riesiger Rosengarten blüht, ein Dornenpfad? Kein anderer als der Königsstein, der Stein Davids, darf zum Bauen Jerusalems verwendet werden, und Armenier, Kopten, Juden, Christen, Araber gehorchen. Nur dazwischen pflanzen sie, was immer auf achthundert Meter über dem Meer gedeiht, ob Eukalyptus, Oleander, Eiche, Zypresse, Ahorn, Osmantus. Und diese Stadt, die David, Herodes und Soliman den Großen kommen sah und gehen, diese Stadt, die jeder fromme Jude wenigstens einmal im Jahr aufzusuchen hat, die den Cardo, den ein später römischer Kaiser anlegte, heute in arabischen Basaren dunkeln lässt, die die düstere Majestät der gewalttätigen Baumeister der Templer trägt, diese Stadt, deren Via crucis zu einem Andenken-Spießrutenlaufen verkommt, lehnt dich ab. Alle leben nebeneinander, niemand miteinander.

Jerusalem, verwüstet von Ägyptern, Babyloniern, Griechen, Römern, Persern, Muselmanen, Mamelucken, Türken. Jerusalem, vierzig Jahrhunderte alt. El-Kuds, die Heilige, Stadt des Friedens auf den Bergen Judäas. Yerushalaim, der Ort der Kanaaniter, der Gebusianer, deren König Arauna David – tausend Jahre vor Christus – die Höhe Moriah abstritt, auf der er Gott huldigte und wohin er die Bundeslade, das Symbol der Auserwähltheit, vom Berge Hebron bringen ließ.

Hier begann die Teilung in Juda und Israel im Norden, und der Tempel Salomons konnte es nicht hindern. Hier erhoben sich, nachdem Nebukadnezar (fünfhundertsiebenundachtzig vor Christus) Stadt und Tempel vernichtet und alle, deren er habhaft werden konnte, nach Babylon verschleppt, die Mauern nach einem halben Jahrhundert aufs Neue, und Alexander der Große fand eine glänzende Stadt vor. Es war der Seleukide Antiochus Epiphanes der Fünfte, der durch seinen Befehl, Schweine auf jüdischen Altären zu opfern, die Makkabäer zum Aufstand brachte und die Vertreibung der Griechen bewirkte. Juda, Samaria, Galiläa, Golan, Negev unterwarf Pompejus (dreiundsechzig vor Christus), der Herodes zum König (siebenunddreißig vor Christus) einsetzte, den zwiespältigen, verfolgungswahnsinnigen, großen König, dessen Bauten heute noch selbst in diesem so eindringlichen Land beeindrucken. Stadtmauer und Tempel, Massada und andere Wüstenfestungen zeugen von der Größe des Einsamen.

Die Unbeugsamkeit eines Volkes, das selbst den Cäsaren einer Weltmacht den Gottesstatus aberkannte und sich vermaß, die Gleichheit aller Menschen vor Gott zu verteidigen und den Satz von der andern Wange predigte, rief das militärische Unbehagen Roms in einem Maße hervor, dass selbst der kluge, vornehme Titus nicht abstand, die ehrwürdige Empore seiner widerspenstigen Untertanen (siebzig nach Christus) zu schleifen, den Tempel zu zerstören, die Einwohner zu verjagen.

Bar Kochbars Niederlage besiegelte das Schicksal der Stadt sechzig Jahre später, indem sie Hadrian veranlasste, selbst die Trümmer noch umzubenennen. Aelia Capitolina, eine römische Stadt, die den

Juden verboten war, lag nun in Palästina. Nichts erinnerte mehr an Juda, nichts an David, nichts an Israel.

Wenn man durch das hell-steinige Jerusalem geht, das sich über die weiten weichen Kalkrücken streut, so staunt man über die Pflege, die die Stadt genießt. Kein Hupen, kein Unfall, gemäßigte Geschwindigkeit, Bougainvilleen, Mandelbäume, Pinien, Föhren, Kosmeen, Kirschbäume, Pfirsichbäume, Rosenhage. Die etwas vernachlässigten Araberviertel vermitteln einen gewachseneren Zusammenhang. Es ist weder altes Elend noch neuer Wohlstand. Eher ein Abbruchwohlstand. Man lebt nebeneinander wie Stachelgewächse.

Der Ölberg. Hier also. Hier, wo Busse Japaner, Amerikaner, Deutsche, Italiener, Spanier ... vor die Andenken-Beduinen schütten, hier liegt der Fels, hier klammern sich die Ölbäume an den Himmel, die schon fünfhundert Jahre alt waren, als Jesus unter ihnen weinte, als die Jünger schliefen, außer Judas. Hier rang kein Engel mehr mit Gott, hier wurde das Wort von der anderen Wange wahr, der Kelch geleert. Dieser Hain war selbst Titus heilig, der die Juden tilgte; dieser Hain war immer heilig, und die römischen Kohorten legten keine Axt an ihn. Seine Weihe war der Kelch, den die Unschuld füllte. Der Rabbi, der den Kreis des Alten Testamentes zu durchbrechen gesucht, der an die Stelle der Vergeltung, der archaischen Auffassung von Recht, das Prinzip der Versöhnung, Gnade, das Mysterium Vergebung zu setzen gesucht hatte, um den Stämmen, ja allen Völkern das Tor des Friedens aufzustoßen, dieser Rabbi unterlag Urusalim, wie in Tel-el-Amarna bereits vierzehnhundertachtzig vor Christi Geburt diese ägyptische Provinzstadt genannt worden war.

Von Gethsemane, der Ölmühle, dem Garten im Osten Alt-Jerusalems, dem Ort der kanaanitischen Jebusiter, schwingt sich das Kidrontal sanft zum Goldenen Tor, das in den Tempelbezirk führte. Dieses Tal durchschritt der Nazarener noch ein letztes Mal, eh er sich den Fragen des üblicherweise in Caesarea residierenden Pilatus stellte, der nach dem Rechten zu sehen gekommen; ein Pflichtbesuch des Statthalters Roms an hohen jüdischen Feiertagen, wenn Unruhen zu gewärtigen waren. Hier beginnt der Kreuzweg.

Vom Tempel blieb die Stützmauer im Westen, die Klagemauer. Den Stein, auf dem Abraham (tausendsiebenhundert vor Christus) Isaak opfern sollte, hüllt der Felsendom, ein außen blau glasierter Bau, dessen goldene Kuppel das Jerusalembild bestimmt. Die Omaijaden errichteten über dem ersten Tempel Salomons die Moschee. Ismael, Abraham, die babylonische Zerstörung (fünfhundertsechsundachtzig vor Christus), David (neunhundertfünfundsechzig vor Christus) – alles, alles geschah hier, und die blonden, weiten Plätze mit ihren Zisternen aus dem siebten Jahrhundert, aus denen die Pferde der Kreuzritter, der Templer tranken, werfen ihre zierlichen Schatten neben jene strenger Zypressen. Kühle atmen die Zyklopenbauten, die Kellerstallungen der christlichen Heere des anbrechenden zweiten Jahrtausends. Welche Baumeister maßen sich da und vermählten mit normannischer Wucht den mythischen Mohn der Fenster? Was bewegte die Künstler, Körbe aus Stein zu meißeln als Kapitelle? Welche Frucht, wenn nicht ein ganzes Gewölbe, kam in sie zu liegen! Oder milderten sie den Sturz des Geistes zur Erde? Viel weiter als die wirkliche Strecke ist es von hier, der Al-Aksa-Moschee, dem Ort gemeinsamen Gebets, zum nahen Ölberg, wo Jesus vielleicht das erste Vaterunser sprach, wo die heutigen Mönche zu Füßen der uralten Ölbäume Blumengärtchen anlegen; verniedlichend, wo der größte Sohn der Erde verzweifelte.

Der Tempel. Die Vorhöfe. Jesus, der Zwölfjährige, der den Mantel erhalten hatte, die Initiation. Jesus predigte hier zum Staunen der Gelehrten. Und seine Mutter suchte ihn. Man verweilt. Nicht fern fällt der Blick durch die Jahrtausende auf einen kleinen Bau, den Kettendom, von dem die Legende weiß, dass Salomon hier Meineidige an Ketten band, auf dass der Blitz sie erschlüge.

Kein Vogellied; ein Duft von blühenden Orangenbäumen. Fern „Dominus flevit", der Ort, wo Christus weinte, nahe der Felsendom, das Heiligtum der Muslims. Die Moschee, die dem persönlichen Anrufen Allahs gehört. Irgendwo in der Ferne dehnt sich die Wüste Judäas, aber davor blüht eine dunkel-dunkelgrüne Hecke von Granatapfelbäumen. Oleander und Agonie, wie kommt es? Eine Sure dringt ans Ohr. Das Auge gewöhnt sich nach der Helle an das Halbdunkel eines islamischen Museums, dessen Eingang Fotos von jungen Männern zeigt, die von der Ordnungsmacht Israel erschossen wurden. Araber. Stille herrscht, und in kufischer Schrift geht uns auf blauen und goldenen, grünen und zinnoberroten Zügen der Glaube entgegen. Dreißig Meter von hier warf Jesus die Wechslerbänke um und sprach sich sein Urteil. Die Erben der Erben mächtiger Wechslergeschlechter wollten den Umstürzler nicht länger um sich. Er gefährdete ihr Einkommen. Jeder Pilger – und Jerusalem war mindestens einmal im Jahr zu besuchen – hatte sein Geldopfer in Tempelgeld zu wechseln. Ein gutes Geschäft.

Fünfmal am Tage beten die Muslims. Sie gebieten sich, dem rechten Glauben mit Gewalt zum Sieg zu verhelfen, wenn es nicht anders geht. Aber auch unter ihnen erhob sich einer, der Gewalt ablehnt: Bahai.

An der Klagemauer schwören jüdische Rekruten den Fahneneid. Orthodoxe, atmende Selbstgerechtigkeit, Gnadenlosigkeit der Überzeugung. Und dazwischen alle, alle, die das Käppchen der Rechtgläubigkeit ans Haar geklammert tragen, die schreckliche Gewissheit Gottes. Vielen baumeln die Gebetsschnüre von den Seiten. Unbeachtet durchquert man Jerusalem. Unbeteiligte Höflichkeit regiert die Geschäftsleute. Nirgends Gemütlichkeit. Keine Mediterraneität. Man sieht keine Umarmung. Die Menschen scheinen achtsam zu leben. Der Glaube hält sie mehr zusammen als die Hoffnung. Messias, der Gesalbte scheint fern. Ein ungeheures Erinnern ist in allem. Kein gehässiges Erinnern, einfach Erinnern: zweitausend Jahre Diaspora von Sibirien bis Feuerland, durch alle Kulturen die eigene gerettet. Eigensinn zum Sinn erhoben. Von Verfolgung und Flucht, Einengung, Vorurteil, Hass zu jenem Volk, jener Gemeinschaft geschmiedet, die allem widerstand und widersteht. Herausgefordert und herausfordernd im Zyklus; vielleicht das stärkste Menschengeschlecht der Welt. Ein Volk, gemendelt auch durch die Niedertracht seiner „Wirtsvölker“. Der jüdische Intellekt: selbstzersetzend, an nichts glaubend als an den Glauben; Hervorbringer der schärfsten Analysen, der weitgehendsten Erfindungen; Umwälzer ob Marx ob Einstein; letzte echte Interpreten des scheinbar Unjüdischsten. Warum ist Jerusalem aus fünfeckigen Steinen gebaut? Bienen bauen sechseckig, sie sind friedfertig.

Jerusalem, die Omar-Moschee, das Herz der Welt, getragen von Säulen Ägyptens und Byzanz'. Fenster aus Kobalt, Türkis, Gold. Ein Spitzenvorhang aus Marmor. Jedes Heiligtum ein steinerner Aufschrei gegen die Qual des Lebens im Land, wo der Morgenstern „Gazelle“ heißt.

Salomons Tempel; noch einmal durchschreitet man den Ort des Opferns und erkennt im Rubin der Fenster das Taubenblut; man steht im Pilgerhof und weiß das Allerheiligste nicht fern, wo zu Yom Kippur der Hohe Priester um Vergebung bat, für alle einmal im Jahr.

Jesus, der Denker und Totenerwecker, entkleidet, gegeißelt im zehnmal zerstörten Jerusalem, in der Stadt, die die Gotik gebar und Blutbad um Blutbad kennt. Kein Fluss färbte sich in Jerusalem, das nur eine Quelle besitzt; Sterne tranken das Blut.

„Folgt dem mit den Krügen, dort will ich Abendmahl halten“, so oder so ähnlich sprach Christus, und wer nach dem Anstieg aus dem Hinnomtal auf der Anhöhe der Stadt – dem Zion – den Saal findet, der hört, wie ein Ort seinen Glauben und dieser die Wirklichkeit gebiert, die endlich Wahrheit wird. Hier über dem Ort, an dem vielleicht Davids Sarkophag ruht, dem Saal der Fußwaschung, hier brach Jesus das Brot und sprach vom Leib. Hier in diesem späten Kreuzrippengewölbe fand zehn Jahrhunderte früher das Mysterium statt. Wer immer dieser Rabbi war, er wollte Versöhnung, und er war dem Leben so nah, dass er es fliehen durfte; nicht für eine Sekte, nicht für die Christen, für alle, die guten Willens sind. Er starb für alle Menschen der Welt, für alle künftigen der Jahrtausende. Sein Tod bewies die Aufhebung der Wahrheit durch die Wirklichkeit. Zwischen dem „Vater vergib ihnen“ und „Warum hast du mich verlassen“ liegt das Geheimnis dieses Wesens.

Wer denkt – sieht er drei ineinander verschlungene Ringe – an den Tanz Davids, des Königs und Harfners? Sie liegen in der Mitte der Himmelfahrtskirche Marias. Es gibt Leute, die sagen, Maria starb in Ephesos. Hier glaubt man an ihre Entrückung. Das Unbefleckte kann nicht in Fäulnis übergehen.

Um das Mosaik der drei Ringe läuft der Tierkreis. Achtzehnmal atmen wir pro Minute, zweiundsiebzig Pulsschläge. Sechszackig ist der Stern Davids, sechs sind die Tugenden. Dreimal sechs ist achtzehn. Zwölf sind die Monate. Sechsmal zwölf ist zweiundsiebzig. Zweiundsiebzig Pulsschläge in der Minute ergeben fünfundzwanzigtausendneunhundertzwanzig Atemzüge. Während vierundzwanzig Stunden dreht sich … Fünfundzwanzigtausendneunhundertzwanzig Jahre braucht die Sonne, um den Tierkreis zu durchmessen. Zehnmal zwölf sind die Abgeordneten des Parlaments, der Knesset (d. h. „sich vereinen"). Während ich sinne, erheben sich zwei Frauenstimmen zu einer ergreifenden Weise und löschen meine Gedanken.

Im Tale Kidron opferten Phönizier ihrem Gott Baal die Erstgeburt. Hier wuchs dies Holz, an das man Menschen schlug auf Perser Art; Zion, der Berg trennt. Hier standen Esra und Kyros (fünfhundertsechsunddreißig vor Christus), und die Menora, der siebenarmige Leuchter, weiß es. Am siebten Tag ruhte Gott; sieben Tage bedurfte es der Erschaffung der Welt. Sieben weiß von der Umlaufbahn des Mondes, nach sieben Tagen werden die Knaben beschnitten. Die Christen zählen sieben Todsünden. Sieben sind die Gerechten.

In der Knesset hängt eine Uhr, deren Zifferblatt anstelle der Zahlen Panzer zeigt. Ihre Geschützrohre weisen alle nach Süden, dort, wo sieben ist, zeigen sie nach Norden. „Nicht durch die Kraft, durch den Geist sollst du siegen", sprach der Engel zum Propheten, „und eine Welt wird sein, da wird der Knabe mit der Schlange spielen."

Der Hügel, die geräumigen Wege zum Israel-Museum sind von Wasserläufen und Ölbäumen, den Symbolen des Friedens, gesäumt. Frei wächst auch hier zwischen großzügig aufgestellten modernen Bildhauerwerken wilder Hafer, Gerste, Hirse, Weizen, Mohn und Distel. Ein Bau, dessen Amphorendach künstliche Berieselung kühlt, bewahrt die wertvollsten Zeugnisse Qumrans. Hier hütet ein Volk sein Wertvollstes: Die sechsundsechzig Kapitel seines Propheten Isaias, die Rolle der Krieger, die Rolle der Gemeinschaft, die Rolle der Tempel. Von den Essenern im ersten Jahrhundert vor Christus vor den Römern in Amphoren verborgene Rollen aus Tierhäuten tragen die den Gelehrten heute noch lesbaren Schriftzüge. Es ist Wissen, für das die Stämme wieder und wieder starben. Es sind die Aufzeichnungen der Aufzeichnungen des erwählten Volkes, das sich mit seiner Geschichte seiner Bestimmung zu Tode identifiziert. Das unbekannte Völkchen aus Mesopotamien wuchs zum Mahnmal, kraft seines Festhaltens an seiner Identität, kraft seiner Berufenheit zur Berufung. Seine Unzerbrechlichkeit zog es durch vier Jahrtausende aus seinem Glauben an seine Auserwähltheit – und es ist auserwählt –, mehr zu dulden als andere. Wenn irgendetwas den Glauben an Gott erschüttern kann, so ist es das Schicksal dieser Stämme.

Man sagt, ein Hirt habe neunzehnhundertsiebenundvierzig seine Ziege in der Felswüste über den Ufern des Toten Meeres ein Stück Pergament fressen sehen und sei so auf die ersten Krüge gestoßen, die im überaus heißen, trockenen Klima die ältesten Aufzeichnungen der Bibel in Griechisch, Aramäisch, Hebräisch über zweitausend Jahre erhalten haben. Manches ging im nachfolgenden Versuch, die Funde zu Geld zu machen, verloren; aber das Erhaltene überwältigt. Qumran, die Siedlung der Essener, einer Zelotensekte, liegt über dem mittlerweile zu Wüste gewordenen, etwa sechzigtausend Jahre alten Flussdelta. Die Essener erwarteten hier die Endzeit. Sie teilten die Menschen in die Söhne des Lichts und der Finsternis. Sie legten für die Schlacht aller Schlachten die Ordnung fest und wussten, wer in der Apokalypse wo zu stehen hatte. Kavallerie, Infanterie, ihr Vorgehen, ihre Rüstung waren festgelegt, welche Krieger wozu eingezogen werden sollten ebenso. Die das Schlachtglück wendenden Gebete waren einstudiert. Die Essener – sie nannten sich Anhänger des Meisters der Gerechtigkeit – stiegen fünfmal am Tag aus ihren glühenden Felsensiedlungen, um sich an den Ufern des Toten Meeres zu waschen. Sie lebten in Askese und fern dem Prunk Jerusalems. Von ihren Behausungen zogen sie die Türknäufe ab, die zugleich raffinierte Schlüssel waren. Sie überlebten ihre eigene Strenge nicht. Ihr Leben war Apokalypse.

In den Rollen fand man sieben Psalmen, die die Bibel nicht aufzeichnet; vier davon waren durch Syrien und auf Griechisch bekannt geworden. Drei hingegen waren bis zum Tag, an dem jüdische Archäologen sie lasen, unbekannt.

Im Israel-Museum in Jerusalem werden Zeugnisse der Oldoway-Epoche genauso aufbewahrt wie die des Neandertalers. Die Yarmukian-Kultur scheint Vorläuferin der minoischen zu sein, und die Palme als Ursprung des Kapitells ist auf den Reliefs ebenso belegt wie die Anstürme der Assyrer. Ein beeindruckender Zeitbogen spannt sich von den Sälen, die die früheste Frühzeit dokumentieren, bis zu den detailliert eingerichteten Räumen, die jüdisches Leben in ausgewählten, typischen Wohnräumen von Russland bis Nordafrika wiedergeben, in Festtafeln genauso wie in Hochzeitskleidungen und Kultgegenständen. Eine Laubhütte mahnt an die Zeit, da das auserwählte Volk durch die Wüste irrte. Dass Heirat mit dem christlichen Sakrament der gegenseitigen Heiligung zusammenhängt, wird offenbar. Sieben Segnungen gingen dem voran, was heute zerfällt. Noch immer zerbricht man ein Glas im Andenken an die Zerstörung des Tempels (siebzig nach Christus). Alles ist Rückkehr, und Rahel, die bei der Geburt ihres zweiten Sohnes Benjamin starb, ist die Mutter Israels.

Den Kreuzweg in der Altstadt Jerusalems verstellen arabische Basare. Eine sanfte Steigung führt zum Kalvarienberg, der Schädelstätte. Ein vier Meter hoher Fels wird überragt von der Grabeskirche. Sieht man von der Tragweite des Geschehnisses ab, schüttelt einen die Peinlichkeit des Golgota. Welch ein Ort! Und was hat die Kleingeisterei der verschiedenen Kirchenströmungen daraus gemacht! Ampeln, Ikonen, Bildchen. Geistige Schrebergärtnerei. Unentwegtes Hin- und Hergetrappel und Gehaste. Unentwegtes Fremdenführergeschwätz. Die parzellierte Tragödie. Grundbucheintragung in die Ewigkeit. An einem Ort, da man nur knien kann, stehen Mönche mit scheppernden Büchsen und halten Kerzchen feil. Hier, knapp außerhalb der Mauer Jerusalems, über dem Garten Josephs von Arimatäa, dem aufgelassenen Steinbruch, in dem man Jesus ins nicht für ihn bestimmte Felsengrab bettete, ging viel Volk vorüber, das abgeschreckt werden sollte durch das Sterben am Kreuze. Griechen, Lateiner, Armenier, Orthodoxe, Kopten: Alle hüten sie heute ein Maul voll Jesus. Man zeigt, wo er angenagelt wurde, das Loch, in dem das Kreuz stak, den Ort, wo es von Helena wiedergefunden wurde, zweihundertfünfzig Jahre später … Man zeigt, wo seine Mutter weinte, wo er gesalbt und worauf er gelegen im Grab. Nebenan zeigt man den Degen Gottfrieds von Bouillon, die Sporen und den Zaum. Man zeigt die Felsspalte, die sich beim Tode Jesu auftat und durch die sein Blut geflossen. Man zeigt, wie wenig zu zeigen ist. Licht kann man nicht kreuzigen.

Yad-Vashem (Denkmal und Name). Zwei helle Mauern fassen einen schmalen Weg, der in sanfter Krümmung in einen völlig dunklen Raum führt, den man nur einzeln durchschreiten kann, weil zur Rechten und Linken hohe Spiegelwände einengen, hinter denen unzählige kleine Flämmchen oder Lichtpunkte glühen. Man fühlt sich im All und hört nur eine schwere Weise und die Stimme, die einzeln die Namen der eineinhalb Millionen jüdischer Kinder verliest, die in der Shoa umkamen.

Unweit davon ragt ein Bau, den man auf einem Steg durchmisst, unter dem Granitplatten in weiten Abständen voneinander liegen, die den Namen der Vernichtungslager tragen. Sie ruhen auf Menschenasche nach von ihnen bezeichneten Stätten. Zwischen den Gebäuden steht das Denkmal des Arztes, der, als er erfuhr, welches Schicksal die von ihm betreuten Kinder erwartete, mit diesen ins Gas ging. Einen Steinwurf weiter liegt das „Tal der Verlorenen“, eine entworfene Schlucht aus fünftausend tonnenschweren Steinblöcken, die an die fünftausend vom Holocaust ausgelöschten Gemeinden, jüdischen Gemeinden, mahnen.

Viele Bäume säumen die Wege der Gedenkstätten Yad-Vashems. Sie wurden gepflanzt zu Ehren jener, die den Verfolgten beistanden. Jeder Baum trägt einen Namen. Es sind meist Brotfruchtbäume, denn sie widerstehen auch feindlichen Naturgegebenheiten. Bäume leben von Licht. In den Himmel ragt Yad, eine Säule für sechs Millionen Ausgelöschte.

Beit Lechem (Haus des Brotes), Bethlehem. Der Felsenort der Zählung. Ein arabisches Städtchen. Der Salbungsort Davids. Der Ort, den Hadrian Adam weihen ließ, um ihn den Christen zu vergällen. Der Ort, dessen Wäldchen Konstantin roden ließ, um die Basilika zu bauen, der Ort, da Balduin der Erste (elfhunderteins) und Balduin der Zweite (dreizehnhunderteinundzwanzig) zu Königen der Kreuzfahrer gekrönt wurden. Der Ort, da Maria sich vor den Augen der Verwandtschaft vom Haus hinunter in die Stallgrotte barg, um zu gebären. Noch heute zieht es räuberische Hirten in die Nähe der Stadt, durch die unverändert karge, steile Landschaft siebenhundertsiebenundsiebzig Meter über dem Meeresspiegel. Bethlehem ist Freude. Den Kindermord des von ihm eingesetzten Königs Herodes hätte Rom nicht gutgeheißen. Herodes hatte anderes zu tun, als durch eine unsinnige Geste die ohnehin widerspenstigen Juden aufzubringen und den Zorn des Kaisers auf sich zu ziehen.

Bethlehem dröhnt vom Gesang des Muezzin. Die ursprünglich von Konstantin dreihundertfünfundzwanzig gewollte Geburtskirche besitzt einen niederen Eingang, der noch aus der Zeit stammt, da Türken auf Pferden durch sie reiten wollten. Ein Jubel geht von den goldleuchtenden justinianischen Mosaiken aus, die der fünfschiffigen Basilika ihr feierliches Gepräge geben – obwohl es eine Wehrkirche ist, oder deren drei – und den Blick von den korinthischen Kapitellen aufwärts führen. Bewegt steigt man die Stufen ins rauchschwarze Gelass, das Stall war und wieder werden könnte. Man berührt den mächtigen Stern massiven Silbers, der den Ort bezeichnet, wo das Kind lag. Es ist wunderbar, an ein Kind zu glauben, und kein Zufall, dass Könige und Hirten hier zu beten kamen. Wie viel Freude birgt die Stelle noch heute. Bethlehem, Wehrlosigkeit, uneinordenbar. Eine Krippe, ein Säugling, eine Hoffnung. Hier war das Licht noch weiß, golden wurde es später.

In einer Nische der Kirche zur Linken des Altars stand, als ich dort war, ein in eine schwarze Kutte gekleideter, bleicher Mönch. Er mochte etwa achtzig Jahre alt sein. Eine große, seltsame Stille und Sanftmut gingen von ihm aus. Die Gestalt, ihre Schlichtheit und Wortlosigkeit waren so überwältigend, dass ich, der niemals fremde Menschen fotografiert, diesen bat, ihn aufnehmen zu dürfen. Er stimmte mit eigenartigem Lächeln zu. Als ich die Bilder bekam, waren das kerzenerhellte Kircheninnere, das ich vor der Gestalt abgelichtet, und der Klosterhof hernach auf dem Film; der Mönch dazwischen fehlte. Kein falsch belichtetes Negativ, ein lückenloser Übergang. Mein Begleiter, der Zeuge der Begebenheit war und sich selbst des Details des Filmtransportes entsann, konnte sich das Phänomen nicht erklären – Hieronymus und Eusebius lebten als Einsiedler hier. Eine Zeichnung Leonardos, die heute in den Uffizien in Florenz hängt, zeigt einen Hieronymus, der dem geschauten Mönch sehr ähnelt. Die Zeichnung ist unvollendet. Wer war Leonardo wirklich?

Blickt man von Jerusalem hinab, blecken einem die Felsen- und Schutthäupter der Wüste entgegen. Schwarze Beduinenzelte hie und da, wo spärliche Vegetation einen bereits im April versiegten Wasserlauf begleitet. Die Seitenwände hochgezogen, um den Geruch der Ziegen zu mildern. Von jeder Stadt Israels blickt man in die Wüste. Sie ist es, die bestimmt, und auf einmal leuchtet die manchmal verletzende Sachlichkeit der Menschen hier ein. Es gilt, keine Zeit zu verlieren. Muße ist ein Verbrechen, Vertrauen ein Luxus, Korrektheit eine Überlegung. Zweitausend Jahre Wüste umgibt auch die Seele der Juden. Ihr Jericho, Bethlehem, Jerusalem, Jaffa waren Krakau, Wien, Prag, Frankfurt, New York. Es waren die gepflegten Orte ihres Überlebens, und der Blick darüber hinaus verlor sich immer in der Wüste. Araber, Ägypter, Perser: Alle haben ihren Pakt mit der Wüste geschlossen; Israel nicht. Eine tiefe Friedlosigkeit geht von seiner Mühe, seinem Bewässern, Pflanzen und heroischen Erzwingen aus. Aber die Wüste wartet. Alle Wüsten der Welt scheinen auf Israel zu warten.

Im Israel-Museum, dem Nationalmuseum in Jerusalem, zeigt man Schädel, die mit keramischen Pasten überzogen sind und wie aus Porzellan wirken. Sie stammen aus der Steinzeit. Hat sich in diesem uralten und feindlichen Siedlungsraum im Leben so wenig Lebenswertes ereignet, dass man es auf später verschob? Ist die Hoffnung und ihre geistige Versteinerung, das Warten auf die Erlösung, den Erlöser, den Messias schon damals angelegt? Ägypten betete die Sonne an, denn es besaß den Nil. Der Jordan ist ein Bruder, kein Vater; er führt keinen fruchtbaren Schlamm. Es gibt nichts, was man ihm nicht nimmt.

Fährt man das Dutzend Kilometer von Bethlehem zurück nach Jerusalem, so führt der Weg an En Karem, Beit Hakarem (Brunnen und Haus im Weinberg) vorbei, wo Johannes der Täufer im Hause Zacharias' geboren wurde, und der Brunnen kühlt noch, vor dem Maria ihren Nahen gestand, dass auch sie guter Hoffnung. Alles, was gesegnete Mittelmeerländer an Frucht und Blüte bescheren, wuchert um diesen Ort des Wassers und des Segens, und inmitten des Duftes und der Stille vergisst man die Hunderte Abgeschlachteter; Mönche, die dem Arabersturm nicht widerstanden. Das Vaterunser in vielen Sprachen an den Wänden des Klosterhofs vor der Kirche mahnt. Ein schwerer Duft von Lavendel kommt auf.

Der Erstgeborene gehört Gott. Am Tag der Beschneidung werden an seiner statt zwei Tauben geopfert. Orte werden durch Denken zu dem, was sie sind; auch Tempel, auch Kirchen, auch innere Orte.

Ostwärts von Jerusalem, durch die entschlossen dem Toten Meer entgegensinkenden Wüstentäler Judäas strebt man Jericho zu. Aus unbegreiflichen Gründen instand gehaltene Straßen führen an verborgenen Unterständen vorbei aus der Zeit, da man um diese Ödnisse Blut vergoss. Wohin das Auge blickt: Leblosigkeit. Kein Baum, kein Strauch, kein Zelt, nichts. Hellblaues Licht senkt sich vom Himmel auf die fliehenden Berge, Hügel und Täler, deren mildes Braun durch die zurückgestrahlte Farbe und die Hitze das Violett der Unwirklichkeit annimmt. Der einzige Laut ist die Stille. Wir überwinden die Passhöhe, wo heute noch die Herberge des guten Samariters steht. Und eine Stunde später halten wir an einer Bergflanke, zu deren Linken eine tiefe Schlucht, Wadi-Prat, die Felsmassen sprengt und ihre wunderbaren Wasser zu Füßen eines hoch in den Fels gehefteten Klosters schäumend entlässt. Blauschwarz fällt der Schatten unseres Berges in die Tiefe. Die tiefgrüne Naht schmaler Ufervegetation wirft ihre Smaragdfarbe an die riesigen vertikalen Felswände. Das byzantinische Kloster aus dem fünften Jahrhundert im Fels gegenüber, die einzige Lebensgemeinschaft zwischen Jerusalem und der ältesten Stadt der Erde, nährt die Annahme, dass – ob Essener, ob Mönche, ob Einsiedler – die Wüste es ist, die den Geist der Menschen hier bestimmt. Es ist die Macht des Schweigens. Wie soll das Israel der Diaspora, das Israel des dritten christlichen Jahrtausends sich mit den Söhnen der Wüste verständigen können? Was hat, wer das Forellenquintett liebt, mit dem Rhythmus der Oasensucher gemein? Israel hat gelernt, stachellose indische Feigen zu züchten, Arabien hat gelernt, die stachligen zu essen.

Plötzlich brechen die Berge ab. Ein weites Tal zieht ihnen breit entgegen. Unfern ruft das kräftige Grün der Oase. Der Jordan ist erreicht. Ein Fliegen ist von Tauben, Falken quer durch Palmen, Maulbeerbäume, Kirsch-, Mandel-, Pfirsich-, Mangobäume, Bananen. Alles, alles scheint hier zu gedeihen, hier, zweihundertfünfzig Meter unterm Meeresspiegel. Jericho, die Palmenstadt ist erreicht. Seit neuntausendachthundert Jahren ist der Ort bewohnt. Tell el-Sultan, der Ort, an dem der Turm noch steht, der die älteste Stadt bezeugt, von der wir wissen. Ein Turm, Befestigung. Man fürchtete. Es gab also organisierte Angriffe in der Steinzeit, und die mächtigen Mauerreste Jerichos sprechen von den mächtigen Kriegsmaschinen, denen sie zu trotzen hatten. Die Posaunen Joshuas – Israel – entrissen den Kanaanitern die Stadt. Am nahen Fels hängt der Ort der Versuchung, ein Kloster. Es wurde gebaut, wo Satan zu Jesus sprach, nachdem dieser von Johannes getauft worden. Die Sonne, die den gestampften Lehm so hart werden ließ, dass er heute noch nicht zerfällt, macht das Gehen im ungeschützten Gelände mühsam. Die Würde des Unausgegrabenen liegt über dem Tell. Am Rückweg über der bitteren Quelle, die das Kraut Eliseas trinkbar machte, schreckt aus einer Nische der uralten Mauern ein Eisvogel. Ein Eisvogel in Jericho. Ist der sechstausend Kilometer lange tektonische Graben vom Taurus bis Kenia, dessen Teil der Jordan ist, mehr als nur ein Heben der Erdscholle? Warum glasierte man hier Schädel? Was führt die Zugvögel?

An Qumran vorbei, dem Westufer des Toten Meeres, gelangt man zur Oase En-Gedi. Vielleicht die Hüterin des Geheimnisses eines Balsams, der so begehrt war, dass Kleopatra, die Widersacherin Herodes des Großen, Mark Anton bat, ihr ein Stück dieser Erde von ihm abtreten zu lassen. Heute noch weiß man nur hier das Mittel herzustellen. Hierher floh David vor dem Zorn Sauls, der um seinen Thron fürchtete. Hierher floh Bar-Kochbar vor den Römern. Ein Felsspalt weitet sich, und die steil vom Toten Meer ansteigende Schlucht erfüllen zunehmend Judasbäume, Akazien, dichtes Uferschilf, so dicht, dass es meterdicke Tunnel bildet, unter denen ein kühler Bach murmelt. Vögel zwitschern. Im nahen Felsen klettern Steinböcke. Wir sind in einem Naturschutzgebiet. Hier sollen Leoparden leben. Nach einer Stunde Anstiegs ist ein fünfzig Meter hoher Wasserfall erreicht, der aus den Wüstenketten Judäas bricht und sich, eingerahmt von einem Mantel aus Farnen, Moosen und Blumen, in ein weiches Becken wirft, das von hunderten von Vögeln durchschwirrt, inmitten einer kleinen Lichtung – David Shulamit, nach der Angebeteten Davids benannt – umschattet von ehrwürdigen Bäumen in den Nachmittag funkelt. Rundum Wüste. Selbst das Meer birgt kein Leben. Soldaten üben nicht fern von hier das Überleben. Künftige Kibbuz-Bewohner prüfen in der Nähe ihre Widerstandskraft. Und vor uns, vor uns schäumt Wasser, Wasser jauchzend zu Tal. Das Leben selber. Ein Wunder.

Massada. Warum weckt jüdische Musik zwischen Odessa und Gibraltar, Stockholm und Marrakesch so viel Erlittenes? Warum erhielten sich die Grundrisse der vier römischen Heerlager um Massada zweitausend Jahre lang? Warum zerfiel, wo alles zerfällt, nicht die Rampe, die dem Römer nach drei Jahren den Sieg bescherte? Den Sieg über neunhundertsechzig Tote. Zeloten, Essener, die – nachdem man ihnen das Wasser abgegraben, Feuer gelegt – beschlossen, den Tod der Sklaverei vorzuziehen. Man fand in der Synagoge die Scherben, die das Los sprachen, das jene bestimmte, die den andern mit dem Schwert den Tod zu geben hatten.

Massada, vierhundertvierzig Meter über dem Toten Meer, eine tote Felsempore, auf die der Hohepriester Jonathan siebenunddreißig vor Christus eine Festung baute und fünfzehn Felszisternen zu Wasservorräten für die Waschungen und Bäder der zelotischen Vorschriften ausmauern ließ. Herodes verlegte einen seiner Regierungssitze dorthin. Noch heute bewundert man den nordwärts gerichteten Palast, drei Terrassen in die Senkrechte gemeißelt, hoch über den wasserführenden Schluchten. Einsamkeit. Die Fresken im Palast erinnern an die Marmorimitation mancher Säulen später Barockkirchen. Der Ausblick übers Tote Meer verschlägt den Atem. Massada, vier römische Lager verbissen sich in diese Eroberung. Eine Mauer wurde um Berg und Schlucht gezogen. Wachtürme errichtet. Dann folgte das Warten in der Wüstenglut. In der Festung badete und betete man. Der Herr würde richten. Nach drei Jahren schüttete Rom eine Moräne auf, zimmerte geschützte Türme und brachte die Rammböcke in Stellung, warf Feuer. Dann drehte sich der Wind. Die zehnte Legion, fünfundzwanzigtausend Soldaten, die schon Qumran eingenommen hatten, und Flavius Silva standen vor ihrem Ziel; der jüdische Aufstand, der sechsundsechzig nach Christus begonnen hatte, endete nach sieben Jahren. Den Rest berichtet Flavius Josephus: „Und so, während sie ihre Frauen liebkosten und an sich drückten und ihre Kinder in den Armen hoch hoben und sie unter Tränen ein letztes Mal küssten, führten sie ihren Plan aus, so, als würden sie sich der Hand eines anderen bedienen, und trösteten sich mit dem Gedanken an die Qualen, die sie hätten erleiden müssen, wären sie dem Feind in die Hände gefallen. Am Ende gab es keinen, der dieser mutigen Tat nicht fähig gewesen wäre, und jeder tötete, einer nach dem anderen, seine Lieben … Später, als sie die Trauer um das, was sie getan, nicht mehr ertragen konnten, und in der Meinung, sie würden den Toten Unrecht tun, sollten sie selbst noch länger leben, sammelten sie alles, was sie hatten, und steckten es in Brand. Dann losten sie zehn von ihnen aus, die die Übrigen töten sollten, sie legten sich neben ihre Frauen und Kinder, umarmten sie und boten ohne zu zögern den mit dieser traurigen Pflicht Beauftragten die Kehle dar. Diese entschieden, nachdem sie ihren Plan durchgeführt hatten, wiederum durch das Los, denjenigen auszuwählen, der die anderen neun und schließlich sich selber töten sollte … Schlussendlich ließen sich die neun töten, und der letzte Überlebende sah auf diese große Menge toter Leiber, um festzustellen, ob inmitten des großen Blutbades nicht noch jemand seiner Hilfe bedürfe, dann, als er sicher war, dass alle tot waren, entfachte er einen großen Brand in der Festung, sammelte sämtliche ihm noch übrigen Kräfte, durchbohrte seinen Körper mit dem Schwert bis zum Heft und sank neben seiner Familie zur Erde." (Flavius Josephus, Der siebte jüdische Krieg.)

Dies geschah im April dreiundsiebzig, als das einzige Tor Massadas für immer aufgebrochen wurde und die älteste Synagoge der Welt zerstört, in deren Ruine man die vergrabenen, versiegelten Bücher Ezechiels in Tonkrügen fand. Wer heute hier heraufsteigt um zu sehen, was blieb, und was Israels Archäologen in nur zwei Jahren (neunzehnhundertdreiundsechzig bis -fünfundsechzig) der Welt wiederzugeben vermochten, den empfangen seltsame, dohlenartige schwarze Vögel mit gelben Flügelbinden, Tristramiden. Sie gibt es nur hier. Sie besitzen eine menschenähnliche Stimme.

Wieder das Ufer des Toten Meeres (Yam-Hamelech: Königsmeer). Kein Segel, kein Schiff, an der Straße liegt eine Krokodilfarm. Später werden Lerchen über den Gemüse- und Maisfeldern Galiläas stehn.

Beit-Shean: Das Haus des Shean. Zweiundzwanzig Schichten erzählen von fünftausend Jahren, aber auch von Saul, dessen Haupt die Philister hier am Dagon-Tempel annagelten, nachdem sie ihn und seine Söhne umgebracht. Hier, an der Wegkreuzung von Norden und Osten, hier herrschte eine Königin: die Brücke über den Jordan. Alexander der Große ließ der Stadt die Souveränität, das Münzrecht. Jar-Den herab von oben, der Jordan bestimmte ihre Würde. Die Kreuzfahrer errichteten hier ihre Festung. Saladin schlug sie bei Wadi-Aarmouch (elfhundertsiebenundachtzig). Die alt-syrische Grenze verlief hier, und Menschenreste, gleichaltrig mit denen Oldaways, wurden hier geborgen.

Der See Genezareth ist nahe. Magdala und das Haus Magdalenas bewahren die sanften Ufer. Am gegenüberliegenden Gestade liegt

Gradara, wo der Dämon in die Säue fuhr, und diese sich ertränkten. Schierling wächst hoch.

Der See Genezareth. Hier ist der Jordan ein Knabe. Man überspringt ihn fast, dann ein Schilfdelta, in das der See einzieht. Er liegt zweihundertzwölf Meter unter dem Meeresspiegel, und auch am Tag scheint Mondlicht auf ihm zu ruhen. Kapernaum, der Ort, wohin Basalt sich zu kühlen kam. Basalt, das Herz der Erde, aus dem das Haus Petri gebaut war, das Haus, dessen Reste heute noch stehen. Hierher kam Jesus. Hier gebot er vier Jüngern, ihm zu folgen. Hier heilte er mehr als anderswo. Kannte Jesus Glück? Hier liegt der Berg seiner Predigt. Hier, angesichts der Weite des Sees glätteten sich die Züge dessen, der die Orkane zu besänftigen wusste, nachts, wenn das große Licht ihm die Sicherheit zurückgab, nicht umsonst zu sein. Eine mächtige Synagoge fängt noch heute die Sonne in ihren korinthischen Kapitellen.

Sie steht auf jenem Bethaus, in dem er predigte. Von hier ging er nach Tabgha, fünftausend mit Broten und Fischen zu speisen, und die Felstische stehen heute noch. Auf Steinfragmenten liest man den sechszackigen Stern Davids, den fünfzackigen Salomons. Hierher brachten sie die Kranken Syriens, Judäas, Galiläas zu ihm nach Kfar Nahum. Von hier ging er über die Fluten, ohne zu versinken. Hier erschien er Petrus auf den Felsstufen, die mit schwerer Sanftmut das Wasser suchen. Hier festigte er das Herz Simons. Und von hier ging Petrus später nach Rom, um für seinen Rabbi zu sterben. Kana ist nicht weit, und wer Wasser in Wein wandelt, wandelt der nicht Sterbliche in Unsterbliche?

Kapernaum ist durch rauschende Täler von Nazareth getrennt. Aber auf dem Weg liegt das Grab Jethros, und dieses zu erreichen, wandert man nach Weli-Nebi-Shuaib. Dazwischen aber ist eine kahle Ebene. Nahe ragen die Vulkangipfel der Hörner von Hattin (Karnei-Hittim). Dort war es, wo Saladin elfhundertsiebenundachtzig dem König Guy de Lusignan die Herrschaft der Christen im Vorderen Orient für immer entriss. Es war ein sengender Tag. Saladin ließ die Felder um die Schwergerüsteten anzünden und nahm die Waffenstreckung der Halbverdursteten entgegen – und ließ sie abziehen. Hier leben Drusen. Nicht weit aber sind die Zeugnisse Salomons; nicht weit die Rundaltäre des kanaanitischen Mondkults. Galiläa, ein Mosaik, dessen Steine Jahrtausende sind. Galiläa, das Schlachtfeld der Ägypter, Assyrer, Babylonier, der Philister Israels, der Römer und wieder Israels und wieder Syriens. Galiläa, sein See Genezareth, an den die Völker wie Gazellen zu trinken kommen, der die Löwen rettet und die Lämmer, und von dem seine Fische nichts wissen. Galiläa, ein Ort des Knieens, ein Ort der Akazienschirme, die im hitzebebenden Licht an die rasenden Schleier Salomes erinnern. Sie tanzen für die Wüste, für die Sonne, für die Wege, für Herodes irgendwo zwischen der Salzsäule Lots und Qumran, wo Jesus vielleicht jene zwei Jahrzehnte verbrachte, von denen wir nichts wissen. Jesus, der nie vom Toten Meer sprach, nie von der Unerweckbarkeit, dem wirklichen Abend der Schöpfung.

Spät ist es geworden. Das Haupt des Täufers blutet noch.

Nazareth. Altäre aus aller Welt: indischer, chinesischer, afrikanischer, brasilianischer Christen. Mosaik, Glas, Aufgänge, Rampen, Emporen, Balustraden, Nischen. Vorträge, Gesänge, ein Hin und Her. Eine gigantische Unbeholfenheit wölbt sich über dem armseligen Steinbogen, der Marias Heim war, ehe der Engel kam. Der Engel über dem Steinbogen, dem Bogen der Rückkehr.

Vielleicht kam Gabriel vom Berge Tabor, um Zuversicht zu sammeln.

Nazareth, die Wächterin über das Esdrelon-Tal. Nazareth, die Stadt, da die aufgebrachte Menge Jesus vom Abhang stoßen wollte. Nazareth aus weißem Stein. Nazareth ist Ahnung, Gewissheit, Verklärung. Es ist der Ort, da ein uraltes Höhlengrab zu Wohnung, zum Ort der Verkündigung, zur Auferstehungsahnung wurde. Ein Grab der Verkündigung.

Nazareth ist klein, ist nicht notwendig. In Nazareth ist nichts notwendig. Nazareth. Wie die Lilie auf dem Felde. Nicht sehr weit von hier liegt Tiberias, die Kaiserstadt am Ufer des Sees Genezareth. Erdbeben rissen sie nieder. Tiberias, die Gelehrte, die dem Hebräischen die Akzente gebar, die Punkte, die Vokale ersetzen und das Erlernen der Schrift erleichtern. Die Schrift, die Israel ist. Die Schrift: Gedankenaustausch, Information, Überlegenheit.

Föhren im Gestein, Disteln, Rinder. Die Vulkankegel des Golan tauchen in der Ferne auf. Noch eine Synagoge, blau – denn blau vertreibt die Dämonen. Es ist also eine Sepharden-Synagoge, von Arabien geprägt. Dann ein Kibbuz, Wehrdorf, Farm, Schule, Bethaus, Blumenzucht, Straußenfarm, Oleander, Erika, Oliven, Pfirsich, Kirsche, Trauben, Geflügel, Fischteich, Eichen, Akazien, Brotfruchtbäume, Eukalyptus, Zypressen, Zedern, achtzig Holsteinkühe in halbmeterhohem Mist, eigener Friedhof, Klematis, Pferde, Pfauen, Rosen. Achthundert Einwohner, hundertachtzig Familien, vierhundert ständige Siedler; die anderen kommen und gehen und arbeiten freiwillig. Kibbuz – echter Kommunismus? Urchristentum? Weiterführung gemilderter Zeloten? Der Kibbuz ist ein Stück Land, den Siedlern anvertraut, denn Israels Erde darf nicht in fremde Hände. „Nach der Ewigkeit ist die Erde dein." Die Bibel verbietet den Verkauf des Landes noch heute. Dieses Land ist Bibel, und der Kibbuz eine Weise, sie zu leben. So wie man heute noch die Kinderhaare drei Jahre ungeschnitten lässt, ehe man sie an einem vorgeschriebenen Fest opfert, eines Rabbi gedenkend, der dreizehn Jahre in einer Höhle verborgen leben musste und sich von Brotfrucht nährte, so wie man heute noch dreiunddreißig Tage nach unserem Osterfest, mit großen Feuern den Aufstand gegen Rom feiert. Achtzehnhundertzweiundachtzig beginnt das neue Israel Zion und gründet Rosh-Pinna. Hebräisch sollte wieder die Sprache aller Juden werden, und das Volk, das zweitausend Jahre lang landlos war, soll wieder ackern lernen wie vor Rom. Araber verkauften Land. Von Zefat, der Heimat der Kabbala, der Festung Josephus Flavius', auf dem Berg Kanaan, achthundertneunzig Meter hoch, kamen die Siedler Rosh-Pinnas, was „Grundstein" bedeutet. Zefat, wo Rabbi Itzhak Ariel und Shimon Bar Jochai lebten. Wo das Buch „Licht" entstand, die Vermählung von Zahl und Bedeutung. Was liest, wer nur jedes fünfzehnte Wort eines Textes liest, was, wer jedes siebte liest? Welchen Sinn ergibt das Lesen, wenn man ihm eine andere Ordnung überordnet? Was steht wirklich in den heiligen Büchern? Wer vermag sie zu lesen? Wie sind sie geschrieben? Was verbargen die Propheten, um es nur der restlosen Hingabe zu erschließen? Kabbala, vielleicht liegt ihrer Mystik ein magischer Schlüssel zugrunde: So wie eine bestimmte Anzahl von Zellen einen Finger, eine Hand, ein Ohr ergeben, alle Zellen – Zahlen – zusammen aber wieder den Menschenkörper, dieser wiederum den Geist, so suchten wohl die Kabbalisten den Codex aufzudecken, nach dem das Buch der Bücher, die Thora, geschrieben sein konnte. Sie gaben sich nicht mit dem zufrieden, was sie lasen, sondern vermuteten die Wahrheit hinter einer Wirklichkeit. Vielleicht ist Zefat der Schnittpunkt zwischen dem indoarischen und dem semitisch-lateinischen Denken? Der Sehnsucht der Mystik nach Rationalität und der Rationalität nach Mystik? Das Ungenügen am Genauen trifft sich mit dem Ungenügen am Ungenauen, und die Welt wird zum Vorwand der Wahrheit. Kabbala – man wird sehr nachdenklich in der fröhlichen, hellblauen Synagoge, die die heiligen Bücher des großen Schriftgelehrten hütet, des Sepharden, der aramäisch-mesopotamisches Zahlenwissen in die Texte trug und Schlüsse zog, deren Mystik zwölf Bände füllt. Es ist schwer, Jude zu sein, dreihundertfünfundsechzig Vorschriften zu befolgen und sich einen Geist zu bewahren, der um Kasernen Blumenbeete legt, der ein Glaubensfest hält, bis die Feindespanzer sechs Kilometer vor seiner Hauptstadt stehen und sie dann zurückwirft, bis sie fünf Kilometer vor der eigenen stehen. Was ist das für eine Nation, die erlaubt werden musste? Wer ist dieses viertausendjährige Kind, das, als es geboren wurde, erwürgt werden sollte, bis es selbst, erbarmungslos und genährt vom Wegschauen der Welt, Trinkwasser und Atombomben raffte, schuf, stahl, kämpfte, mordete und schacherte, bis es endlich den Wüstenstreifen sein nennen durfte, den man ihm schon wieder neidet?

Der Golan wirkt näher. Kuhreiher kreisen. Eine Storchfamilie fällt in eine Wiese. Viel Grün beginnt um uns zu sein.

Metulla: Der kleine Grenzort zum Libanon. Zwischen zwei Tauben, die sich am Stacheldraht wiegen, sieht man eine Moschee in der Ferne, ihre türkisgrüne Kuppel. Ein herber Duft weht aus dem versteppten Land von Norden her. Dort, wo der Litami ins Mittelmeer biegt, liegt Fort Bofour, einst Festung der Kreuzritter.

Banyas. Dan, der Richter. Yored-Dan, von Dan kommend: Jordan. Banyas, eine der drei Quellen des Jordan, ein mächtiger Bach in der Flanke des Berges Hermon, ein Ort der Drusen. Ein Ort Hellas, denn das Arabische unterscheidet nicht zwischen hartem P und weichem. Pan-Eas, die dem griechischen Gott des Waldes gewidmete Stätte. Aber ist das bezaubernde Banyas nicht auch Hashishim, haftet ihm nicht der Blutgeruch der Geheimsekte, die diese verlassene Kreuzfahrerfestung zum Ausgangspunkt ihrer politischen und profanen Morde und Verbrechen erhob und dem Begriff Assassin Pate stand, der Bezeichnung für Mord und Mörder? Nemrod, König von Babel, lebte hier, und wer nach stundenlangem Irren durch die Wüste das Halbdunkel dieser Nachtigallenstätte, das weiche Rauschen der klaren Grüne, Trinkwasser, tiefes, kühles, unerschöpfliches Trinkwasser auffängt, der ahnt, was das Paradies gewesen sein musste: die Aufhebung des Mangels.

Stundenlang steht man in diesem Wald, umgeben vom Smaragdschleier der stürzenden Flut, von ihrem Raunen und Murmeln, Rasen und Toben. Man denkt an Massada, das Tote Meer, die feindlichen Tells und Wadis, die unerbittliche Sonne, all die Wüste mit ihren verbrannten Disteln und Kräutern, ihren Echsen und Käfern. Und man denkt an David und seine Harfe, man denkt und denkt und denkt an Heisenberg und die Unschärfe des Ortes der Tröpfchen, die wie Atome nur da sind. Und wären sie nicht, wäre Wüste. Man fragt nach dem Sinn des Heute und des Morgen und des Einordnens und Hoffens, des Computers, der alles weiß und nichts vergisst, um uns irgendeinmal unter seinem toten Meer von Wissen zu begraben. Man fragt sich, warum niemand die ungeheure Hoffnung aus dem jüdischen Gruß „Shalom“ (Friede) heraushört, warum Arabien denselben Gruß verwendet, warum nicht erkannt wird, welchen Aufstieg für den ganzen Nahen Orient die Freundschaft mit Israel bedeuten könnte, welche Kraft an Wissen und Erfahrung dieses aus allen Richtungen der Welt zusammenströmende Volk noch zwei Generationen lang bewahren wird, ehe die Sabras zur Mittelmäßigkeit aller Nationen herabgesunken sein werden. Wasser und Freundschaft, mehr bedarf dieses Volk nicht. Wasser und Freundschaft nach dreitausend Jahren. Es müsste möglich sein.

Du stehst und denkst, um dich ist Wüste, aber dort, wo du bist, rauscht der Jordan aus dem Berg, ein Wunder. Unverdient.

Banyas. Quelle. Welch ein Geschenk! Wem? Shalom.

Israel, ein viertausendjähriger Spiegel, der zersprang. Israel, das vom Schatten der Schatten heimgesuchte, der Amfortas der Völker. Israel wartet auf den Messias, auf Frieden.

Shalom.

Vielleicht

Jordanien

Man fliegt eine ungewöhnliche Route und ist lang in der Luft. Man entsinnt sich der Sorgenzeichen auf der Stirn der Freunde und hört das Schaben der Turbinen vor dem Abheben. Aber die mächtigen Motoren gehorchen, und irgendeinmal setzt die Maschine ihre schwarzen Räder auf die Stirn der Toten, auf den Sand, den man nach einer Königin benannte, auf den Sand der Gräber, der die Tammudenstämme seit zweitausend Jahren deckt.

Hier also schlägt das Herz Arabiens. Hier, zwischen Syrien, Ägypten, Irak, Saudi-Arabien drang der Dolchgedanke eines großen Römers durch den Mantel der Geschichte, und der Wille des Augustus, Schiffern mehr zu trauen als den Wüstensöhnen, dünnte Karawanen aus und errichtete Nymphäen, wo Quellen Heiligkeit genügte.

Jordanien, das Hochland sanfter Hügelweiden, blutgesprenkelt vom spontanen Mohn, tastet sich an Oleandern, an Zypressen, Fächerpalmen, Ginstern aus dem Riff, dem Jordantal, empor und verliert sich wieder in den Wüsten; in zwei Dritteln Wüstensand. Bruder Sand, der du seit zweihunderttausend Jahren die Lider deiner Menschen zustreifst. Sand, der von Vulkanen weiß, von Flüssen, die längst wieder Wolken wurden, Ozeane, Quellen. Sand, zu Stein geworden oder Lehm. Krug, auf hellem Grund das Türkiswort „Gott" zu tragen durch die Wüste.

Hell ist Rabbath-Ammon, das heutige Amman, Hauptstadt seit drei Jahrtausenden. Unbeweglich rasten Herden ockerheller Häuser zwischen Wadi-el-Mujb, dem Fluss Zerka und den tausend Meter hohen Felsmassiven, die die Zitadellen halten und den Tempel Herkules', den zierlichen Palast der Omaijaden. Häuser, auf der Kostbarkeit neuntausend Jahre alter Estriche. Häuser, als in andern Erdteilen Menschen Tiere waren. Ihr Schatten ist der Bronzeschatten, und sie knieten schon in Tempeln, als die wenigsten auf Erden von Göttern wussten. Rabbath-Ammon, Hauptstadt eines Königreichs der Ammoniter (zwölfhundert bis fünfhundert). Siebenhundert Jahre lang auch der Nabatäer, ehe ein Hellene (Ptolemäus) sie Philadelphia nannte (zweihundertachtundfünfzig bis zweihundertsechsundvierig), ehe Rom (dreiundsechzig vor Christus) sie zur Dekapolis erhob, ehe Byzanz endlich seine brokatumkleideten Hände auf die Scheitel dieser Hügel legte, ehe Kalifen ritten.

Amman, Lammfell in der Wüste. Hingebreitet über Felsen, die die bitteren Tiefen eines Toten Meeres suchen. Palästina werden oder Sand.

Ein Wehen ist vom Tiberias-See durchs Jordantal, ein grünes Wehen, halbfertig nur und dornig von Akazien. Ein Wehen wie von Unsterblichkeit und ihrem Sohn, dem Frieden. Bitosphorus blüht, sein Duft mildert der Hirten Züge, wenn sie, die Spuren Marc Aurels ausschreitend, Karawanserei vergessen, Odeon, Amphitheater, und im Schatten einer Säule an der unsichtbaren Seite Mickiors und Baals rauchen und mit einer roten Scherbe vorsichtig nach Münzen graben, ohne zu ahnen, dass in ihren Händen liegt, was einst ein Kind umfing, weil es zu früh der Zeit entsagte. Hier ist der Ort, von dem die Bibel, die Genesis spricht (Samuel, Jeremias, Deuteronomium, Ezechiel, Amos); hier führt die Königsstraße von Damaskus nach Ägypten, und David schlachtete hier seine Feinde, nachdem er ihren Aquädukt zerbrochen. Und richtete er nicht Urias, den er in den Tod sandte, um dessen Frau Belsabea zu freien? Doch Ammon war stark. Es widerstand Assyrern Seite an Seite mit den Aramäern, ehe Tigliat Pileser (siebenhundertdreiunddreißig vor Christus) Sanipu, den König Ammons niederwarf, ehe Nebukadnezar die Ammoniter (Beginn des siebten vorchristlichen Jahrhunderts) nach Babylonien in das Exil verbannte und wieder Nomaden ihre Falken von den Zinnen holten, wo der Schleier Salomes geweht.

Jerash

Ein Schild aus hellem Stein wölbt sich baumlos weit und schützend über den dunklen Tiefen der Quellen von Ain-el-Qayrawan und Birkitain im Norden, wo Menschen vor achttausend Jahren ihre Werkzeuge vergaßen. Jerash, Antioca Chrysroas, am goldnen Fluss gelegen, empfängt dich nicht. Die anonyme Weite Nord-Jordaniens entlässt dich, und an einer Krümmung eines Karawanenwegs ragt ein Bogen, den man Hadrian errichtet hat. Die hellen Sandsteinblöcke werfen kurze Schatten, und man trägt auf einmal tausend Kinderblicke, eingestickt in eigne Fremdheit. Ferne Safranfluchten dämpfen Ausgelassenheit und wilde Farben und ein dumpfes Hallen mitgebrachter Trommeln. Ein feiner Säulenkranz, ein unhörbarer Reigen Joniens umtanzt das Forum, und verwirrt von Anmut flieht man ins orchestralose Amphitheater. Die Elliptik dieses leichten Platzes erinnert, dass die Mittelpunkte zwei sein können, wenn der Rahmen weit genug. Wo bin ich? War da nicht eben eine Ziegenherde, ein toter Fuchs, Feigenbäume, Erde rotbraun? Waren da nicht Kornblumen bis an den Horizont, oder waren es blaue Disteln? Schlug da nicht ein Fink? Und nun Rom. Bauten, die Trajan befahl, Hadrian und jene, deren Sehnsucht Hellas galt, wohin sie ihre Träume trugen, wenn Nächte über Herrschen siegten.

Ein Schacht, gib Acht, nein, es ist ein Mäuerchen! Dahinter, in der Tiefe – es mögen wohl zehn Meter sein –, ein Mosaik; und aus dem Universum der Gazellen, Wälder, Pfauen, fruchtbeladnen Bäume steigt mit einem Male hell und jauchzend ein unscheinbarer Vogel über mich hinweg in einen dunkelblauen Himmel.

Jerash, Gerasa: Niederlassung aus der Jungsteinzeit, der Bronzezeit, namenlos bis Kaiser kamen, dann Zehnstadt Syriens, ein Ort der Tempel, die die Beben der Jahrtausende nicht brachen. Ein Ort des Decumanums, wie es keinen zweiten gibt. Ein Ort, dessen Pracht ein Volk von Mäzenen erheischte. Provinz? Ja, Römische Provinz Arabien. Die korinthischen Kapitelle des Zeus-Tempels, an dem selbst Römer über fünfzig Jahre lang bauten, ragen noch am Ort, den Flavius Josephus nannte. Und Kirchen, deren Patriarchen den Konzilen Seleukas und Calcidias beiwohnten, waren in Tempeln wohlgeschützt, ehe Perser auf dem Hippodrom ihre Polospiele kämpften (sechshundertvierzehn nach Christus), Omaijaden und das schwere Beben (siebenhundertsechsundvierzig) an Gerasa rüttelten, ehe Kreuzfahrer die Tempel in Festungen verwandelten. Ayyubida, Mamelucken, Ottomanen, Tscherkessen, alle kamen sie, und nur das Staunen blieb über den Dreiklang, der Stein in Geist verwandelt im Angesicht der Wüste.

Jerash, deine Brunnen spendeten Wein, und Dionysos war noch nicht tot. Dein Sengen kühlte Segelleinen, deine Kirchen waren Bäder und Erleichterung, und Gewürze hüllten deine Dunkelheit in Zeiten, da die Menschen Menschen noch verehrten und Granatapfelbäume zu Recht blühten.

Wüstenschlösser

Tomar, Carcassone, Otranto, Damaskus, Akkon rissen Templer, Rosenkreuzer aus dem Schlaf, wenn sie vor diesen Festungen, in diesen Festungen verdursteten, verbrannten und verhungerten. Die Mauer Salomons, Jerusalem, das Himmelreich – was waren sie gegen einen Schluck unverseuchten kühlen Wassers! Burgunds Wälder, die Eichenhaine der Dordogne, die Majestät atlantischer Gewitter. Und hier: rötlich-braune Weite, Stürze, Schluchten, Zinnen, Hügel, sanfte Rücken – Wüste. Nichts als Wüste. Da ein Ginsterstrauch, eine Akazie, dort eine Föhre, nichts sonst. Knistern fahler Dornengebüsche und das Kollern scharfer Splitter, die ein Schlangenleib verdrängt.

Die Königsstraße zwischen Akaba und Syrien beschützt sich selbst. Ihre Karawanen, schwer von Seide, Gewürzen, Salz und Elfenbein: Opfer eines Ruderblattes, das die Schiffe lenkbar machte.

Wüste! Wüste ist der Ort, dem die Kraft zu sterben fehlt. Wüste und Güte sind unbesiegbar. Wüste, das ist die Hilflosigkeit menschlichen Ausdrucks. Wüste gibt es nur für die Verzagten; der Gläubige ertastet hier Gott. Hier ist die Sehnsucht nach ihm größer als anderswo. Und jene, die das Todestor durchschritten, das jeder durchschreitet, der sich mit der Wüste misst, bauten in sie Schlösser, deren Geviert noch heute ungebrochen und schmucklos einzig seiner Gliederung unsere Bewunderung dankt. Schutz-, Jagd-, Lustschlösser: Wer

Castel del Monte in Apulien gesehen, der weiß, dass der gotische Baumeister des Staufers die Omaijaden-Bauten des achten Jahrhunderts gesehen hat, dass er wusste, wie man Pferde rettet vor Angreifern, wo die Speicher, wo die Bäder, Mihrab und Kamine zu stehen haben. Wer nach so langen Tagen wie sie nur die Wüste kennt, nach Amra kommt, wo mitten in der Weglosigkeit, mitten im steinernen Skelett des Horizonts das Herz eines Jagdschlösschens der Omaijaden schlägt, wer die elfhundert Jahre alten Fresken, die Tänzerinnen, Handwerker, Harfenspieler, die letzte Menschendarstellung der Muslims sah, wer die zierlichen Zeichnungen der Mosaikböden gesehen, wer die unbeschreibliche Kraft und Schönheit arabischer Pferde bewundern durfte, dem wird die Erinnerung an die Ochsenkarren Karls des Großen, des Zeitgenossen Harun-al-Raschids, schwer.

Und was soll man denken in Hallabat, das auf halber Strecke zwischen Amman und Azraq liegt und schon von Römern restauriert worden war, ehe es die Fragmente des Ediktes Anastasius' barg. Ein helles Tor steht noch, nach fünfundzwanzig Jahrhunderten im Angesicht einer Festung, die vor Raubnomaden schützte.

Wo der greise blaue Himmel sich zur jungen ockerfarbenen Erde legte, entstanden die Oasen, ihr Grün. Und wo Oasen leuchten, dahin zog der Mensch und errichtete, wie hier aus dem Basalt Azraqs vor sich selbst den Schutz. Basalt, Granit, Basalt, wer wusste es? Wer wusste von den Türmen, die Arabien gebaut, als das Wort „Christ" für die Ungläubigen Lügner bedeutete. Wer erinnert sich der Hochzeit von Shoubak, dem Mont Real der Königsstraße, als die Belagerten Saladin (elfhundertneunundachtzig) zur Tafel baten und er, die Gastfreundschaft des Feindes ablehnend, nach den Räumen fragte, wo das Fest stattfinde, um sie zu schonen. Als die Stellung eingenommen, beim Gastmahl Feind und Feind beisammensaßen, da forderte des Unterlegenen unziemliche Sprache Saladin heraus, und mit einem Streich hieb dieser das Haupt des Maßlosen vom Rumpf.

Brieftauben unterbrachen auf halber Strecke zwischen Kairo und Damaskus ihren zwanzig Stunden währenden Flug, ehe sie Schicksale besiegelten.

Wüstenschlösser, zerbrechliche Blüten auf Stielen nachttiefer Zisternen; Wüstenschlösser, Huldigung des Etwas dem Nichts. Wüstenschlösser jenseits ihrer Aufgabe, jenseits ihrer Zeit, jenseits ihres Zerfalls. Knoten im Teppich der Geschichte. Hilflose Unsterblichkeit, von Stürmen umsungen. Abgelegte Armreifen der Königin Wüste.

Lass dir erzählen

Langsam stellt der Beduine den Krug auf den festen Boden des Zeltes, blickt in die schwarzen Ziegenhäute, die sich zwischen uns und den Sternen spannen, und bereitet den arabischen Kaffee, der aromatisch und fremd schmecken wird und nichts Vergleichbares kennt. Die schwarzen Zähne des jungen Mannes sieht man hier im Dunkeln nicht. Er blickt vor sich hin und beginnt: „Weißt du, wo Palästina liegt?“ Ich nicke. „Nein, hier liegt Palästina.“ Er zeigt auf einen Wandteppich, der auf vielen roten Abstufungen eine Blumenwiese von ergreifender Zartheit und Vielfalt zeigt. „Hier liegt Palästina!“ Er zeigt auf seine Brust. Eine kurze Geste, und sein Auge bleibt auf eine Blume geheftet. „Das, das bin ich! Diese Blume, Sir, bin ich. Denn dies ist Palästina.“ Müde umreißen seine Finger den Teppich. „Nun, Sir, wie vereinbart will ich erzählen, welches Land dieses war, ehe man es Jordanien nannte.“

Wie seltsam nahm sich dieser Mensch bereits im Hotel aus, wo man ihn mir als Reiseführer und Archäologen empfohlen hatte und wo er sich geweigert, sein Wissen preiszugeben. Dies sei nicht die Umgebung. So waren wir hierher gefahren, an den Wüstenrand.

„Jordanien deckt fast hunderttausend Quadratkilometer. Es besteht aus dem Rift-Tal – das sich vom Tiberiassee bis zum Golf von Akaba erstreckt, das Jordantal, das Tote Meer und Wadi-Araba einschließt –, der Hochebene und dem Gebirge und zuletzt der Wüste.

Die Hochplateaus im Norden sind Kalkgestein, während das Wadi-Rum und die südlichen Gebirge aus Sandstein bestehen. Zwei Drittel Jordaniens sind Wüste. Basalt-, Lava-, Granitwüsten. Die Menschen wohnen in diesem Land seit zweihunderttausend Jahren, aber erst vor zehntausend begann man Tiere zu zähmen, zu säen, Städte zu bauen und zu befestigen und vom Bettler der Erde zu ihrem Herrn zu werden. Beidha und Ain-Ghazal sind Städte, acht-, neuntausend Jahre alt wie Jericho, das jeder kennt. Vor sechstausend Jahren begann man hier Kupfer zu gewinnen. Die Häuser – Thuleilat, Ghassuls – aus dieser Zeit waren aus Stein und Schlamm; aber sie trugen die ältesten Fresken der Erde, und wir bewahren diese in Amman. Khirbet-Iskandar und Lisan am Ostufer des Toten Meers sind Zeugen der Nomadenstürme unserer Bronzezeit zwischen dreitausendzweihundert und zweitausendeinhundert vor eurer Zeitrechnung. Die Keramik dieser Epoche zeugt vom regen Tausch zwischen Mesopotamien, Ägypten und Syrien, Jordanien und den Ländern des Mittelmeer-Ostens. Die späte Bronzezeit füllt Täler und Ebenen, Berge und Hochebenen mit Menschen; aber die Städte werden von syrischen Nomaden überrannt. Wir sprechen vom Ende des dritten Jahrtausends vor Christus. Die Amorriter herrschen. Sumer nennt sie Martu, und erst die Hirtenkönige der Hyksos drängen die Eindringlinge zurück. Wir schreiben die mittlere Bronzezeit, neunzehn- bis fünfzehnhundert vor Christi Geburt. Sie bringt uns das Pferd, die Freundschaft mit den Phöniziern, deren Schrift. Ägypten wirft sein Licht in unser Land; das Rohe weicht. Pella-Tell-Safut, Naur, Amman bezeugen es. Das Begonnene weitet sich auf Griechenland, Zypern aus, und in der Eisenzeit (zwölfhundert bis fünfhundertfünfzig) entstehen vier Reiche: im Norden Glesditen; Ammoniten und Moabiten im Zentrum, Edomiter im Süden. Die Bibel wird von ihnen sprechen. Dareios der Erste, der Perser (fünfhundertzweiundzwanzig bis vierhundertfünfundachtzig) schlägt Jordanien seiner Satrapie Arabien zu, und Alexander, der große Grieche, legt griechisches Denken an, wie man Gärten anlegt. Der Nahe Orient ist heute noch Hüter seiner Schritte, seiner Tempel. Die Seleukiden, die hellenistischen Nachfolger Ptolemäos', beherrschten Palästina, bevor sie von den Makkabäern (hundertdrei vor Christus) abgelöst wurden. Die Nabatäer aber waren es, die den hellenistischen zu ihrem eigenen Stil umwandelten. Sie, Nomaden aus Südarabien aus dem sechsten vorchristlichen Jahrhundert, waren Fürsten der Wüste. Sie wurden die Erbauer ihrer uneinnehmbaren Stadt Petra. Sie, die Herren der Gewürz- und Aroma-Karawanen Arabiens, die Schöpfer durchscheinender Keramik, die harten Gegner Ashur-Bani-Pals (sechshundertsiebenundvierzig vor Christus, König von Assyrien), die Herren über Jordanien bis nach Damaskus. Dies geschah, eh sie bezwungen wurden; denn sie hatten an der Seite der Parther wider Rom gefochten. Es war Pompejus, der die griechischen Städte Nordost-Jordaniens, die von den Hebräern zerstört worden waren, für frei erklärte und die Dekapolis einführte, den Städtebund, zu dem Jerash, Philadelphia (Amman), Pella (Tabaqat-Fahil), Gadara (Um Qeis) zählten. Trajan unterwarf die Nabatäer einhundertsechs vor Christus, legte die Königsstraße zwischen Akaba und Damaskus an. Dies war die Zeit, da die Stämme der Tammuden ihre Erzählungen in die Wüstenfelsen zeichneten. Die Römer herrschten bis ins vierte Jahrhundert, und erst Konstantin bestellte Byzanz zur Hauptstadt des Römischen Reiches. Das Christentum erstarkte, und mannigfaltige Spuren dieses Ereignisses finden sich. Die Bauweise der Kirchen aber gibt die Basilika wieder. Nun entsteht das Mosaik, das christliche.

Im siebten Jahrhundert (sechshundertneunundzwanzig) fallen drei arabische Fürsten bei Motah, nahe Karak. Es ist der Beginn der Auseinandersetzung, die sechshundertsechsunddreißig den Untergang der Byzantiner einleitet. Den Omaijden-Kalifen folgten Abbassiden, Schlösser zum Schutz der Pilger nach Mekka und der Karawanen; Paläste, die kufische und andere Schriften entstehen. Die unvergleichliche Architektur Arabiens brachte Rabbath-bei-Ajlum unter Salam-el-Dein-al-Ayyubi (Saladin) und seinem General und Festungsbauer Izz-el-Dein hervor, um Palästina von den Kreuzfahrern zu befreien (elfhundertvierundsiebzig bis zwölfhundertdreiundsechzig). Elfhundertsiebenundachtzig siegte Saladin bei Hittin über die Christen, und Jordanien gehörte nun zum Reich der Mamelucken (zwölfhundertfünfzig bis fünfzehnhundertsechzehn), die selbst den Mongolenstürmen trotzten und erst den Ottomanen nach der Schlacht bei Marj-Dabio (fünfzehnhundertsechzehn) wichen. Nun waren es Türken, die die uralten Wege hüteten.

Nun musst du nichts mehr mitschreiben, Fremder. Der Rest ist Trauer, auf die wir stolz sind."

Leise war die Stimme geworden. Die Fingerspitzen zusammengelegt, saß mein Gegenüber im Dunkel. Eine seltsame Entfernung ging auf einmal von ihm aus.

„Sie müssen ausruhen, Sir." Er stand auf, und ich fand mich eine Stunde später wieder im Hotel. Es war drei Uhr morgens.

Welcher Zeit, welchen Jahrhunderts?

Wadi Rum

Die Königsstraße von Amman in Richtung Süden ist von schütterem Grün gerahmt. Ein von den schweren Lastkraftwagen nachts überrollter Hammel dreht aus dem zertrümmerten Genick das prachtvolle Gehörn ins Wolkenlose. Helle, fast weiße Kamele weiden scheinbar unbewacht am Wüstenrand. Mit jedem Dutzend Meilen wird die Landschaft flacher, regungsloser. Ein Splitterfeld reicht endlich weit, so weit, dass man nicht weiß, ob dort die Erde noch flieht oder schon wiederkehrt. Kein Fink, kein Ginster. Es wird immer unbegreiflicher, wie diese Wüste, deren einzige Nahrung die Zeit ist, vor tausenden von Jahren die Menschen herausforderte. Ja, wir wissen vom geologischen Dammbruch, von der folgenden Klimaänderung, von den durchziehenden Raubvölkern, den irrenden Hirten, den Beduinen, deren heutige Nachfahren Söhnessöhne jener sind, die ihre Zeichen vor tausenden von Jahren in die Felsen gruben. Vor wenigem noch suchten wir die karge Krume nach den steinernen Mälern ab, die der arabische Bauer heute noch den Dschinnen in seinem Feld errichtet; den Wüstegeistern als Ruhestatt, als Ehrfurchtsbezeugung, als Beschwörung. Und hier, hier ist ihr Reich! Hier in dieser fahlen, blau-rot-braunen Unendlichkeit sind sie zu Hause, die Dämonen des Durstes, die Fürsten der Schattenlosigkeit. Und erst wer die Lichtlosen spürte, versteht jene, die dort beten; und wo selbst die ärmste Moschee Reichtum bedeutet, da liegt noch ein Teppich nach Mekka gerichtet. Denn wehe, wer seinen Gott vergisst, hier zwischen Totem Meer und Akaba: Er kommt nie an. Neben den Gesetzen Sumers herrscht heute noch die Blutrache, und nun erst kann man die mächtigen Quadern der Festungen lesen, die der Hass so hoch aufschichtete, dass sie heute noch vom Fluche beben, der sie zeugte.

Beduinen in langen Kaftanen, meistens schwarz. Schwarze, tiefe Zelte auf leeren Stöcken. Keine Frauen. Silber, das bleibende der Metalle, überrascht nicht an ihrer Kleidung. Sie sind für sich. Sie nehmen nicht teil. Des letzten Schrittes zu ihnen bedarf es Jahrzehnte. Ereignisse gehen dir nicht entgegen. Beduinen, die Vertrauten der Sterne, der Dünen, der Tiere. Beduinen tragen die Gegenwart, wie man etwas trägt, das nützen könnte, wovon man aber nichts hält. Sie wissen nichts von der Schlinge um ihren Hals. Es schmerzt, Beduinen dort in der Wüste zu sehen, wo ihr Schritt dem Königsmantel des Todes in Jahrtausenden Wege der Entbehrung und Überwindung einstickte.

Wadi-Rum. Felskathedralen grenzen das Bett eines Urzeitstroms ein. Man weiß in der Felsspalte dort oben, wo der Feigenbaum wuchert, ein eisklares Süßwasserbecken, aus dem Lawrence trank. Man weiß von Nabatäern, von Altsteinzeit und Jungsteinzeit, von Zeichnungen. Aber man weiß nicht, wo man ist. Man ahnt nicht, warum die Berge hier so viel vom Irren wissen und vom Finden, vom Gebet. Warum man hier so aufgehoben ist, warum man vor einer Blume kniet, die blüht, die hier, inmitten einer Wüste blüht.

Zweihundert Meilen sind vergangen, seit man einen Baum gesehen. Einen Baum am Rand der Wüste; oder war es ein Engel?

Es gibt Länder des Einatmens. Es gibt Länder des Ausatmens. Es gibt Berge wie Seelen und Seelen wie Berge.

Madaba

Zu jener Zeit, als die Tiere, die Menschen, die Steine und die Pflanzen zueinander noch sprachen, lebte ein armes Mädchen allein mit seinem Vater, einem Alabasterschleifer, dem man aber auch andere schöne Steine zur Bearbeitung anvertraute. Seine Mühe vergalt man mit den Resten der Minerale, die man ihm überließ und aus denen er Schalen, Kelche, Becher und Spielbretter schuf, von deren Erlös er und seine Tochter dürftig lebten. Das Kind war blind. Jeden Tag wurde es von einem großen Vogel aufgesucht, dessen Gattung heute noch lebt. Dieser Vogel erzählte dem Mädchen von seiner Brautschau und legte bunte Steine, Knöchelchen, Splitter, Schnecken mit seinem Schnabel zurecht, und das Kind musste mit seinen Fingern darüberstreichen. Fand es eine Anordnung besonders schön, so merkte der Vogel sich diese und richtete in seinem Nest, wohin die Auserwählte kam um zu prüfen, was er vermochte, die gleiche Ordnung.

Eines Tages musste der Steinschleifer einen mächtigen Block von weit her holen. Er richtete seinem klugen Kind alles zurecht, wessen es zweier Tage lang bedürfen mochte. Doch als er schon zu weit war, um zeitgerecht heimzukehren, brach ein Unwetter los. Die einzige Tür des aus getrockneten Schlammziegeln errichteten Hüttchens war nicht verschließbar, und das Kind besaß nicht die Kraft, den schweren Stein vorzuschieben, mit dem sein Vater das Häuschen verschloss. So riss ein rasender Windstoß die Hängebretter aus ihrer Halterung, und alle Vasen und Schalen, die sich darauf befunden und die einzige Habe des ungleichen Paares gewesen, lagen zerschmettert am Boden. In dieser Nacht konnte das Kind vor Tränen nicht ruhen. Es stand in einer Ecke der Keusche, denn es hatte Angst, sich im Liegen an den scharfen Splittern zu verwunden. Endlich aber sank die Erschöpfte auf die Knie, und als sie die Augen nicht mehr offen zu halten vermochte, war es ihr, als hörte sie ein Wispern und Stimmen, die sie zu trösten suchten. „Hab keine Angst, hab keine Angst, hab keine Angst, morgen wird alles gut." Als der Morgen anbrach, erwachte erquickt das Mädchen. Doch sogleich fiel ihm das Missgeschick des Vorabends ein, und es begann mit den Tränen zu kämpfen. Aber da etwas getan werden musste, suchte es nach einem Gegenstand, mit dem es die Splitter in eine Ecke kehren konnte. Ängstlich suchte das Kind die Scherben zumindest auf einer kleinern Fläche zu sammeln, und es merkte nicht, dass längst sein Vogelfreund gekommen und vom Eingang seinem Tun folgte. Es wurde Mittag. Der Vater kam nach Hause. Das Kind klammerte sich an die hageren Knie und erzählte, was geschehen. Sanft und müde strich er über das Haar seiner Tochter. „Lass uns sehen", sagte er und trat in die Hütte. „Wunderbar, wunderbar!", rief er immer wieder aus, und sie konnte ihm nicht folgen. „Wunderbar! Ein Blütenteppich, ein Blumenmeer!" Er nahm sein Kind an die Brust. „Du sagst, du habest die Scherben in eine Ecke geschoben. Oh Gott, es ist das herrlichste Bild daraus geworden. Warum darfst du, nur du es nicht sehen? Du lehrst mich. Nun weiß ich, was zu tun ist. Du hast die Erde geschmückt, die Erde, die uns alle trägt, wo ich nur der Menschen gedacht." Von diesem Tag an schuf der Steinschleifer Bilder für das Antlitz der Erde, und sie darbten nicht mehr. Das Mosaik war entstanden, das erste Mosaik.

Das Reich der Moabiter grenzte ans Wadi-Mujib im Norden, ans Wadi-el-Hasa im Süden, die Wüste im Osten; das Wadi-Arab und das Tote Meer lagen im Westen. König Mesha, der von Dhiban aus das Hochland, das etwa dreißig Kilometer südlich des heutigen Amman liegt, regierte, schlug Israels Könige im neunten Jahrhundert vor Christi Geburt, und der berühmte Stein von Mesha berichtet davon, wie er auch von Wirtschaftsreformen und vielem anderen ausführlich spricht. Auch von Madaba, der Stadt, die in der Bibel genannt ist. Madaba wurde etwa einhundertzehn vor Christus ammonitisch. Die Römer legten auf dem Hochland, das die Stadt trägt, Kolonnaden an, Tempel und kostbare Bauten. Das Mosaik, das die Römer liebten, hier fand es, wie wohl noch selten auf der Erde, seinen Ort. Wer das unscheinbare Städtchen nach langen Oleander-, Feigen-, Mandelbaum-, Mimosenalleen, nach steilen Aufstiegen auf kahle Kuppen über sanfte Weiden, vorbei an Ölbäumen, Zypressen, Föhren erreicht und seine scheinbar so ereignislose Luft einatmet, die türkis gekleideten Frauen sieht, der kann sich schwer vorstellen, dass fast jedes dieser schlichten hellen Häuser – die überall stehen könnten, wo Armut und Ausweglosigkeit auf kurze Zeit ihren Bund schließen – Mosaike birgt, die zum schweigend gehüteten Schatz der Geschlechter seit mehr als eineinhalbtausend Jahren zählen. Es war schwer herauszufinden und noch schwerer zu glauben, vor welcher Pracht diese Menschen stumm durch all die Jahrzehnte wachten, ohne sie preiszugeben, noch sie zu zerstören. Blumenteppiche, Landschaften, Wälder, Rebhühner, Pfauen, Ziegen, Pferde, Fabeltiere, Gestalten, Vögel, Karawanen – das ganze Leben atmet in diesen steinernen Teppichen, die Rom, Byzanz, die Kalifen, die Mamelucken, Osmanen, alles überdauerten; am Leben erhalten allein von der Bewunderung des Menschen für den Menschen, und keinem Wahn, keinem Besserwissen geopfert. In der heutigen griechisch-orthodoxen Kirche bewahrt man eine Landkarte aus Mosaik, die eine verblüffende Darstellung der Region bis Jericho, die Palmenstadt, und weiter zeigt und einen aufs Jahr fünfhundertzweiundvierzig (Justinian) datierbaren Plan Jerusalems. Die Giftigkeit des Toten Meeres wird gezeigt, indem der Künstler die sich aus dem Jordan dorthin bewegenden Fische umkehren lässt. Manchenteils löschten später Ikonoklasten das Menschenbild in diesem Mosaik, in dieser Stadt, die viertausend Jahre zählt, in diesem Mosaik, das das Haus Abrahams und Zaccharias' kennt, das den Asphalt darzustellen weiß, die Stämme Israels; in dieser Stadt, die ein Mosaik aus der Zeit Herodes' des Großen (erstes Jahrhundert vor Christus) bewahrt, das Mosaik, auf dem Salome vor ihrem König tanzte in Macheront, dem Richtplatz Johannes' des Täufers.

Der Berg Nebo
Siyapha

Ich weiß nicht, ob Gott groß ist
aber wenn er größer ist als die Verzweiflung
ist er unendlich groß

Wer auf den Stufen verharrt vor der Fassade des Mailänder Doms, dem fällt bei genauerem Schauen auf dem Platz vor dem Haupteingang eine Gravur im Granitboden auf. Die Linien zeichnen den Grundriss einer frühchristlichen Basilika nach, die unter Augustin und Ambrosius nach der Verkündigung des Edikts Kaiser Konstantins entstand. Sancta Thekla war die Kirche geweiht. Ihre Reste sind heute noch besuchbar. Man steigt eine Treppe hinab, deren Eingang im Dom. Die heilige Thekla genoss Verehrung in Kleinasiens Kirche. Nur um wenige Jahrzehnte jünger ist der Bericht der Pilgerin Eteria, die uns dreihundertvierundneunzig in die Basilika des Berges Nebo führt.

Auf einem tausend Meter hohen Felsdach, auf das dich durch weit, weit ansteigende Täler mit ihren Granatäpfelalleen und Oleanderschleppen das Wiehern arabischer Pferde begleitet, bricht die Landschaft plötzlich ab. Unendlichkeit ergänzt die Erwartung. Ein richtungsloses Wehen zaust am wilden Hafer. Disteln überlassen dem Licht ihren Samen, und Zypressen begleiten das Stürzen der Felsen am Rand des Gelobten Landes. Nebo, hier starb Moses; sein Grabmal ist ein Berg.

Die Mosaike im Innern der Basilika, die Kloster war und wieder wurde, scheinen in ihrer Sonnenhaftigkeit Weizenfelder, Wälder, Weinberge. Nichts weiß von einer Flucht aus Ägypten, nichts vom Roten Meer, nichts von Aarons Streit mit Ramses dem Zweiten. Das

Licht hier weiß nichts mehr vom Flackern. Der Berg, der Moses schirmt, liegt ruhig und klar. Vorbei des Schilfkörbchens Geschaukel auf dem Nil, vorbei das Wanken eines Volkes, vorbei das Irren durch die Wüste, vierzig Jahre Zweifel, vierzig Jahre Not, vierzig Jahre Rettung. Hier, von wo man an Kristall-Tagen Jericho erschaut, hier überm Toten Meer, hier, wo Thymian, Wacholder, Schierling einander auf dem Weg zum Jordan suchen, hier, wo fremde Finken schlagen und ein Falkenpaar an der Hand des Abends kreist, hier schlossen sich die Augen Moses', und manche suchen heute noch nach seinem Grabmal; so, als läge hier nicht der, der im Zorn die Tafeln brach, die ein Gott gegeben.

Stätte Nebo. Dreitausend Jahre. Dreitausend Jahre! Tief im Tal spielen Kinder.

Petra

Im Süden, dort, wo das Leben schmallippig wird, liegt Petra; dort, wo das Gesetz von seiner Überschreitung lebt. Petra kennt keine Feigenbäume noch Sonnenblumen, keine Weinberge, noch Meer, noch Fische. Petra vergaß Flüsse und Krebse. Im Licht der Leuchtkäfer reift kein Korn. Hier sterben weder Ulmen noch Föhren. Kein Dorfidiot kann hier überleben. Petra, Reqem, Selà – es besaß viele Namen, aber alle bedeuteten Stein. Stein wie getrocknetes Blut. Petra erreicht man durch einen Riss im Felsen, durch eine Schlucht namens Sig. Länger als fünfhundert Jahre verschwiegen die Beduinen Petra der Welt. Dies geschah zwischen zwölfhundertsechsundsiebzig und achtzehnhundertzwölf.

Auch das Gestein kennt Fürsten und Knechte. Wer sich von den Hochebenen durch die Amethyst-Abstürze dorthin begibt, wo Jacob Burckhardt Petra suchte, der erkennt jenseits der Schleifen mächtiger Adler die heiligen Massive, auf deren einem man Aaron, den Bruder Moses', begrub. Der Fels, daraus Moses die Quelle schlug, lebt und spendet kaltes, klares Trinkwasser. Ringsum Wüsten.

Es sind Planeten der Freude, es sind Planeten des Schmerzes, aber es gibt auch solche des Innehaltens. Hier fand etwas Großes statt, und die Erde riss entzwei. Ein harter Tadel traf sie und machte die Scholle heben und schlug den Jordangraben. Hier flossen Meere ab und sanken Wälder hin, und ein Straucheln war, als strauchelte die Sonne, und das Liebende ging der Lieblosigkeit entgegen, aber diese siegte. Und hier, wo man den Sternen folgt wie nur an wenigen Orten der Welt, hier entstand die Unschuld der Unfruchtbarkeit. Die Erde vergaß, wes der Mensch bedarf. Die Erde vergaß den Menschen und wandte sich ihren großen Schwestern tief, tief im Raume zu. Seither wartet die Erde hier auf Erlösung; denn es ist nicht ihre Bestimmung sich zu verweigern, sondern zu dienen, wie alles.

Warum zerfallen in manchen Ländern die Felsen zu baugerechten Steinen? Warum Felsen zu Ländern? Warum sind die edelsten Rinder weiß? Warum gibt es Königsstraßen und Sklavenpfade? Warum türmt der Wind hier Berge und trägt sie dort ab? Warum baut sich der Sturm Häuser aus dem Palisanderholz der Sterne wie in Petra? Warum ist der Menschen Schweiß im Frühjahr so salzig, warum der Schlangenbiss giftiger, wenn alles erwacht? Warum liegt der steinerne Mantel der Wüste auf den Schultern begrabener Brunnen, die in der Tiefe mit Akaziensamen und Mandeln, Kiefern und Pappeln, Eichen und Rosen, Erlen und Weiden, Pfirsich und Kirschen, Jasmin und Ahorn Zwiesprache halten? Warum ist hier Mozart undenkbar und Selbstmord?

Petra, auf der halben Strecke zwischen Totem Meer und dem Golf von Akaba. Petra, westlich des Tales Moses'. Auf weißgrauen Felsschilden stehen kleine, kräftige Pferde, die anstelle des Eisens Leichtmetallsohlen auf den Hufen tragen, um dem scharfen Kalkgeröll zu widerstehen. Auf ihnen durcheilen die Beduinen die mäßige Weite des Sonnentals, ehe eine Wegkrümmung zwischen steilen, hohen Felswänden den Nahenden auffängt und er auf den Stirnen der Felsen die Nischen wahrnimmt, in denen Nabatea-Dusharra, die Göttin des Ortes, wacht. Hie und da ein Busch, eine monumentale Grabwölbung, dann wieder Stille, in die das Licht nur mittags fällt. Man reitet sorgfältig, um nicht an die Felsen zu stoßen, die schon in der Altsteinzeit Zuflucht und Ort waren, wie Beidha im Norden. Um-el-Bijarah war zur Zeit Homers eine der großen Städte des Edomiterreiches. Die Nabatäer aber kamen aus den arabischen Wüsten etwa zur Zeit Solons. Sie widerstanden dem hellenistischen Feldherrn Antigonos (dreihundertzwölf vor Christus), nicht aber dem Hellenismus. Die Lerche aller Städte, das rosafarbene Petra ist, womit sich die Nabatäer in die großen ästhetischen Ereignisse der Menschen eintrugen. Petra ist ihr Werk, die Hauptstadt ihres Reiches, das vom vierten Jahrhundert vor bis einhundertsechs nach Christi Geburt währte. Es war das große Ziel der Karawanen, die auf dem Landweg Seide aus China, Gewürze aus Indien, Duftstoffe aus Arabien brachten, als die Schifffahrt untauglich war, weil die Schiffe Diener der Meere und der Winde, nicht aber der Menschen waren. Rotfigurige, dünnschalige Keramikscherben liegen noch heute aus dieser Zeit an verborgenen Plätzen. Petra war von zwei Männern verteidigbar. Hoch im Felsen zieht sich die gemeißelte Trinkwasserführung meilenweit die Wölbungen hin, unangreifbar, unvergiftbar heute noch. Eine Stadt von Königen für Könige, erbaut aus dem Stein des Sonnenaufgangs. Eine Stadt, die ein Römer zerbrach, als er den Güterstrom, der sie ernährte, umleitete und zwischen Rotem Meer und Nil die Brücke zum Mittelmeer schuf, die sein Reich versorgte (Augustus, fünfundzwanzig vor Christus). Petra war müde, verblüht, als Trajan das syrische Bosra zur Hauptstadt der Provinz Arabien erhob.

Das feine Schlagen der Hufe hallt zwischen den vom aufwirbelnden Sand hoch überstäubten Felsen. Ein gewaltiges Lichtspiel ist die

Schlucht, die jäh endend in ein sonnenüberflutetes Rund übergeht, das von einer vierzig Meter hohen Tempelfront abgeschlossen wird. Sie wurde aus dem Berg gehauen und steht keinem Bauwerk Borrominis nach. Dies ist nur das erste von hunderten Mausoleen, die in die Wände des sich weitenden Tals im Lauf des endenden Seleukiden- und beginnenden Römerreichs gemeißelt wurden, um den Toten Triklinium, Opferstätte und Heiligtum zu sein. Die Künstler hinterließen ihre Namen, und wer die späten Theater und Fora durchmisst, dessen bemächtigt sich ein seltsames Gefühl, wenn er wieder einen dieser viereckigen Schattensäle der Toten aufsucht und dort die goldene Spreu durch seine Finger rieseln lässt, Rückbleibsel einer Nomadenrast, vielleicht eine Geburt lang. Thymian wächst hier, und die schlanken, zaumlosen Pferde wissen es. Agape! Wann war das ein letztes Mal? In welchem Teil der Totenstadt, deren Wände der Wüstenwind bloßlegte, sodass sie uns Edelhölzer eher scheinen als Fels. Mangan, Eisen, Ocker, Kupferoxyd, Schwefel durchschweifen das Gestein und legen Maserungen frei, in denen man sich in einem Edelholzschrein wähnt oder in einem Krönungssaal der Gebirge. Ein Steg führt aus diesem Tal hinauf über tausend steinerne Stufen auf die Hochfläche, die ein noch gewaltigerer Grabtempel beherrscht; und man schweigt vor dem Anblick, den Menschenkraft schuf. Hier steht der Fels, den man die Mutter des Wassers nannte, hier das Isis geweihte Grab, hier der Tolos, den die Kirche Byzanz' in ein Gefängnis wandelte, eh er von einem Granatapfelhain verborgen wurde. Hier wuchs das Holz, das Wasser aus dem Felsen schlug, und Wacholder-Karawanen ziehen bergauf dem Himmel zu, und mit ihnen die Vogellieder. Ein steinernes Dach spart behauene Gipfel aus, Hirten tragen schwarze Lämmer. Vom fernen Gipfel schimmert es hell. Aarons Grab. Man steht hoch heroben und denkt an die römischen Bäder im Tal, dann setzt man sich in das Scherbenfeld des Gesteins, das Meißel und Hammer von einem Berg zurückließen, den sie Tempel wollten, und man denkt an Bethlehem und an Qumran, an Jericho und Isaia, an die Kalifen, die weißen Pferde, die Kunst der Verstellung und das Unverrückbare. Man denkt an das Rote Meer und sieht auf einmal in den Menschen Korallenbäume und in ihren Adern Äste des Blutes. Man sieht sich, jenseits von Eile und Gewinn, hier zwischen Felsen gehen wie auf dem Grund des Meeres Ewigkeit.

Man weiß sich auf einmal Gast des Gastes in uns.

Brot und Schrift

Syrien

Weit, weit jenseits der Zeit, irrte Dionysos von Hera mit Wahnsinn geschlagen, weil er die Rebe entdeckt, durch das helle Syrien.

Paleo-Syrien

Aus Latamne sind uns Steinwerkzeuge, aber auch Überreste ausgestorbener Elefanten, Nashörner, Wisente, Hirsche und so weiter bekannt, die sich auf etwa fünfhunderttausend Jahre zurückdatieren lassen. Grotten gaben Menschenreste frei, die zwischen hundertfünfzig- und neunzigtausend Jahre alt sind. Die mittlere Steinzeit hinterließ Gegenstände in der Nähe von Quellen, Felsen oder offenen Plätzen, und zwischen vierzigtausend und zwanzigtausend tritt der Homo sapiens auf und entwickelt sich zum Jäger und Sammler, dessen Werkzeuge uns von seiner Fähigkeit beredtes Zeugnis ablegen.

Muraybat im Tal des Euphrat kennt Rundsiedlungen, die halb in die Erde versenkt und mit Ästen bedeckt waren und den Menschen zwischen zehntausendfünfhundert und achttausendachthundert vor Christi Geburt Schutz boten. Aus diesen tausendachthundert Siedlungsjahren stammen auch die Tonfigürchen. Man kannte zwar kein Gefäß, übte aber den ersten Ackerbau und Viehzucht.

Die Revolution der Steinzeit ereignete sich um siebentausend vor Christus, und nicht nur Anatolischer Obsidian, Taurischer Serpentin, Türkis aus dem Sinai begannen den Mittelmeerraum zu erobern, sondern auch die Mutter Göttin. Wenige Jahrhunderte später entstand die bemalte Keramik im Tell Halaf, und den Dörfern liest man ab, dass sie bereits Warenumschlag beherrschten. Metall begann zu kursieren. Und gleichzeitig mit Uruk scheint in Habuba Kabira am Euphrat die erste Bilderschrift auf. Große Reiche entstehn. Der Mensch lernt die Bewässerung: Er lernt Wasser zu speichern und entgeht zum ersten Mal der Dürre.

Kanäle und Deiche erlauben verdoppelte Ernte, und dieser erste Reichtum wird aus Palästen verwaltet. Die Lehmdörfer machen Städten Platz. Die Kontrolle der Güter ist am Ursprung der beginnenden Aufzeichnungen. Die Schrift entsteht. Aus Uruk kennen wir Rollsiegel, und Sumerer beeinflussen vom Iran bis zum Mittelmeer die Welt des ausgehenden dritten Jahrhunderts. In Syrien ist es Mari, das seine Blüte erreicht. Es ist jenes Mari, das von der zehnten Dynastie nach der Sintflut zweitausendsechshundert Jahre vor unserer Zeitrechnung gegründet worden war.

Im Norden Syriens entstehen das Reich von Yamhad und seine Hauptstadt Aleppo, die den Hethitern (fünfzehnhundertneunzig vor Christus) zum Opfer fiel. Indoeuropäer drangen ein, kleine aramäische Reiche entstanden: Aramäisch wurde Kultursprache, bis Assyrer das Land verwüsteten (siebenhundertfünfundvierzig vor Christus) und erst in Nabucodonosor (sechshundertfünf bis fünfhundertzweiundsechzig), einem Aramäer, ihren Bezwinger fanden. Perser herrschten zweihundert Jahre, bis Alexander der Große sie besiegte. Diadochen, Römer, Byzantiner, wieder Perser und endlich Araber folgten und rangen um die Landwege zwischen dem Mittelmeer und Zentralasien, zwischen Ägypten und Anatolien, Persien und dem Kaspischen und Schwarzen Meer.

Syrien – Gegenwart

Mir fällt keine Epoche ein, die mehr Grund zur Dankbarkeit für das Errungene besessen hätte – mit der Möglichkeit, dieses zur Erleichterung der Existenz alles Lebenden und Unbelebten einzusetzen – als unsere, keine hat jedoch von Privilegien solcher Art weniger Gebrauch gemacht. Undankbarkeit aller allem gegenüber zieht sich durch das westliche Denken. Und wo Gleichmut, Gelassenheit, Großmut angebracht wären, stößt man auf Verbissenheit, Besserwisserei, Gehässigkeit, Neid und Kleinmut. Wir bedenken ganze Völker mit unseren Vorurteilen und verfügen mit einer geistigen Trägheit ohnegleichen über das Leben von Hunderttausenden, von unschuldigen Katastrophenopfern, rennen aber selber bei dem geringsten Anlass zur Apotheke und versorgen unsere Unpässlichkeit mit peinlicher Aufmerksamkeit. Schäbigkeit und Missgunst hetzen so genannte Weltanschauungen aufeinander, wobei die angeschaute Welt selten die Größe eines Schrebergartens überschreitet. Der Unfähigkeit, objektiv zu sein, wahrhaftig und bescheiden, stülpt man pseudowissenschaftliche Rechtfertigungen über, und die Legion jener lächerlichen, gleichzeitig aber gefährlichen Geister wächst, die sich glaubhaft zu machen suchen, indem sie ihre Verlogenheit vervielfältigt als Wirklichkeit in eine Welt setzen, die sich zwar vor Widerwillen krümmt, der Qualität der Lüge aber, ebenso wie ihrer Dreistigkeit, wehrlos gegenübersteht.

Andere Schemata gehorchen der längst überalterten Rechts-Links-Formel, in die man alles kleidet, was man unter Humanität und Antihumanität zu verstehen glaubt. Aber aus diesem Kain-und-Abel-Syndrom wird kein Weg führen, solang nicht auch bei uns jene Lehre Fuß fasst, die alles auf eine gnädigere Wiedergeburt verschiebt und somit jeder Neidideologie im Mäntelchen der erstrebten höheren Gerechtigkeit das Fundament entzieht. Zu erwarten ist eine solche Entwicklung freilich nicht. Wieder andere Gemeinplätze sind: der Faschismus und sein Gegenteil, wobei auch gröbste Geschichtskenntnisse allzu oft fehlen. So verlegte ein darauf angesprochener Skinhead in Springerstiefeln und von gleich gesonnenen Pseudonazis umringt kürzlich in Liechtenstein das Ende des Zweiten Weltkriegs auf achtzehnhundertachtundvierzig; die exakteste Schätzung seiner Kumpane hielt bei neunzehnhundertvierundvierzig.

Im Zuge solcher Überlegungen reizt es Länder aufzusuchen, die unter einer Lawine von Vorurteilen liegen, um vor Ort festzustellen, wie wenig oder wie viel sich die Welt über deren Gesellschaftszustand im Klaren ist und wie viel sie sich aus welchen Gründen immer vorlügt.

Ein Musterstaat unter diesen Vorzeichen ist Syrien. Dreißig Jahre unter der Fuchtel des ehemaligen Luftwaffenoffiziers Assad, der stets verschmähte, eine Präsidentenresidenz zu beziehen, und in seinem dreistöckigen Etagenhaus in Damaskus blieb. Auch nach dem Putsch ist Syrien das Land, in dem der Analphabetismus ein Prozent der Bevölkerung angeblich nicht überschreitet. In Italien klagte der Unterrichtsminister am Beginn des Jahres zweitausendeins über eine dreißigprozentige Analphabetenzahl der Bevölkerung, wobei er zu dieser Kategorie alle zählt, die große Mühe haben, eine einzige Buchseite zu lesen.

Die Menschen, denen man auf Syriens Straßen begegnet, machen keinen finsteren oder unterdrückten Eindruck. Tief Verschleierte trifft man nur in Großstädten und auch dort nicht häufig an. Kinder besuchen die sechs Jahre dauernde Volksschule und hernach drei Jahre Mittelschule, ehe sie – je nach Andrang und Geburtraten – über einen Numerus clausus an die wählerischen höheren Lehranstalten und Universitäten herankommen, von denen wiederum die medizinische Fakultät die angesehenste ist, gefolgt vom Polytechnikum, wo Ingenieure ausgebildet werden. Volksschüler tragen Uniformen, womit wie im Fernen Osten das Sozialgefälle aufgefangen und ausgeglichen wird. Studium und Schulmittel bezahlt der Staat. Auch hier wieder ein Vergleich mit Italien, wo pro Kind und Schuljahr etwa fünfhundert Euro oder Dollar allein für Schulmittel aufzuwenden sind.

Als ich mich in Damaskus resigniert nach einem vergessenen Gepäckstück erkundigte, versicherte man lächelnd: Diebstahl sei selten. Nachts Frauen beim Bummel anzutreffen, ist nicht ungewöhnlich, und wenn man sieht, mit welcher Aufmerksamkeit sie ihre Gespräche führen, weiß man, dass sie nicht damit rechnen, von irgendwem behelligt zu werden. Ob Aleppo oder Damaskus, man fühlt sich auch ohne Polizei bei Nacht sicher. Einblick in den Besitzstand und dessen Verteilung eröffnet zum Beispiel der Blick auf den uralten Autopark. Autos sind sehr teuer. Nicht wenige dieser rührend gepflegten Vehikel sind dreißig, vierzig, ja fünfzig Lenze alt; sie stammen aus den USA, aus Frankreich, Deutschland, Italien und geben einen tiefen Einblick in die hohe Kunst einheimischer Schmiede und Mechaniker, die in direkter Nachfolge jener syrischen Künstler zu stehen scheinen, denen wir die legendären Damaszenerklingen zuschreiben. Nirgendwo, außer vielleicht in Kuba, sieht man ähnliche Autos. Stabilität und Berechenbarkeit schien sich Hafiz Al-Assad auf die Fahne geheftet zu haben, als er sein Amt antrat. Die Zerstörung des Herzens von Hama, der Stadt des islamischen Fundamentalismus Syriens schlechthin, gehört genauso in dieses Programm wie der Aufbau eines gefürchteten Geheimdienstes, dem der Stasi Pate stand. Nichts gibt ein genaueres Bild vom Wirtschaftsverständnis einer Militärdiktatur als das Symbol Auto, und der Alawit Assad – Emporkömmling einer schiitischen Sekte, zu der etwa fünfzehn Prozent der Bevölkerung zählen – vermochte es ebenso wenig zu ändern wie einst die Sowjetunion oder Ostdeutschland. Trabi, Wolga und Zensur gehören zusammen und erst seit kurzem ist Internet in Syrien zugänglich. Syrien ist ein Schwellenland. Unverzichtbar bleibt ihm der Hass auf Israel, solang dieser zur Ablenkung reformunwilliger Herrscher vom eigentlichen Problem der Bevölkerung als Instrument einsetzbar ist.

Das Durchschnittseinkommen des Syrers liegt bei zweihundert Dollar im Monat. Zu wenig, um den angestrebten Lebensstandard zu erreichen. Immer mehr Frauen gehen, obwohl verheiratet, einem Beruf nach. Väter, die stolz auf zehn Kinder sind, werden immer seltener, auch wenn rund die Hälfte der mehr als dreizehn Millionen Syrer, die sich das einhundertfünfundachtzigtausendeinhundertachtzig Quadratkilometer große Land teilen, weniger als fünfzehn Jahre alt sind. Auf den unzähligen, halbfertigen Häusern, die – neu gebaut – das Land von der Türkei bis Jordanien überziehen, wippen die Parabolantennen, die den Empfang der vierzig arabischen Sender neben den europäischen und CNN erlauben. Die Menschen kleiden sich einfach, aber ein Vergleich mit dem Jugoslawien der sechziger Jahre greift daneben, weil Syrien teilweise erstaunlichen Luxus kennt und eine Schicht sehr Begüteter; gleichzeitig fehlen die leeren Regale der ehemaligen kommunistischen Läden. Alles was der Westen zu bieten hat, kann auch hier gekauft werden. Nirgends tönt Einpeitschmusik. Man sieht wenig Polizei und wenig Militär. Allein das Bild des Präsidenten prangt auch an den unmöglichsten Orten neben jenem seines verunglückten Sohnes und jenem Sprössling, der als Nachfolger aufzubauen war, obgleich er die vorgeschriebenen vierzig Lebensjahre noch nicht erreicht hatte. Die Einheitspartei Baath stimmt zu – und das Parlament, das sie sich hält, ebenfalls.

Syrien bereisen ist die Welt bereisen, heißt es. Wahr ist, dass sich an wenigen Ländern die ungeheure Verengung unseres modernen Blickwinkels besser nachweisen lässt. Wer heute ein Urteil über Syrien einholt, hat entweder eine archäologische Fachaussage zu gewärtigen oder ideologische Vorurteile, die tendenziös und flüchtig an der Wirklichkeit jene Knoten ertasten, die zur Erhärtung des Vorgefassten dienlich. Dieser Erdstrich ist seit einer halben Million Jahren von Menschen bewohnt, aber das Bewusstsein dieser Tatsache geht in der herrschenden Gleichgültigkeit und Oberflächlichkeit verloren. Syrien, Schnittfläche zwischen Orient und Okzident. Den Statistiken ist es durch sein Bruttosozialprodukt ein Begriff, wobei von der Volksmentalität völlig abweichende Schlüsse gezogen werden. Sportler erinnern sich vielleicht an die einzige Medaille, die das Land je bei olympischen Spielen, und zwar im Pentathlon, gewann. Damit erschöpft sich das meiste Wissen, lässt man jenes spezifische der Spionage und ihrer Militärexperten außer Acht. Eine, wie mir schien, an westlichen Maßstäben messbare Bewegungsfreiheit innerhalb des Landes ist möglich. Gespräche führen, wo und mit wem man will, wenn man nur den Präsidenten nicht angreift, kann dazu beitragen, diese dürftigen Kenntnisse seitens des Besuchers zu erweitern, zumal man den Zeugnissen zwanzig einander ablösenden Kulturen und ihren Epochen gegenübersteht, die, sich überlagernd und schichtend, Syrien prägten.

Es war am Euphrat, wo zum ersten Mal aus den nur hier in Mesopotamien gemeinsam vorkommenden Grundgetreidearten (Weizen, Roggen, Hafer, Gerste, Hirse) der gezielte Ackerbau vor etwa zehntausend Jahren entstand und aus den Jägern und Sammlern Sesshafte wurden, wenngleich jüngste Funde in Tschechien dauerhafte Jägersiedlungen schon vor vierundzwanzigtausend Jahren belegen. Hier, wie in China, goss man die ersten Legierungen, schmolz Metall, schuf die ersten einfachen Töpferwaren und deren Verzierung. Welcher inneren, zutiefst menschlichen Notwendigkeit entspringt das Bedürfnis nach Schönheit? Wonach sehnte sich der erste Künstler, der vor dreißigtausend Jahren in Südsibirien das Pferdeköpfchen aus Bein schnitzte, das man heute im anthropologischen Museum an der Dordogne aufbewahrt? Kunst, die Herausforderung des Geistes, einem Gesetz zu folgen, das im Menschen dort angelegt ist, wohin er keinen Zugang hat und das alle unsere Mal- und Bildhauer-Akademien zu Unterhaltsstätten von Lehrern, die das Eigentliche nicht lehren können, herabstufen. Das erste Alphabet stammt aus Syrien, und die älteste bekannte Melodie der Welt ebenfalls.

Seit dem vierten vorchristlichen Jahrtausend bevölkern Araber, also Semiten, neben Sumerern das Land und mischten ihr Wissen mit jenem durchziehender oder verweilender Stämme und Kriegsherren wie der Akkader, Ammoniter, Phönizier, Kanaaniter, Assyrer, Ägypter, Perser, Griechen, Römer, Byzantiner und Kreuzritter. Dynastien des frühen Islam, der Omaijaden, Abbassiden, Tolomiden, Ikhsiden, Hamadanen, Fatimiden, Seldschuken, Ayyubiden, Mamelucken und Ottomanen hatten hier ihre Residenzen und führten von hier die arabische, das heißt, die damals zivilisierte Welt.

Bosra

Fährt man von Damaskus durch das steinige Grün der Hügelwellen etwas weniger als zweihundert Kilometer dem Süden, Jordanien, entgegen, so trifft man knapp vor der Grenze auf den Basalt-Ort Bosra. Die Landschaft ist die des Djebel-Druso, heute Djebel-al-Arab, eines vulkanischen Bergmassivs, das über eintausendsiebenhundert Meter aufragt und in den Hawrah, die bis an den Golan reichende weite Ebene, ausläuft. In dieser von Bächen und Flüssen durchnervten Landschaft wuchsen seit je neben der Rebe Obst und Getreide. Den Römern war es eine Kornkammer, aus der Philipp der Araber stammt, der Syrer, der Kaiser Roms wurde und in Hauran mit Shahba gewaltige aufwändige Bauten hinterließ.

Den Ankommenden empfängt ein staubiger, von wenig Ginster, ein paar Föhren und Robinien umstandener Parkplatz, zu dessen Linken eine Art Festung aus schwarzem Stein ragt. Nur mit Mühe dringt man tiefer in die basaltne Trümmerwüste zwischen Decumanus maximus und Cardus zwischen strebenden korinthischen Resten und Baufälligkeiten, in denen es sich Heutige zurechtgerichtet haben. Dies also ist der Ort, von dem Thutmosis der Dritte spricht und der in den Tafeln von Tell-al-Amarna (tausenddreihundertvierunddreißig vor Christus) erwähnt wird, das biblische Bosra, die nördliche Hauptstadt der Nabathäer. Hier verlief die breite Straße Roms, die ab dem Jahr einhundertsechs die Provinz Arabien durchzog. Welch ein Weg von einer Karawanserei zwischen Mittelmeer und Wüste, ehe sie von Gunstbezeigungen Septimius Severus' und Philipps des Arabers emporgetragen, ehe sie zum Bischofssitz frühen Christentums und zur ersten Stadt Syriens wurde, die zum Islam übertrat und den Kreuzrittern mit eben jener Festung, die wir bei unserer Ankunft gesehen, ein unüberwindliches Hindernis auf den Weg legte. Es war Dschingis Khan, der Mongolenfürst, der im dreizehnten Jahrhundert auch dieses Blühen auf seinem apokalyptischen Ritt zwischen Peking und Paris zertrat.

Die Restaurierung Bosras hat bis heute vierzehn der bedeutendsten Zeugnisse einer Stadtanlage freigelegt und, soweit sinnvoll, wieder aufgerichtet, davon ist das überwältigendste das römische Theater, das für fünfzehntausend Zuschauer gebaut worden war und dennoch in zehn Minuten leer stand, wenn die Aufführung zu Ende ging. Der Bau ist von einer Zitadelle eingeschlossen, einer Festung aus dem elften bis dreizehnten Jahrhundert, also der Zeit Saladins, und lässt von keinem Gesichtspunkt her auf ein Amphitheater schließen. Zwölf viereckige Türme, massive Mauern, gotische Gänge, verwinkelte Einlässe schirmen die Unterhaltungsstätte, und niemand ahnt, dass sich in ihrem Kern eine fünfundvierzig Meter lange und achteinhalb Meter tiefe Bühne verbirgt, die von einer hervorragend erhaltenen dreifachen korinthischen Säulenordnung überragt wird. Die Sitzreihen überspannte man in der Antike mit Seidentüchern, unter denen ein durchdachtes Belüftungssystem den Zuschauerraum mit parfümierter Frischluft versah.

Weitere Ausgrabungen legten im Norden der Zitadelle die römische Pforte des Windes, den Triumphbogen, die Laternenpforte, Thermen, das Nymphäum und seine fünfzehn Meter hohe Basaltsäulen frei. Das einzige Überbleibsel nabatäischer Baukunst bleibt eine Säule nahe der noch heute gefüllten Zisterne, der Wiege Bosras, deren Becken einhundertfünfundfünfzig Meter in der Länge und hundertzweiundzwanzig Meter in der Breite misst und acht Meter tief ist. Das Flüsschen Zidi speist den von Süßwasseralgen übergrünten Wasserhaushalt und erlaubt Schlüsse auf den Brunnenreichtum dieser Oase.

Etwas weiter trifft man auf die großartigen Reste einer frühchristlichen Kirche, die den Heiligen Sergius Bacco und Leonzio geweiht war und ein architektonischer Vorläufer der ravennatischen und byzantinischen Kathedralen scheint. Hier in der Basilika von Bahira, die aus dem vierten Jahrhundert rührt, warnte ein christlicher Einsiedler den Knaben Mohammed davor weiterzuziehen, weil er damit sein Leben in Gefahr brächte, da die Juden niemals einen Propheten geduldet hätten, der nicht aus ihren Reihen stammte.

Der Islam erkennt in der Umari Moschee, die in der ersten Hälfte des achten Jahrhunderts erbaut wurde, sein ältestes Andachtshaus in Syrien und in al-Mibrak den Ort, wo Mohammed gebetet hat und der erste syrische Koran verwahrt wird.

Aus der vorchristlichen Zeit stammt Kalybe, das Heiligtum, das von einer Kuppel gekrönt ist und einen unterirdischen Raum besitzt, in dem die Gottheit durch das Orakel sprach. Diese Stätten erhielten sich bis ins dritte Jahrhundert unserer Zeitrechnung. Aus dem ersten Jahrhundert hingegen stammt die „Wiege der Königstochter“, deren fein gearbeitete Steinfragmente – Architrave und Säulen – heute noch mit Staunen erfüllen und jenen hohen edlen Bau verraten, in den ein König seine Tochter geschlossen, um diese der Weissagung zu entziehen, die ihr gewaltsames Ende prophezeit hatte. Umsonst, denn in einem Früchtekorb, den man der Prinzessin reichte, verbarg sich der Skorpion, der ihrem Leben ein Ende setzte. In Kizkalesi – Schloss der Jungfrau – im Osten von Antalya an der Anatolischen Küste steht ein armenischer Bau aus dem zwölften Jahrhundert, von dem eine fast gleich lautende Legende erzählt wird.

Wir verlassen Bosra und schließen auf der Rückfahrt durch das vulkanische Basaltgestein die südlichste Stadt Syriens, Suwayda – von den Nabatäern wurde sie „die kleine Schwarze“ genannt – in unsere Reise ein. Die Ausgrabungen scheinen eher unbeholfen. Das Gerettete verstaubt im Museum ebenso wie die lebhaften hellenistischen Mosaike, die zu den schönsten zählen, die man im nahöstlichen Raum zu sehen bekommt. Sie stehen jenen libyschen im Museum von Tripolis nicht viel nach, was Farbabstimmung und Ausdruck der Heroen anbetrifft, die man darstellte.

Wieder findet sich dieses Staunen ein, das uns immer dort ergreift, wo wir allein zu sein glauben und uns auf einmal von unsichtbaren Zeugen, von einem Heer Gewesener beobachtet wissen, die ihre Spuren rund um das Mittelmeer und noch weiter hinterließen und in den Cives des römischen Weltreiches ihre letzten überzeugenden Vertreter hatten. Ob Sizilien oder Cagliari, ob siebenhundert Kilometer landeinwärts in der libyschen Sahara oder in Trier, ob in Jerusalem oder Paris, überall weist uns ein unsichtbarer Finger auf eine Kultur hin, die ein noch viel älteres Erbe aufgefangen und verarbeitet und dabei einen unverwechselbaren Weg eingeschlagen hatte. Römische Schriftzüge, römische Mosaike – oder waren es Griechen, die das Feinere zeichneten –, römische Spuren, die oft zu neu wirken, weil sie auf viel Älterem fußen und für uns Heutige doch geradezu Gemeinsamkeit ist, wo auch immer wir ihnen begegnen.

Vier korinthische Säulen eines Tempels, geweiht dem Nabathäergott Dushara, ein Bogen einer kleinen Basilika und das hellenistische Grab von Amrath überdauerten die Jahrhunderte.

Wir treten aus dem Museum und begegnen Drusen, jenen zurückhaltenden Männern und Frauen, die außer einer weißen Kopfbedeckung nur Schwarz tragen und niemals über Religion sprechen. Man sieht sie als eine Sekte an, die ihrer Wege geht inmitten der Sunniten, denen fünfundsiebzig von hundert Muslims angehören. Sie leben – umbrandet von Nestorianern, syro-orthodoxen, armenisch-orthodoxen, griechisch-orthodoxen Christen, Katholiken, Juden – inmitten der Nomaden, die keine Schule besuchen, Schafe und Kamele züchten: Nomaden, die Aristokraten der Wüste, die diese niemals verlassen. Sie leben inmitten der Zigeuner, die sich von Gelegenheitsarbeiten ernähren, von Baumwoll- und Obsternte. Die Nomadenstämme der Anazehe und Shammar überschritten früher ungestörter als heute die Grenzen nach Irak, Israel, Anatolien, den Libanon. Sie kümmerten sich nicht um hundertfünfundachtzigtausend Quadratkilometer Syrien und zogen dem Grün ihrer Weiden nach, mit ihren wollschweren, gewaltigen Widdern.

Wer vom Süden in Richtung Damaskus eine der gut asphaltierten Straßen benutzt, die dreißigtausend Kilometer des Landes durchmessen, kann sich kaum mit dem Gedanken anfreunden, dass nur eine Tagesreise von hier im Osten die erbarmungslose Wüste mit ihren Phosphatvorkommen liegt, während im Norden Baumwolle, Mandelbäume, Zuckerrüben, Hirse, Mais, Weizen, Zwiebel, Tomaten, Bohnen, Kichererbsen, Kartoffeln, Linsen angebaut werden. Die Agrarfläche bedeckt etwa sechsundzwanzig Prozent der Ausdehnung Syriens und schafft einem Viertel der Bevölkerung Arbeit, wenn die Niederschläge, die zwischen hundert und dreihundert Millimeter schwanken, nicht ausbleiben dort, wo das staatliche Bewässerungsnetz nicht hinreicht. Wasser. Dieses Element, das uns Westeuropäern fast zu selbstverständlich ist, um wie viel mehr lösen Gedanken daran in jenen aus, die sich von ihm abhängig wissen. Das Wort reicht weit über die Jahrtausende hinweg und ragt sogar in die Gegenwartspolitik hinein. So erzählte man mir, dass ein Unbehagen Syriens gegenüber Israel auch daher rühre, dass Letzteres mit den beiden blauen Bändern in seiner Fahne den Euphrat und den Nil meine und das dazwischen liegende Land für sich beanspruche, dies aber schließe auch Syrien ein. Es handle sich also um eine manifeste Drohung, wenn Israel auf dem Land zwischen Ur und Palästina bestehe. Wie ernst dies zu nehmen sei, beweise die Million vertriebener Palästinenser, die in Jordanien lebten, sowie jene dreihunderttausend in Syrien. Auf meinen Hinweis auf die vielen Juden, die man in Damaskus scheinbar ungestört ihren Geschäften nachgehen sehe, antwortete man, dass man nichts gegen Juden habe, sehr viel aber gegen den Staat Israel. Israel und die Furcht vor ihm hängen wie ein Damoklesschwert über Syrien, denn wer den Zugriff auf die Jordanquellen, den Einfluss auf den Euphrat beherrscht, der ist die eigentliche Macht in einem Erdstrich, dessen Niederschläge von Jahr zu Jahr abnehmen und die Beduinen immer öfter zwingt, ihre Herden notzuschlachten. Niemand spricht von den Türken.

Beduinen ziehen seit Jahrtausenden durch die heutigen Staaten. Sie besitzen ihre eigene Verletzlichkeit. Sie sind alle untereinander verwandt, und in ihren schwarzen Winterzelten, wie in ihren hellen Sommerzelten, wuchs die Erzählkunst heran, die zum Schönsten der Gesamtliteratur zählt, wenngleich sie nur mündlich weitergegeben wird. Dies ist das Arabien der Herden und der Sterndeutung, das Arabien der Wucht und der Einsamkeit, des Schweigens, das mit Brooklyn nie ins Gespräch kommen wird, „unerziehbar“ bleibt.

Aufgeklärte werden das Menetekel der Stauseen in die Diskussion werfen, um die Gefahr der Beherrschung der Quellgebiete zu entkräften. Aber die syrischen Stauseen waren für ein Land mit sieben Millionen Einwohnern vorgesehen. Mittlerweile sind es siebzehn Millionen, von denen die Hälfte in Städten lebt, weil die Scholle den Kleingrundbesitzer und den Pächter nicht mehr ernährt. Was man an Baumwolle, Tabak und Sonstigem ausführt, deckt kaum die Hälfte der Importe. Israel, das bereit scheint, die Golanhöhen abzutreten, will den Tiberiassee behalten. Man sagt, dass eine Anerkennung des Staates Israel zur Zeit nicht möglich sei, Sadat mit seinem Alleingang im Jahre neunzehnhundertsiebenundsiebzig die Ausnahme gebildet habe und Nasser allein seiner Rückführungslegende der Palästinenser seine historische Dimension verdanke, denn er habe neunzehnhundertdreiundfünfzig Krieg gepredigt, ohne vorbereitet gewesen zu sein, ebenso wenig wie der Libanon, Syrien und Jordanien, weshalb auch neunzig Prozent der ägyptischen Luftwaffe dem Überraschungsangriff Israels am ersten Tag zwischen sieben Uhr dreißig und elf Uhr vormittags zum Opfer fielen. Am Tag darauf stand der Sieger am Sinai, am dritten Tag in Cis-Jordanien und am vierten Tag auf den Golanhöhen. Israel besetzte Territorien in vier arabischen Staaten und zwang Millionen Arabern sein Gesetz auf. Sadat und Assad beschlossen, die verlorenen Gebiete zurückzuerobern. Der israelische Geheimdienst wusste von den Vorbereitungen, glaubte es aber nicht, bis zum Yom

Kippur des Jahres neunzehnhundertdreiundsiebzig in der zweiten Nachmittagsstunde. Kissinger, so die Syrer, versprach Sadat den Sinai, und Israel bombardierte zum ersten Mal Damaskus. Neunzehnhunderteinundneunzig akzeptierte Israel, Anerkennung gegen Rückzug zu verhandeln. Neunzehnhundertdreiundneunzig erkannte Jordanien Israel an. Der Streit um Jerusalem blieb und verhärtete sich.

Ein Freund, der eine gewisse Zeit lang Kissingers Nachbar war, sprach diesen vor etwa zwanzig Jahren auf den Frieden im Nahen Osten an, worauf der Nobelpreisträger erstaunt zurückgab: „Frieden?!"

Assad erlag keinem Versuch seitens der USA, ihn zu isolieren oder einzuschüchtern, auch als diese noch den Irak hofierten, zu dem Syrien ein gutes Einvernehmen pflegte. Erst Saddams Angriff auf den Iran neunzehnhundertneunundsiebzig, bei dem es um die Aneignung Kurdistans ging, veränderte das Gleichgewicht, und die darauf folgenden zehn Kriegsjahre brachten den wohlhabenden Irak an den Bettelstab. Neunzehnhundertdreiundachtzig brach Syrien seine diplomatischen Beziehungen zum östlichen Nachbarn ab. Saudi Arabien, die Arabische Liga hatten Saddam ursprünglich gegen den Iran unterstützt, bis er am zweiten August neunzehnhundertneunzig den Bruderstaat Kuwait angriff. Syrien bot fünfzehntausend Soldaten gegen den Irak auf, und noch heute beklagt man in Syrien den Niedergang des einst blühenden Landes, das mit seiner Politik den USA den Vorwand lieferte, in Arabien zu bleiben, und von Arabien dort erhalten werden muss.

Soweit die syrische neuere Geschichtsschreibung; die Geschichtsschreibung eines Staates, der über neunundneunzig Prozent seiner Einwohner mit Elektrizität aus den Stauseen versorgt, eines Staates, der keine Arbeitslosen kennt – wenngleich die Löhne dürftig sind, was wiederum Drogen unerschwinglich, somit den Markt für Dealer uninteressant macht. Aber der Syrer sucht den Staatsdienst, weil dieser um vierzehn Uhr endet und erlaubt, einer weiteren Beschäftigung, also Einnahmequelle, nachzugehen.

Die braungrauen Häuserfronten der Städte, die kümmerlichen Grünanlagen mit ihren Wäscheleinen, Blumentöpfen, Satellitenschüsseln und schmiedeeisernen Balkongittern, von denen die rot-weiß-schwarzen Fahnen mit ihren beiden grünen fünfzackigen Sternen wehen, können über den gewaltigen Aufbruch dieses Dritte-Welt-Landes, das immer noch für sein Militär zu viel ausgibt, nicht hinwegtäuschen. Die Städte sind selbst nachts gut beleuchtet, und man staunt, wohin überall Palmen, Zypressen, Föhren, Eukalypten, Oleander, Tulpenbäume, Mimosen, Granatapfelsträucher, Feigenbäume, Weiden, Pappeln, Schwertlilien, Ginster und andere Lippenblütler in die karge Erde gepflanzt werden, um Leben anzuzeigen.

Mietautos und Taxifahrten sind billig und erleichtern den Weg durch Märkte und Staus in den Städten, deren Quadratmeterpreise jenen

Mailands nicht nachstehen und die – ursprünglich Karawansereien – in Oasen zwischen Innerasien und dem Mittelmeer gewesen. Keine Stadt, die nicht auch ein Tell, einer jener typischen Hügel, wäre, unter denen die unausgegrabenen Reste vier- und fünftausend Jahre alter Besiedlungen schlummerten; den Euphrat entlang liegen Hunderte von ihnen verstreut, die berühmtesten bis heute sind das von französischen Archäologen ausgegrabene Ugarit und das von Italienern entdeckte Ebla, neben Mari und Doura Europos.

Damaskus

Wer Rom, Paris, Kairo, Wien, Prag oder Athen als Hauptstädte im Gedächtnis bewahrt, den muss das mit seinen Botschaftervillen an einen öden, baumlosen rostroten Bergrücken gelehnte, braungraue Damaskus enttäuschen und seine im Tal liegende Zitadelle verwundern. Von Damaskus hat man einen Begriff, aber keine Vorstellung. Da Ersterer in die Geschichte weit zurückreicht, kann ihm kein heutiges Stadtbild gerecht werden. Man muss durch die Siebentorige gewandert sein, und man wird sich bewusst, dass hier nicht nur zwanzig Meter hohe, aus Kalkquadern errichtete Mauern schützen und einfrieden, sondern dass die Moscheen, Kirchen, Märkte und Minarette auf einem Boden stehen, der unserer Gegenwart viel von ihrer selbstverordneten Bedeutung nimmt.

Die Zweimillionenstadt scheint heute kein „Ort des Wassers“ mehr zu sein, wie der Name Damaskus sagt. Und was die Smaragd-Oase Ghuta war, die das Flüsschen Barada (Goldfluss) speist, der im Antilibanon entspringt, ehe er hier auf sechshundertneunzig Meter Seehöhe Segen bringt, verrät die vor uns wuchernde Siedlung nur zögernd. Keine Hunde, keine Katzen, saubere Gehsteige, Gerüche, aber kein Gestank, selbst in den kilometertiefen überdachten Suqs nicht, den Märkten der Altstadt. Die Oase der Kalifen, das politisch religiöse Kulturerbe und Zentrum des Islam zur Zeit der Omaijaden, fädelt seine architektonischen Perlen, seine Pole des Gedächtnisses der Welt, auf die graue anonyme Schnur gesichtsloser Bauhauszeilen. Man flieht durch eines der alten Tore durch die Stadtmauer. Sie ist sechs Kilometer lang und bewahrt die Innenstadt vor Zerstäubung, vor Atomisierung, vor Zersetzung durch das Neue und hütet die Ruhelosigkeit eines orientalischen Marktes, der ohne Hektik, ohne Geschrei, ohne Bettelei und Bettler, ohne Aufdringlichkeit wirkt.

Es fällt hier nicht mehr schwer, Reste einer sechstausend Jahre alten Siedlung zu vermuten und dem historischen Damaskus die dreieinhalbtausend Jahre zuzumessen, die die Aufzeichnungen der ägyptischen Chronik Thutmosis des Dritten belegen. David fand hier seinen Gegner, und im neunten Jahrhundert vor unserer Zeitrechnung wurde Damaskus die Hauptstadt der Aramäer. Wenig später (siebenhundertzweiunddreißig) ergab sich die Stadt den Assyrern und fiel unter den Persern (fünfhundertdreißig). Dreihundertdreiunddreißig war es der griechische General Barmenios, der das Hellenistische Stadtbild zu prägen begann, ehe fünfundachtzig vor Christus die Nabathäer ihre Residenz ausriefen. Einundzwanzig Jahre später wurde Damaskus römisch, und es war bereits die lateinische Via Recta, auf der Saulus geblendet vom Pferd stürzte, als er den gehassten Christen in der römischen Militärbasis nachspürte. Hadrian erhob die Stadt zur Metropolis. Septimius Severus und Caracalla sparten nicht an profanen und sakralen Prachtbauten, die sich die erwachende Kirche wenige Jahrhunderte darauf einverwandelte.

Ein Gang durch Damaskus hält Blicke in Wohnungen bereit, deren Wände die Gedichte berühmter arabischer Poeten zieren und deren Hausgiebel zuweilen in die Architrave römischer Tempel auslaufen oder in deren Innenhöfen blumenbeladene antike Marmorbrunnen plätschern. Kinderscharen in freundlichen Kitteln stürzen aus Bogenfluchten ehemaliger Tempel. Verschleierte sitzen auf Perlmutterbänkchen vor ihrem Hauseingang oder machen einem Esel Platz, der aus einer engen Gasse trottet. Antiquare bieten Ikonen, ja byzantinische Elfenbeinschnitzereien höchster Feinheit feil, und der Erstaunte erfährt, dass es sich um russische Kultgegenstände handelt, die über die Türkei und den Irak ihren Weg hierher gefunden haben, wo sie ungeachtet ihres kunsthistorischen Wertes – der Islam misst christlichen Symbolen nur den Wert des Materials, ob Silber oder Elfenbein zu – jenem in die Hände fallen, der der geschickteste Unterbieter ist.

Ein Damastweber und seine Gesellen jagen in einem Stübchen die Schiffchen mit den sieben verschieden farbigen Seiden in atemberaubender Geschwindigkeit durch die ungeheuer kompliziert und dicht gespannte Kette, langsam, sehr sehr langsam entstehen noch heute Turnierspiele und Tierhetzen in feinster Zeichnung und Abstimmung. Man spürt das Gewebte durch die Hände gleiten und weiß sich auf einmal in einer Zeit, die nicht vergangen ist und die in diesen kostbaren Schärpen die Pracht der orientalischen Fürsten bewahrt. Schönheit kennt keinen Fortschritt. Ihr ist die Vertikalität der Zeit fremd, sie wirkt in ihrer Breite, verliert aber nichts an jener Höhe, die, seit es Menschen gibt, vorgezeichnet ist. Es wechselt nur die Leiter, auf der wir zu ihr emporklimmen, und das Material, das wir zu ihr emportragen. Aber dort, wo sie herrscht, breitet sie stets dieselbe Gewissheit von Ewigkeit und Unabänderlichkeit, von jeder Unnotwendigkeit eines Abrückens um sich.

Und wieder tut sich der tiefe Spalt der Kulturen auf, den wir mit Computern, Flugzeugen, Internet zu überbrücken glauben. Die Zeit, die uns Skeptikern im Westen schon längst zur alles bestimmenden Göttin wurde, der wir die Altäre der Eile errichten, die unser Leben vom Beton bis zum Schaltkreis bedingt, die Zeit spielt im Orient eine andere, scheinbar untergeordnete, in Wahrheit aber eine am Absoluten orientierte Rolle. Es ist nicht wichtig, ob eine Seidenbahn, ein Teppich, ein Mosaik, eine Perlmuttereinlegearbeit in einem Tag, einem Monat einem Jahr fertig gestellt wird. An der Dürftigkeit des Herstellers ändert es wenig. Vielmehr gilt die Befriedigung an der Arbeit, die Rechtfertigung der aufgewendeten Zeit. Und diese kann nur an der Schönheit und an der Unverwechselbarkeit des angefertigten Stückes abgelesen werden. Des Handwerkers Biographie ist nicht an einer Zahlenkolonne und Bankauszügen verfolgbar, sondern am Ideenreichtum, an der Sorgfalt und an der Freude, die er an jedes seiner Erzeugnisse wendet. Stellte man das Lebenswerk der einzelnen Handwerker nebeneinander, so ergäbe sich keine Monotonie, sondern eine erstaunliche Vielzahl voneinander abweichender Zeichnungen und Muster, die nur eines gemeinsam hätten, ihre Schönheit. Schönheit als Rechtfertigung der aufgewendeten Lebensspanne als eigentliches Entgelt. Das Werk, nicht die auf es verwendete Zeit bleibt Maßstab. Das Absolute, nicht das Relative rechtfertigt die Existenz seines Schöpfers. Wahrheit, nicht Fiktion bestimmt das Leben des Orientalen. Er weiß sich in Allah, in Buddha, in deren Metaphysik aufgehoben, wo auf uns nur Verzweiflung wartet. Er schätzt, aber überschätzt das Leben nicht. Wo Opfer und Opfersinn nichts Selbstverständliches mehr sind, kann nichts Bleibendes entstehen. Wir halten uns für fortgeschritten, weil wir die Abstraktion zu unserm Lebensprinzip erhoben haben, weil für uns nicht mehr der Gegenstand, sondern die auf ihn gewendete Zeit Maßstab wurde, und glauben, in wenigen Flugstunden in dritten und vierten Welten zu landen, weil man dort mit Shareholder Value und Mondflügen wenig anzufangen weiß, dem Vorübergehenden aber heute noch, wie vor tausenden von Jahren, eine Schale Tee zu bieten versteht und ihn zu verweilen bittet, ohne Hoffnung auf Gewinn, ohne Eigensucht und im Einverständnis mit einem Gott.

Die klaffende Wunde, aus der der Westen blutet, die Quelle dessen, was er Fortschritt – fort wovon? – nennt, ist seine Zeitauffassung. Sie ist die unumschränkte Herrscherin eines Lebens ohne Transzendenz. In einer einzigen Lebensspanne muss sich alles abspielen, was undankbares Denken diktiert. Kein Werk darf einen längeren Zeitraum beanspruchen, und wenig soll länger halten als ein Leben. Nichts darf geschaffen werden, und nichts wird geschaffen, was nicht in einem seiner Bruchteile errichtbar, ausführbar und abschließbar bleibt. Alles muss erlebbar sein. Ein Dombau, der Jahrhunderte erforderte, ist uns Heutigen unzumutbar. Und längst hat etwas zutiefst Abbruchreifes vom Westen Besitz ergriffen. Im Deutschen gibt es den Zeit-Vertreib, für den nicht einmal die lateinische Sprache eine Entsprechung kennt, denn da heißt es wenigstens „Gedanken verscheuchen". Dieser Begriff ist im Osten unausdrückbar. Zeit ist kostbar, aber nicht bezahlbar. Sie gehört nicht dem Menschen. Daher ist es auch kein Sakrileg, viel von ihr auf scheinbar geringe Dinge zu wenden, wie es Alltags- und Gebrauchgegenstände sein mögen, da diese ja auch wieder Geschöpfen Allahs dienen und deren Leben verschönern, was auch so viel wie heiligen heißt, denn im Schönen wohnt das Heilige. Und heilig ist mit heilen verwandt. Erst der Umgang mit seiner Zeit prägt den Menschen, leiht ihm Würde und verleiht ihm Souveränität. Was gibt es Erbärmlicheres als das Börsengetümmel, seine Gestikuliererei, die Apotheose der Habgier. Was ist erhabener, als einen Hirt mit seiner Herde durch die Wüste ziehen zu sehen, die ihm fast nichts gibt, nichts schenkt und es seiner Bedürfnislosigkeit, Bescheidenheit und Überlebenskunst überlässt, sich und seine Tiere ihrer Bestimmung zuzuführen. Schutzlos in baumloser glühender Weite, in der völligen Stille und Einsamkeit, Herr seiner selber in einem Reich, das der Tod jedes anderen Menschen wäre. Und wenn derselbe Hirt nachts bei empfindlicher Kälte im Schein des Feuers von Geistern und Mädchen, von Helden und Vergangenem erzählt oder Gedichte weiß, die so zart und tief, so herb und hart wie seine Wüste sind, dann wird es schwer, unsere erste, zweite, dritte und vierte Welt in die richtige Reihenfolge zu bringen, zumal es dieser Hirt wiederum ist, der nicht als Einzelner, sondern als Teil in einer Gemeinschaft, die das Zelt mit ihm teilt und seine Sippe ist, aufgeht und ihm nichts fremder ist als unser versteinernder Individualismus, der Verkümmerung für Freiheit hält.

Der Preis des Sieges des griechischen Ideals der Freiheit für das Individuum ist dessen Vereinsamung. Der Westen ist die Gemeinschaft der Einsamen. Es ist heute noch nicht auszumachen, wo der Schnittpunkt der beiden Weltbestimmungen zu liegen hat, der den glücklicheren, weil vollständigeren Menschen im Gefolge hat. Die völlige Unterordnung des Einzelnen unter das Kollektiv hat Erstaunliches hervorgebracht, aber auch die empfindlichsten Einbußen an Menschlichkeit und die Vernichtung der Freiheit. Der direkte Bezug des Menschen zu sich selber wurde seiner Beziehung zum Kollektiv geopfert. Nur was das Kollektiv leisten konnte, wurde geleistet. Dort hingegen, wo der Einzelne Schutz erfuhr und sich entfalten durfte, gediehen die größten Künstler und Denker, die bedeutendsten Erfinder und die Nützung der bedeutendsten Entdeckungen zum Wohle aller. Aber erst die Durchdringung des einen durch den anderen Gedanken, des einen durch das andere Prinzip, wird ein lebenswerteres Dasein ermöglichen, wenn sich das Wort „Rücksicht" wieder Geltung schafft.

Eine Luftaufnahme von Damaskus zeigt ein alles beherrschendes Baugeviert, das dank seiner drei Minarette unschwer als eine Moschee ausgewiesen ist, wenngleich es sich ursprünglich um eine vorislamische Kirche zu Ehren Johannes des Täufers handelt, dessen Haupt – wie man überliefert – hier verwahrt und von Muslims und Christen verehrt wird. Freilich ruht auch diese Kirche auf einer Stätte, an der seit über dreitausend Jahren gebetet wird.

Die viertorige Omaijaden-Moschee ist das bestimmende Gebäude des alten Damaskus. Begonnen wurde der Bau im Jahr siebenhundertfünf von Kalif Al-Walid, der ihn nach zehn Jahren Umbauzeit zu Ende führte und der ehemaligen Basilika eine Kuppel aufsetzte von deren fünfundvierzig Meter Höhe ein Adler seine Schwingen spreizt, wie um das aramäische, römische – dem Jupiter heilige – und später byzantinische Sakrarium vor weiteren Entfremdungen zu schützen.

Man erreicht den Ort durch die Altstadt, die Medina an den Karawansereien Khan Al-Jumruks vorbei, die sich mit ihren sechs Kuppeln ins Gedächtnis prägen, und an jener Khan Al-Harirs, dem heutigen Kornmarkt, weiters am Hamam, dem türkischen Bad und nach Durchquerung des überdachten Marktes. Der Besucher tritt durch eine Nebenpforte aus dem Getümmel in einen mit polierten Steinplatten ausgelegten Arkadenhof von hundertfünfzig Meter Länge. Die Säulen blitzen und schimmern in ihren Perlmutter- und Marmorinkrustationen. Zeichnete man eine Ellipse in den Platz, so bildeten die beiden Brennpunkte Zierpavillons, die beide über und über von grünblau-goldenen Mosaiken übermantelt sind. Der eine ist das Schatzhaus Bayt-Al-Mal, während der auf sechs feinen Säulen ruhende andere eine Kuppel mit dem Halbmond trägt und den Reinigungsbrunnen birgt, den die Kandelaber von Bayram bewachen. Zum Eingang herüber blendet das frühere Querhaus der Basilika mit Gold und pflanzengrünen Mosaiken, die bis ins Tympanon ihr Weltwunder ranken, und ihre Pracht spiegelt sich wider im gebrochenen Licht des steinernen Hofs. Wenngleich das islamische Verbot, Tiere und Menschen darzustellen, eingehalten wird, so verrät die märchenhaft reiche Zeichnung doch einen byzantinischen Künstler. Der Unterschied zwischen einem eingehaltenen Gebot und einem eingehaltenen Verbot wird offenbar. Im ersteren Fall kommt die Ahnung nicht auf, im zweiten wird sie unterdrückt. Und selbst eine Ranke kann mehr vom Menschen widergeben als das verschlungenste geometrische Ornament, wenngleich Letzteres nur aus Menschenhand stammen kann, weil es in seiner Abstraktion zu weit von aller in der Natur, das heißt aller lebenden Natur vorkommenden Kompromissen, also geometrischen Rundungen entfernt ist und die Verborgenheit der Kristallgitter aufsucht. Gebäude und Pflanzen beleben die weiten Flächen der Mosaike, und ihre unbeschreibliche Stille und Feierlichkeit übertragen sich auf den umfriedeten Ort. Man muss aus diesem Anblick erwachen, um sich zu entschließen, die Moschee zu betreten.

Ein dreischiffiger Raum, von korinthischen Säulen längsgegliedert, erstreckt sich hundertsiebenundfünfzig Meter von Ost nach West und wird in seiner ganzen Breite – siebenundneunzig Meter – von Teppichen aller Herkunftsländer, Farben und Qualitäten bedeckt. Man ließ das ursprüngliche Taufbecken, einen gewaltigen Monolithen an seinem Ort, wo er die Aufgabe eines Reinigungsbrunnens übernahm. Die Halle umsteht eine Kapelle, in der die Reliquie, das Haupt Johannes des Täufers, eingeschlagen in grünen, goldgewirkten Samt, verwahrt wird; ein Heiligtum auch der Muslime. Man steht vor dem Rätsel, ob man glauben soll, oder nicht. Tausend skeptische Gedanken durcheilen den Verstand. Man möchte die Legende wahrhaben, fände aber wenig Kraft, sie vor kritischen Fragen zu schützen, und schickt sich in die Tatsache, dass Dinge, die lange genug im Licht des Absoluten gestanden haben, zu diesem selber werden, und dass es endlich gleichgültig wird, ob hier wirklich das Haupt des Täufers liegt, ob das Grabtuch in Turin wirklich das Leinen Christi war. Durch den Glauben selber wird es zu dem, was man glaubt; es erfährt die mystische Transfiguration, die Anverwandlung durch die geistige Kraft Tausender und Hunderttausender, die glaubten und glauben mussten, um nicht zugrunde zu gehen, und mit ihrem Glauben endlich die Heiligung einer verehrten Reliquie erreichten. Die Gnade vermag mehr als Rationalität, und allzu viele Geschehnisse entziehen sich der Erklärbarkeit, als dass an einem Kiesel gezweifelt werden dürfte, den ein Berg anbetet.

In der Saalmitte der Moschee – die mehr ein Ort der Meditation, des Gedankenaustausches und der Einkehr ist, der Rast und des Gebets, das den Gläubigen unmittelbar mit Allah verbindet, also keines Priesters bedarf – wölbt sich der Mihrab, die nach Mekka weisende Nische, neben der der Minbar, die Kanzel, aus durchbrochenen Marmorgittern und Geländern steil emporsteigt. Vorher ist ein Perlmutterportal zu durchschreiten. Die Kanzel ruht auf polychromem Marmorsockel verschiedenster und feinster Farbabstufung und wirkt wie eine prachtvolle Inkunabel im steinernen Buch des Andachtsortes. Das Ornament ist die Mitteilung, und niemand kann leugnen, dass hier ein Jubel herrscht, der seinesgleichen nur in den Oratorien der größten europäischen Tonsetzer findet. Diese Art des Verzichts auf das, was man üblicherweise unter Sprache versteht und was sich der Worte bedient, tritt uns als eine Übersprache, als eine Ergänzung dieser entgegen, und man zweifelt, ob das Bogen- oder Kreissegment, das unsere Worte abdecken, nicht geringer ist, als das, was hier in der Seele hervorgerufen wird. Der Verzicht auf Sprache wird zur eigenen, universalen Mitteilung, und jeder, dessen Auge sich auf die Pracht der Inkrustationen und Einlegekunst der Handwerker heftete – die sich ja nicht als Künstler, sondern als Arbeiter verstanden, als Werkzeuge der Glorie Allahs –, wird bereichert um ein unaussprechliches Wort heimkehren. Nichts Unverstandenes bleibt zurück. Rauten, Kreise, Vielecke, Bordüren, kufische Schriftzüge, Stalaktitenkapitelle, Spitzbögen; es ist einziges Hin- und Rückfluten von Zeichnung, die wiederum Symbol ist in diesem unendlich wirkenden Raum und seiner Fläche, die zu einer unteilbaren Harmonie verschmilzt, und man erläge seiner Magie, flatterten nicht Tauben und Sperlinge durch den riesigen, grün bemalten Dachstuhl mit seinen vierundzwanzig baumschweren Balken. Eine in schwarze Schador gehüllte persische Pilgerschar murmelt auf Knien im Licht der blau-grün-roten Glasmalerei der hohen Fenster der Kuppel ihre Suren zu Ehren des Allerbarmers. Lange Zeit war dies das größte Gotteshaus des Islam, dann wurde es von

Mekka und Casablanca abgelöst. Aber die franziskanische Ruhe und Majestät dieser Mutter der Moscheen blieben unerreicht.

Zwischen dem Omaijadenheiligtum und dem Nationalmuseum, in dem der Schrift- und Skulpturenschatz von fünftausend Jahren auf den Lernwilligen wartet und in dem die einzige Wandmalerei einer Synagoge, mit Darstellungen von Menschen, aufbewahrt wird, liegt die Koranschule Zahiriyah, das Haus des Vaters Saladins. Aziziyah, Koranschule und Mausoleum. Saladin, der hier in einem schlichten Holzsarg, eingeschlagen in grünes Tuch, seine letzte Ruhe fand, Saladin der Kurdenfürst, Feldherr, Gründer der Aijubidendynastie starb elfhundertdreiundneunzig. Es war einem deutschen Kaiser vorbehalten, ein Grabmal, das achthundert Jahre lang den Ansprüchen Großer genügt hatte, diesem Toten zu wenig angemessen zu finden und einen bunten neobarocken, aufgedonnerten Marmorsarkophag zu spenden. Der Leichnam wurde nicht umgebettet, und so stehen heute Würde und Lächerlichkeit Seite an Seite.

Saladin kam um elfhundertsiebenunddreißig in Takrid, etwa hundertfünfzig Kilometer nordwestlich von Bagdad, zur Welt. Sein Vater hieß Aijub und wurde, nachdem er seine Heimat auf der Suche nach seinem Schicksal verlassen hatte, in Baalbek Gouverneur. Saladin verbrachte seine Kindheit in dieser Stadt. Ihn unterwiesen und prägten Sufis in einem Kloster. Er blieb Mystiker in einer Zeit, da der Mystizismus auch im Westen Wurzeln schlug, und es wäre eine Untersuchung wert, inwieweit Zusammenhänge bestehen, ob es solche überhaupt gibt, oder ob es sich um eines jener Phänomene handelt, die wir aus anderen geistigen Strömungen, wie zum Beispiel der Astronomie am Hofe Tamerlans und zeitlich nahe bei Tycho Brahe und Kepler finden, oder der Blüte der Malerei in China und Europa und vieles mehr. Der sechzehnjährige Saladin geriet mit seinem Vater an den syrischen Hof Nur-ed-Dins. Schirkan, sein Onkel, der Bruder seines Vaters, hatte den Auftrag, das Niltal vor den Kreuzrittern zu schützen. An seiner Seite und an der Spitze des achttausend Mann Heeres ritt bereits der Knabe Saladin. Es ging darum, die schwachen Fatimiden zu stützen. Schirkan starb, sein Neffe wurde Statthalter der mächtigen Stadt Alexandria. Nur-ed-Din zögerte nicht, ihm auch den Oberbefehl des Heeres anzutragen, und Saladin schlug das Angebot des Damaszeners nicht aus.

Saladin war von kleinem Wuchs, aber ein ausdauernder, zäher Reiter, ein Wesir, den Güte und Gerechtigkeitssinn schon mit dreißig Jahren zur Legende erhoben. Er bezwang nach dem Aussterben der Fatimiden seine korrupten und intriganten Widersacher in Ägypten, und seine tapferen, treuen Syrer bewahrten ihm das Land. Er sagte sich von Nur-ed-Din, dem er zu mächtig geworden, los, worauf dieser ihm den Fehdehandschuh hinwarf. Die Würfel des Geschicks aber rollten zu Gunsten des Kurden; Nur-ed-Din starb elfhundertvierundsiebzig. Es waren die Kaufleute von Damaskus, die Saladin baten, ins Land zurückzukehren, da unter den Nachfolgern des Verstorbenen ein wüster Streit um den minderjährigen Erben ausgebrochen war und kein Ende nehmen wollte. Der Feldherr bricht mit siebenhundert Reitern auf. Seine Kurden siegen, und Saladin übergibt Damaskus seinem Bruder Turan Schah. Die Stadt steht bald wieder in Blüte. Heer und Flotte werden reformiert, Münzen geprägt, und den Überblick über die Vorkommnisse im Reich erlauben die eingesetzten Brieftauben. Der Kalif von Bagdad gesteht Saladin den Titel „Beherrscher der Gläubigen" zu, womit das Recht, eine Dynastie zu gründen, verbunden ist. Der Aufstieg der Aijubiden beginnt. Saladin herrscht über Syrien, Ägypten und den Jemen. Elfhundertsiebenundsiebzig greift er bei Askalon das Königreich Jerusalem an und wird von einem sechzehnjährigen König Balduin dem Vierten, einem leprakranken Knaben und dessen ungeheuer tapferen fünfhundert Kreuzrittern aufgehalten. Die Truppen des todkranken, aber kaltblütigen Königs schließen seine Reiter ein, und nur mit knapper Not gelingt Saladin die Flucht. Im Wadi ed Duhr kommt es zur Schlacht. Saladin, der die Kampfeswut und Kraft der Kreuzritter unterschätzt, dankt seine Rettung einem Sandsturm. Geschlagen und verfolgt irrt er mit wenigen Verbliebenen durch den Sinai und Judäa. Die Pferde verdursten. Am achten Dezember elfhundertsiebenundsiebzig erreicht man Kairo und erfährt dort, dass die Christen – Reinald von Chatillon – die Kaaba in Mekka zerstören wollen. Saladin vernichtet darauf Kerak, die Festung Reinalds. Reinald überfällt eine Karawane, in der die Schwester Saladins reist, und gibt die Gefangene trotz der Aufforderung König Balduins nicht heraus. Saladins Zorn kennt keine Grenzen. Er sammelt ein Heer, das sogar zwanzigtausend Streiter aus dem fernen Jemen einschließt. Wir schreiben mittlerweile das Jahr elfhundertsiebenundachtzig. Es ist der vierte Juli, als Saladin nach sechsstündiger Schlacht die Kreuzritter bei Hattin am See von Genezareth besiegt. Er lässt die gefangenen Kämpfer gegen zehn Goldstücke Lösegeld, die Frauen gegen fünf und die Kinder gegen eines frei und versklavt den Rest des feindlichen Heeres.

Ab Septembermitte steht der Kurde vor Jerusalem, aber anstelle eines Blutbades, wie es vor ihm die edlen Ritter des Kreuzes angerichtet hatten, handelt er Kapitulationsbedingungen aus und gewährt allen Christen gegen geringes Lösegeld und ohne Blutvergießen würdigen Abzug. Jerusalem bleibt verschont. Die Kreuzritter dürfen ihr Land und was sie für Würde halten bewahren.

Der dritte Kreuzzug zeichnet sich nach der Niederlage von Hattin und dem Verlust Jerusalems ab. Doch schon am zehnten Juni elfhundertneunzig ertrinkt Kaiser Barbarossa im Saleph, einem Flüsschen Kleinasiens. Philipp der Zweite von Frankreich und Richard Löwenherz sammeln daraufhin neue Heere. Guildo, König von Jerusalem, belagert Akkon, das von Saladin eingeschlossen wird. Löwenherz wendet das Blatt. Saladin werden die Unstimmigkeiten unter den europäischen Königen zugetragen. Er versucht die Belagerung zu durchbrechen – umsonst. Die Stadt ergibt sich. Löwenherz lässt dreitausend Muslime abschlachten. Aber Jerusalem zurückzuerobern gelingt nicht. Man verhandelt, und etwas heute Unvorstellbares geschieht. Im Lauf der Begegnungen werden Richard und Malik-el-Adil, der Bruder Saladins und Chefunterhändler, zu aufrichtigen Freunden. Am vierten September elfhundertzweiundneunzig wird ein dreijähriger Waffenstillstand unterzeichnet, der allen Christen freien Zugang zu den heiligen Stätten sichert. Am vierten März elfhundertdreiundneunzig stirbt Saladin in Damaskus.

Niemand weiß heute mehr zu sagen, an welcher Stelle der römischen Via Recta, die sich durch die Märkte der alten Zitadelle bis hin zum Tempel Jupiters zieht, der kaiserliche Soldat Saulus erblindet vom Pferd stürzte. Aber man weiß, dass Anania, ein Christ, vom Himmel den Befehl erhalten hatte, nach einem Mann namens Saul zu suchen und diesen im eigenen Haus aufzunehmen. Und so geschah es, dass der römische Soldat und unerbittliche Christenverfolger ins Haus eines Christen kam und dort die Taufe empfing. Sein Augenlicht kehrte wieder.

Wer Bab Tuma, das Christenviertel Damaskus', aufsucht, der gelangt zur Anania-Kapelle, einer Kellergrotte, und zu Pauls Kapelle, von der aus der Apostel seinen zweiten Brief an die Korinther schrieb. Der Bekehrte musste sich verbergen, denn niemand – außer Christen – hätte dem Fanatiker verziehen, dass gerade er, dem keine Strafe zu hart gewesen, keine Maßnahme zu grausam, nun jenen zuzurechnen war, die sein Hass das Fürchten gelehrt. Die Nacht musste abgewartet werden, um den neuen Zeugen Jesu, verborgen in einem Korb, von dem heute noch nach ihm benannten Paulstor an einem Seil jenseits der Stadtmauer herunterzulassen; und in jene Freiheit zu setzen, von der aus er seine Schritte durch den Nahen Osten, das Mittelmeer und dessen Inseln bis endlich nach Rom aufnahm, wo er den Märtyrertod starb.

Damaskus – Dimischk esch Scham – das Juwel des Islam, der es sechshundertfünfunddreißig aus byzantinischen Händen übernahm, in denen es seit dreihundertfünfundneunzig geruht hatte, und zum Sitz des Kalifen erhob, zierte, veredelte und vierzehnhunderteins hinnehmen musste, wie es der Erbe Dschingis Khans, Timur der Lahme, vernichtete. Fünfzehnhundertsechzehn gelangte die Oase in ottomanische Hand. Von neunzehnhundertzwanzig bis neunzehnhunderteinundvierzig war es die Hauptstadt des französischen Protektorats Syrien, das neunzehnhundertsechsundvierzig ein unabhängiger Staat wurde und Damaskus von einer Stadt mit vierhunderttausend Einwohnern zu einer Metropole von zwei Millionen heranwachsen ließ.

Die Hauptstadt überrascht ihre Besucher noch heute mit spröder Gegenwärtigkeit, aber abends kann ein einziger tanzender Derwisch, ein Sufi mit seinem reinen Antlitz und dem Mysterium seiner Meditation auslöschen, was untertags gedacht und eingeprägt wurde, und man weiß sich aufgehoben und verankert in ein Urerlebnis, das seinesgleichen nur in Sibirien oder in indianischen Riten findet und das Zwiegespräch des Einzelnen, des Relativen mit dem Absoluten bedeutet. Und man erfährt, dass auch ein Sufi wieder nur eine der unzähligen und in die Nacht des Gewesenen tauchende Möglichkeit war, eine Stadt zu sich sprechen zu hören. Damaskus.

Maalula

Wer vor dem Mailänder Dom steht, erkennt in den Steinplatten am Boden vor dem Hauptportal gefräste Linien, die die Umrisse des aus dem vierten Jahrhundert stammenden Kirchleins Sankta Thekla nachzeichnen, das darunter liegt und vom Dom aus über eine tiefer führende Stiege besucht werden kann.

Thekla war die Tochter eines angesehenen Römers, die sich gegen den väterlichen Willen zum Christentum bekannte und der erste Mensch war, den Paulus taufte. Ihr Verlobter verriet sie, und man folterte sie. Sie sollte im Zirkus von wilden Tieren zerrissen werden. Diese aber schonten die Heilige, und auch andere Todesarten konnten ihr nichts anhaben, ja, es gelang ihr sogar die Flucht, und sie brachte sich endlich in einer Schlucht bei Maalula, in einer Höhle in Sicherheit. Dort verblieb sie bis zu ihrem Tod, und ihre Reste werden dort seither verehrt. Aus Silifke, dem antiken Seleukos, einer im dritten Jahrhundert vor Christus an der Anatolischen Küste gegründeten Stadt, ist eine gleich lautende Überlieferung bekannt.

Fährt man durch eine erodierende karge Landschaft etwa fünfzig Kilometer von Damaskus nach Norden, so steigt diese mählich an, bis man ein Bergdorf erreicht, das aus blassblauen Würfeln errichtet scheint und dessen verstreute Häuser in geradezu herausfordernder und unverantwortlicher Weise unter gleich großen Felsfindlingen stehen, die jeden Augenblick auf sie herabstürzen können. Inschallah. Nur Fatalismus, Gottergebenheit an ihrer äußersten Grenze, kann solche Bauplätze aussuchen. Wir sind im blauen Dorf Maalula.

Ein scharfer Wind dreht durch die zerklüftete Landschaft, durch Berge, in deren schmalen Schluchten sich Bäche drängen.

Eine steile weiße Treppe strebt zwischen Klosterbauten zu einem Felsdach empor. Erklimmt man sie, findet man sich in einer geräumigen Nische, aus deren Hintergrund ein blühender Baum ans Licht strebt und sich dem ganzen Felsdach entlang wölbt und erst vor einer kleinen Tür, die in den Stein gehauen ist, Halt macht. Dahinter verbirgt sich der winzige Andachtsraum vor der mit einem bescheidenen Eisengitter abgeschirmten Grabstelle der Heiligen Thekla. Eine Armlänge davon gluckst ein Brünnlein, die Quelle, aus der schon die Römerin getrunken hat.

Maalula, eines der drei Dörfer, in denen nie arabisch gesprochen wurde und in denen der griechisch-orthodoxe Ritus blieb.

Man lässt den Konvent der Heiligen hinter sich und steigt hinab zur Kirche und dem Kloster des Heiligen Sergius. Es gehört zu den ältesten der Welt, ja, ist vielleicht das älteste erhaltene. Sein Baubeginn rührt von dreihundertdreizehn, dem Jahr, als Konstantin in Mailand das nach ihm benannte Edikt verkünden ließ und die christliche zur erlaubten Religion erhob. Vollendet wurde das Kirchlein dreihundertfünfundzwanzig. Holzproben, den Tragbalken des Klosters entnommen, ergaben ein Alter von annähernd zweitausend Jahren. Vielleicht stehen wir in der ersten Kirche überhaupt. Eine niedere (spätere) Kuppel überragt in etwa zehn Meter Höhe den Bau, einen Vierkant, unter dessen Strebebögen in der Ostnische ein römischer Opferstein als Altar steht. Die Blutrinnen hat man abgeschliffen. In die linke Altarnische ist ein prachtvoller Sternhimmel gemalt, der eine Madonna ohne Attribute aufnimmt. Sie thront, fast schüchtern, ohne ihr Kind, ohne irgendeinen Beistand einsam zwischen dem Firmament. Um die Schöße ihres Kleides kreisen zwölf Planeten.

Die Sergius-Kirche ist kalkhell und bewahrt eine überwältigende Schlichtheit. In den drei Dörfern, zu denen diese Kirche gehört, spricht man heute noch anstelle des Arabischen einen altsemitischen, westaramäischen Dialekt. Es ist jener, den Jesus sprach. Wir können unsere Bewegung schwer verbergen, als eine junge Frau durch unsere Reihe geht, vor dem Altar stehen bleibt und in der zweieinhalbtausendjährigen Sprache, in der Sprache Christi, sein Gebet, das „Vaterunser" laut zu sprechen beginnt. Dies also waren die Laute, durch die Wasser zu Wein wurde, Blinde sehend, Lahme aufstanden, diese Sprache war es, in der die Bergpredigt gesprochen wurde, in der man den Satz sagte: „Wer von euch ohne Schuld ist, werfe den ersten Stein." – mit diesen Worten betete ein Verzweifelter nachts am Ölberg, und in dieser Sprache schrie er seine Todesnot am Kreuz.

Palmyra

Die schöne, gescheite, hochmütige Königin von Syrien, Arabien und Armenien, Zenobia (syrisch Bat-Zebinah), stellvertretende Herrscherin für ihren minderjährigen Sohn, Tochter Mithridates von Armenien, Witwe Septimios Odainathos (Odenatos) – des Exarchen und seit zweihundertzweiundsechzig nach Christi Geburt König der reichen Stadtrepublik Palmyra, Statthalter (Imperator) des Orients –, die ihr Geschlecht von Kleopatra ableitete, zierte in goldenen Ketten, den von Hirschen gezogenen Triumphwagen des ebenso weitblickenden wie entschlossenen Kaisers Hadrian, als dieser die Rebellin zweihundertzweiundsiebzig, nach seinem Sieg über die Aufständischen und dem missglückten Fluchtversuch der Monarchin, am Euphrat gefangen genommen und in Rom im Triumph vorführte. Palmyra, das nach seiner ersten Erhebung gegen Rom von Aurelian geschont geblieben, wurde nach seiner zweiten zerstört und erholte sich nie wieder.

Karawanen, die von Damaskus nach Nordosten aufbrachen, erreichten nach acht bis zehn Tagen durch steinige Wüsten eine Oase des Namens Tadmor, die von den Griechen angesichts der unzähligen Palmen in Palmyra umbenannt wurde. Dies geschah zu einer Zeit, da Tyros höhere Häuser als Rom kannte und schlimmere Elendsviertel; da Sidon bereits seine kleinen Glaskunstwerke schuf und Berytos, das spätere Beirut, in seiner Akademie berühmte Ärzte, Juristen, Redner wie Ulpianus und Papinius ausbildete und nach Rom sandte. Wo war man fleißiger, wo wohlhabender als in Syrien, einer Provinz, die zur Zeit Trajans Millionen Bewohner zählte und ihren Menschen frisches Wasser, Thermen, Kanalisation, saubere geregelte Märkte, Gymnasien, Basiliken, Gemäldesammlungen, Tempel, Musik, Vorträge und Güter aus aller Welt, von Karawanen aus den fernen Erdteilen herangebracht, bot? Palmyra, das zwischen Homs, dem antiken Emesa und dem Euphrat liegt, wurde von den Gebühren reich, die es von den Karawanen erhob, die durch die Wüste (badixa) zogen. Die Abgelegenheit, die es von anderen Städten trennte, verschuf Palmyra sowohl unter den Seleukiden als auch unter den Römern große Handlungsfreiheit und eine Selbständigkeit, die an Souveränität grenzte.

Nur wer vor einer der vierhundertvierundfünfzig gewaltigen Säulen gestanden ist, die zu beiden Seiten der kilometerlangen heute noch erhaltenen Prachtstraße Palmyra aufragen, und die stolzen Texte an deren Konsolen las, die Statuen der Würdenträger trugen, bekommt eine Ahnung von der Großartigkeit und Ausdehnung dieser steinernen Königin der Wüste. Jenseits majestätischer Rundbögen, die sich gegen das Theater hin auftun, und öffentlicher Gebäude, wie der Agora, liegt der Sonnentempel. Er wurde etwa dreißig nach Christi Geburt der höchsten Dreieinigkeit von Bel (Baal), Jarhibol (die Sonne) und Aglibol (der Mond) geweiht. Seine Maße sind assyrisch. Den Hof umstand eine vierfache Säulenreihe auf einer Länge von tausenddreihundert Meter. Die gewaltigen korinthischen Kapitelle verraten den parthischen Steinmetz. Von den zerfallenden Omaijadenschlössern herkommend, die man in der Wüste antrifft, staunt man über die „Frische" der ausgegrabenen Architektur, der man hier begegnet.

Heute zählt Palmyra etwa zwanzigtausend Einwohner. Das fahle Bild der Wüste hält unvermittelt vor einer grünen Wand, die aus alten Ölbäumen, Granatapfelhainen und Gärten besteht und den arabischen Namen für diesen Ort Tadmor (die Dattelreiche) rechtfertigt. Der Fremde, der abends durch die Oase streift, wird mit verschiedensten Dattelarten verwöhnt; eine Geste, die man bereits auf den Tontäfelchen assyrischen Ursprungs im neunzehnten Jahrhundert vor unserer Zeitrechnung festgehalten hat; zu einer Zeit, da hier bereits einer der bedeutendsten Umschlagplätze der Karawanen bestand, die zwischen Babylon und dem Mittelmeer an der Thermalquelle ihre Rast einlegten und in den aus einer Grotte strömenden Heilwassern die Mühe der Reise vergaßen.

Im vierten Jahrhundert vor Christus wurde Palmyra hellenistisch und erhielt seinen heutigen Namen. Während das jordanische Petra an Bedeutung verlor, wuchs hier an der Seidenstraße, die China mit Rom verband, eine Karawanserei zu einem der wichtigsten Stützpunkte des nahen Orients heran. Rom schützte Palmyra vor Angreifern aus dem Osten, solang die Stadt dieses Privileg nicht mit ihren Ansprüchen verwechselte und endlich unter Zenobia einbüßte. Neue Karawanenrouten trugen zum Verblassen ihrer Bedeutung bei, und unter Diokletian und Justinian war sie nicht mehr als ein vorgeschobener Militärposten.

Durch Syrien zieht der afrikanische Grabenbruch. Im Jahre tausendneunundachtzig zerbrach ein furchtbares Erdbeben die Stadt, oder was von ihr geblieben war; sie verfiel endgültig der Wüste.

Wer sich nähert – vielleicht sollte man von einer Siedlung sprechen –, reist durch eine leicht ansteigende Ödnis zu Füßen eines Höhenzugs und sieht zu seiner Linken eine gewaltige Säulenflucht, die sich in der Sandwelt zu verlieren scheint, während rechts im Tal eine Mauer das Fruchtbare vom Unfruchtbaren trennt, denn hinter dieser Mauer ist das Grün so dicht, dass man zweifelt, hindurchzudringen. Weicht man links vom ausgedehnten Ruinenfeld ab, so gelangt man ins Tal der Toten. Der Ort bezieht seinen Namen von Türmen, deren Reste zum Teil noch ragen, und die im Geviert zehn mal zehn Meter messen und nicht selten zwanzig Meter hoch sind, wie der aus dem Jahr hundertdrei nach Christi Geburt errichtete Elhabel. Der Eingang in diese Türme führt in Grabkammern, ähnlich unseren Nischengräbern, die mehrgeschossig angeordnet sind, in die der Tote (nachdem man ihm den Magen entfernt hatte) geschoben wurde, ehe man seine Porträtbüste davorsetzte. Diese Sippentürme sahen im Obergeschoss die letzte Ruhe des Familienoberhaupts und der Gattin sowie der nächsten Verwandten vor. Man bildete das Ehepaar zusammen lebensgroß mit einem umgekehrten Kelch in der linken Hand ab. Die Bildhauerkunst hält sich in Grenzen und kann sich in keiner Weise mit der Feinheit und Individualität etwa der Etrusker messen.

Alles ist starrer, roher, stereotypischer und ähnelt bereits byzantinischer Steinbearbeitung, beziehungsweise eilt dieser voraus im Niedergang. Man steht einer Späthellenistik gegenüber, deren Verrohung unübersehbar ist. Insgesamt wirken die rötlichen Sandsteintürme sehr solide. Sie gewinnen durch ihre Umgebung, die Wüste, und erwecken Ehrfurcht. Jeder von ihnen schützte hundertfünfzig bis hundertsiebzig Verstorbene, und nur die unterirdischen Grabstätten, die unweit liegen, beherbergen eine ähnliche Zahl Toter in Tonnengewölben, die heute noch Spuren kräftiger Farben und lebhafter Malerei tragen und nicht selten mit gemeißelten Zieraten – wie zum Beispiel Weinranken – oder geometrischen Elementen sowie Szenen aus der Mythologie das Auge unterhalten und somit lebhafter wirken als die Turmgräber (Ipogeo). Die berühmteste dieser in den Sand verborgenen Grablegen ist jene der „drei Brüder“, die uns mit ihrer farbkräftigen Malerei, ihrem syro-hellenistischen Stuck daran erinnert, dass wir es mit einer Zeit zu tun haben, in der überraschend auch in Rom die Bildhauerei einem ihrer Höhepunkte entgegenstrebte. Das Grab stammt etwa von hundertvierzig nach Christus.

Wirft man von einem nahen Hügel einen Blick auf das gewaltige, wenngleich nur zu einem Fünftel freigelegte Palmyra, so unterscheidet man die jonische Agora mit ihrer Tribüne und Brunnen. Man zählt die nördlichen Säulen, deren Kragungen Statuen römischer und lokaler Beamten trugen, während die westlichen Offizieren vorbehalten blieben, südliche hingegen Händlern und reichen Karawanenführern. Im Westen schließt an einen ovalen Platz das Diokletianische Feld, das heute den Ort des Königspalastes Zenobias einnimmt. Daran gelehnt liegt der Tempel der Kriegsgöttin Allath. Baal Shamin, der Herr des Himmels, herrschte im Tempel daneben und vergab von dort Regen und Gewitter. Das Ende der kilometerlangen Säulenreihe wird von einem Tetrapylos, einem Säulengeviert gebildet. Ein Totentempel schließt, was an der elf Meter breiten Römerstraße beginnt, die unter einem Monumentalbogen in die Stadt einzieht und an Kaufmannsbuden, am Nebo Tempel vorbei – in dem der babylonische Gott der Weisheit thronte – zum Theater führt. Unwillkürlich fällt uns Caracalla, der Sohn Septimius Severus’ ein, der zweihundertzwölf nach Christus diese üppige Stadt vom Tribut befreite. Erst Justinian wird ihre fünfzehntausend Einwohner mit einer Mauer schützen müssen.

Wir blicken um und erkennen außerhalb der Stadt den Tempel Baals, des „Meisters“ oder Vaters der Götter, den Zeus und Jupiter seiner Anbeter, dessen Symbol ebenfalls der Adler war, und dem man im April die großen Opfer brachte, Tieropfer hier, Menschenopfer in Karthago, in Sardinien und an anderen Orten. Die Maße des Tempels erstrecken sich über zweihundertzehn mal zweihundertfünf Meter. Das Viereck betreten heißt, die Welt hinter sich lassen. Ungeheure Säulen suchen den Himmel. An den Reliefs erkennt man die Tiere, die während der sieben Tage langen und sich stets erneuernden Prozession geschmückt zum Altar geführt wurden. Sieben Stufen zählt das Zikkurat. Die Siebenzahl stellt eine Beziehung dar; sie ist Teil eines Weltverständnisses, das auf Beobachtung beruht und im Mondumlauf eine Konstante besitzt. Wo Altäre rauchten, blüht heute Verbena. Ein nahes Museum bewahrt, was Archäologen hier bargen.

Palmyra, dieses gewaltige Löwenfell in der Wüste, erinnert daran, dass die Hände der Zeit mit der Weite spielen, und noch in der Morgenkühle, wenn man im unübersehbaren Ruinenfeld verharrt, dankt man dem Scharfsinn der Wissenschaftler, die mit unbeugsamem Willen zwischen Sandstürmen und Erdbeben aus der Erde zu lesen wussten und für uns errichteten, was längst den gläsernen Weg des Vergessens eingeschlagen. Hier in der stillen Musik der Wüste, in Einkehr und Ödnis, im Widerstreben der Felsmassive zwischen Schwalben und wegzitternden Finken, Ginster und Verwerfungen, entstand noch einmal eine Ahnung von der Geduld des Himmels mit den Steinen, der Steine mit dem Sand, des Sandes mit den Winden. Eine Piste ins Nichts – zu Schafen, die von irgendwo aus der Wüste ziehn nach irgendwo und sind und nicht sind; Buchstaben einer Schrift, die Leben schreibt und löscht.

Homs

Stadt der Winde. Auf halber Wegstrecke von Damaskus nach Aleppo, zwischen Bergzügen, auf denen Mandelbäume, Ölbäume, Föhren, Weiden, Zypressen gedeihen, liegt im Norden Homs, das einst berühmte Emesa, eine der ältesten Städte Syriens und einer der Orte, die sich unter Zenobias Herrschaft den Römern am hartnäckigsten widersetzt hatten. Hier stand die Wiege Kaiser Heliogabals, des Sonnenanbeters, und jene der berüchtigten Julia Domna, der Gattin Septimius Severus'. Aber weder die Bauten der Römer haben Spuren hinterlassen, noch könnte man aus irgendeinem Zeichen ablesen, welche Kämpfe sich hier die Kreuzfahrer und Verteidiger geliefert haben. Ein Industriestädtchen, dessen einziges erwähnenswertes Denkmal eine Moschee zu sein scheint, liegt vor uns und erfreut mit seinem zierlichen Minarett, das genau dort ragt, wo einst der Baal-Tempel stand und der Sonnengott in Gestalt eines schwarzen Steins angebetet wurde. Aber die Stadt dehnt sich aus. Vielleicht ist es ein römisches Überbleibsel, wenn Syrien jedem, der ein Stück Wüste – wie groß es auch sei – drei Jahre lang bewirtschaftet, dieses zum Eigentum macht.

Emesa war es, wo Aurelian auf seinem Zug gegen Zenobia zum ersten Mal feindliches Land betrat und nicht wusste, ob es der Herrscherin gelungen, auch Persien gegen ihn aufzubringen. Zuvor hatte er noch Kadesh zu durchqueren gehabt, die Ebene, in der die gewaltige Schlacht Ramses' des Zweiten gegen den Hethiter stattgefunden, nach deren Ausgang sich beide Kämpfende als Sieger bezeichneten und Ramses des Hethiters Tochter zur Gemahlin nahm, somit einen der weit reichendsten und weisesten politischen Entschlüsse in die Tat umsetzte. Vor Ramses war es, laut Überlieferung, nur der König von Qatna, der seine Tochter Ischi Adad, ein Kind noch, dem verfeindeten König Mari Shamash im Jahr siebzehnhundertsiebzig vor Christus vermählte.

Homs strahlt heute einen sozialistischen Charme aus, aber mit dem Unterschied, dass seine Menschen zufrieden und furchtlos scheinen. Nicht immer war es so, und noch heute geht der rätselhafte Satz um: „Spiel nicht Mittwoch"; was so viel bedeutet wie: „Spiel nicht den Verrückten". Es war ein Mittwoch, als Dschingis Khan im dreizehnten Jahrhundert vor den Toren der Stadt erschien. Er wusste nicht, dass das Stadtoberhaupt seinen Einwohnern geraten hatte, sich verrückt zu stellen, wenn dieser Todesengel erschiene. Und so geschah es. Als die gefürchteten Steppenreiter sich umringt sahen von einer vor Lachen außer sich scheinenden Einwohnerschaft, die wirres Zeug sprach und wirr handelte, da flohen die abergläubischen Angreifer entsetzt und ohne sie anzutasten die Stadt.

Von Homs sind es etwa sechzig Kilometer zum Kalat al Hosn, oder Krak des Chevaliers, einer Kreuzritterfestung, die ihresgleichen nicht kennt. Sie wachte über die einzige Passage zwischen der Mittelmeerküste und der syrischen Hochebene und gründet auf der von Kurden errichteten Burg Hosn-el-Akrad, die von Tancredi, dem Herrn über Antiochia elfhundertzehn geschleift wurde. Elfhundertzweiundvierzig überließen die Franken sie den Militärordensrittern, die ein durchdachtes Verteidigungssystem mit Doppelgängen, Türmen, Gräben, Scharten und Rampen bisher ungesehenen Ausmaßes anlegten. Allein die Küche misst hundertzwanzig Meter in der Länge. Hundertdreißig Jahre blieb der Bau von Erdbeben verschont, ehe ihn jenes von elfhundertsiebzig beschädigte und den Verteidigern Gelegenheit bot, gotische Architekten ins Land zu holen, die eine prachtvolle Halle und den riesigen Speisesaal hinterließen, den ein gewaltiges Kreuzgewölbe überspannt. Der Krak galt als uneinnehmbar. Die Speisevorräte und Trinkwasser reichten für tausende Ritter und viele Monate. Erst der List eines morgenländischen Feldherrn, des Mamelucken-Sultans Baybar, und einem rachsüchtigen verräterischen Edelmann ist der Fall der Festung im Jahr zwölfhunderteinundsiebzig zuzuschreiben. Man hatte der Besatzung die Nachricht zugespielt, dass ihr Einsatz an anderem Ort unumgänglich notwendig sei, worauf fast die gesamte Ritterschaft die Anlage verließ. Die Zurückgebliebenen wurden überrascht und konnten die fünfzig Meter lange Zugbrücke nicht mehr zeitgerecht einholen.

Dreizehn mächtige Türme zählt das Bollwerk, das man über eine steile, gewundene Straße erreicht und das in seiner Geschlossenheit ein Teil des Berges zu sein scheint, auf dem es ruht. Der Eingang liegt im Osten, eine breite Rampe, auf der man in die Obergeschosse ritt. Säle, Unterkünfte und Vereinigungsräume unterteilen Fluchten und Spitzbögen. Die Zisterne und eine gotische Kapelle, die noch Spuren von Freskomalerei trägt, fehlen nicht, wenngleich der siegreiche Orientale eine Moschee daraus gestalten ließ. Das Refektorium ist ein von gewaltigen Säulen unterteilter Raum, der nicht weit von jenem höchsten Gemach liegt, von dem aus der Festungskommandant nicht nur die Burg, sondern auch das umliegende Land überblicken konnte.

Wie vieles durchweht uns, wenn man im wogenden Grün unter dem spitzen Schrei der Schwalben und dem sicheren Kreisen der Falken über blau blühende Abstürze langsam eine Höhe erklimmt, von der aus der Blick fast bis zum Mittelmeer und weit in den Libanon auf der einen, tief nach Syrien auf der anderen Seite schweift und endlich Halt macht vor einem Berg über dem Berg; vor einer hellgrauen Festung, einem Mahnmal des Wahns, etwas besitzen zu können, verteidigen zu müssen, erobern zu sollen. Etwas, das Erde heißt und nicht essbar, noch tragbar ist, ja einzig aus Vorstellung besteht und nur von Käfern, Schmetterlingen, Gräsern und Blumen und anderen ungezählten Wesen, die nichts von ihr wissen, besessen wird, unter Ausschluss des einzigen Geschöpfs, das darum streitet, des Menschen. Wie abgeschieden ist doch der Gedanke vom Eigentlichen, von der unausleuchtbaren Wahrheit. Krak des Chevaliers, eine Meisterleistung des Unnützen, die großartigste Festung der Kreuzritter, das mächtigste Bollwerk des Westens im Osten, heute Hüterin ungezählter wilder Bienenvölker, deren Summen sich in den zyklopischen Hallen zu einem gefährlichen Dröhnen steigert und dem abweisenden Ort eine Spur einstiger Gefährlichkeit wahrt.

Hama

Die Sonne scheint, und man sieht staunend die gut entworfenen, weitläufigen modernen Stadtteile, die nichts von der Ideenarmut einfallsloser Architekten an sich haben. Grün unterteilt das Wohnen, und man bedauert niemand, der in eines der vielen mehrstöckigen, ockerfarbenen soliden Häuser einzieht.

Hama liegt an der oberen Hälfte der Autobahnstrecke, die Damaskus von Aleppo trennt. Es ist die fünftgrößte Stadt Syriens und dankt ihre Existenz dem Orontes, einem nach Norden entwässernden Fluss, der Kulturen und Festungen gleicherweise erlaubte, von denen Qalah Ash-Shamamisah (die Sonnenburg) besondere Beachtung verdient.

Hama, das römische Hemessa, ist ein Park, und es war Kaiser Heliogabal, der die Aquädukte anlegen ließ, um seine Gärten zu bewässern, und jene berühmten Schöpfräder, die Norie, zimmern ließ, die sich heute noch zwanzig Meter hoch ächzend und unvergesslich knarrend in ihren Lagern drehen und Wasser aus dem Fluss heben, um es zu verteilen. Diese Schaufelräder, von denen wie vor tausend Jahren Knaben zur Erheiterung der Zuschauer in die Fluten springen, tragen ihre eigenen Namen, und das berühmteste dieser technischen Wunder, die zwar immer wieder instand gesetzt werden müssen, aber aus der Zeit Roms stammen, heißt Muhammadiah. Wer es gesehen hat und seine komplizierte Bauweise zu verstehen gesucht, stößt auf nichts Vergleichbares. Schöpfräder wurden zum Wahrzeichen einer Stadt, die das Schöpfrad schon im zweiten vorchristlichen Jahrtausend kannte, einer Stadt, die auf zwölf unter ihr ruhenden gründet und heute den islamischen Kern Syriens, die Nuri Moschee birgt, das Heiligtum, das Nur-ad-Din elfhundertsiebzig erbauen ließ und dessen Kanzel mit ihrem Schnitzwerk ihresgleichen sucht.

Hama hinterlässt im Betrachter ein Behagen, das von Harmonie, die zwischen Gegenwart und Vergangenheit herrscht, herrührt. Man spürt hier, mehr als anderswo, die reiche Zusammenkunft der Sprachen, Ethnien, Religionen, die die Einwanderungen mit sich brachten, ohne dass dafür das Mal der Unterdrückung, der Verfolgung auf die Stirn gebrannt wurde. Der Fremdling wird geehrt, Diskriminierung scheint dem Syrer fremd. Leider genießen diesen Schutz, diesmal allerdings unter präzisen politischen Vorzeichen, auch die verwerflichsten Verbrecher des Naziregimes, wie zum Beispiel Alois Brunner. Hama, 1982 Schauplatz des Mordes an zehntausend Islamisten, die gegen Assads Regierung rebellierten. Fundamentalisten, heute Terroristen.

Syrien lebt in der Gegenwart. Und doch ist es eine andere Gegenwart. Das Land hat sich nicht nur seine Märchenerzähler erhalten, sondern auch die Märchen. Wer den Kupferschmieden beim Ziselieren, den Färbern beim Bedrucken der Stoffe, den Webern beim Herstellen des Damastes, den Schnitzern beim Einlegen des Perlmutters zusieht, der weiß, dass hier Handwerk nicht Rückstand, sondern Vervollkommnung und Liebe zum Gegenstand bedeutet, Sorgfalt, die wir uns nicht mehr leisten zu können glauben oder notfalls Robotern anvertrauen. Ein Beduine, der gegen seine Erzeugnisse einen dieser Gegenstände tauscht, geht nie nur mit etwas Zweckmäßigem, immer trägt er auch Schönheit davon, und Schönheit ist Freude, und nur das Schöne wird sorgfältig bewahrt und trägt durch die Liebe, die man ihm entgegenbringt, zur Wirtschaft bei, denn es hält länger. Beduinen, Wanderhirten bestimmen seit Jahrtausenden diese Kultur mit ihrem Kommen und Gehen. Sie, die freien stolzen Wüstenbewohner, die einander kennen, ohne aufschreiben zu müssen, wer von welcher Sippe stammt, sie waren die Herrscher und Beschützer der Karawanen, aber auch deren Gefahr, und es war Hama, das unter ihnen bis neunzehnhundertzwanzig zu leiden hatte, denn sie verschmähten Raub und Plünderung durchaus nicht. Sie wachten über alles, was aus Indien und Arabien, aus verschneiten oder glühenden Wüsten an Gewürzen, Gold, Elfenbein, Edelsteinen, Seiden seinen Käufer im Westen suchte.

Wieder suchen wir den Orontes. An seinen Ufern liegen tote, verlassene Städte, Zeugnisse hervorragender Baukunst aus vor- und frühchristlicher Zeit, die zum Teil noch erhalten in karstiger Landschaft stehen und erraten lassen, was Erdbeben und Unsicherheit vermögen. Im Nordwesten liegt der fruchtbare Halbmond, das Land am Euphrat, Wiege unzähliger, zum Teil zehntausend Jahre zurückreichender Siedlungen, deren Bauten heute wie damals aus luftgetrockneten Lehmziegeln bestehn. Dort jagte man fünfzehnhundert vor Christus noch Elefanten, Strauße – den letzten Löwen erlegte man am Beginn des zwanzigsten Jahrhunderts. An den Ufern des Euphrat lag der Garten Eden, und wer dort aufwuchs, „wird nur schweren Herzens sein leichtes, süßes Wasser mit andern Wassern tauschen".

Höher im Norden liegt das Land, das wir mit dem griechischen Wort Mesopotamien nennen und die Araber Gesira (die Insel). Hier wurden Baron von Oppenheim und der Ehemann Agatha Christies,

Max E. L. Mallowan fündig und gruben Tell Halaf mit seinen Schätzen und Skulpturen, seinen Palästen und Vergessenem aus. Städte aus Lehm, dreitausend vor Christus erbaut, Tell Brak-Nagar, Herrschersitze eines Shamsi-Adad, der einem Reich, das vom Euphrat bis weit jenseits des Tigris reichte, vorstand und über jene Menschen gebot, die man heute noch, wie damals in Lehmwürfeln wohnen findet oder in bienenkorbartigen, schlicht bemalten Häusern. Auch der Menschentypus hat sich wenig verändert, ja mancherorts findet man noch Assyrer und Yezidis mit ihren Frauen, die den gleichen Verrichtungen nachgehen wie zu Zeiten Nebukadnezars und Abrahams. Syrien lebt in der Gegenwart. Und doch ist es eine andere Gegenwart.

Apamea

Nordwestlich von Hama, dem Libanon nah, liegt Apamea. Apamea hieß die Gattin eines Seleukidengenerals und Diadochen Alexanders des Großen, der eine Stadt nach ihr benannte, nachdem er bereits Antiochia gegründet hatte.

Man verlässt Del Ghab, die breiten Niederungen des Orontes, früher Sümpfe, heute fruchtbares Ackerland, und steigt eine beherrschende Anhöhe von einigen Dutzend Meter empor, ehe man die grauen schweren Steinmauern der hellenistischen Akropolis erreicht, die angelehnt an die spätere arabische Zitadelle Qalat-al-Mudib bleibt.

Wo heute Weizen, Gerste gesät, rote Rüben gesetzt und Obstbäume gepflanzt werden, jagte Thutmosis der Dritte, der Pharao, Elefanten. Hier war es, wo Hannibal die Syrer lehrte, die Dickhäuter für den Krieg abzurichten. Apamea lag an einer Kreuzung großer Handelsstraßen. Es entwickelte neben seinem wirtschaftlichen Aufstieg eine bedeutende philosophische Schule und beherbergte in seinen Mauern Kleopatra, Septimius Severus, Caracalla.

Der Ort, an dem Apamea entstand, war schon in der Jungsteinzeit besiedelt. Erstaunt stellt man die wunderbare Sorgfalt belgischer und syrischer Archäologen fest, die die gestürzten Säulen mit ihren messerscharfen Kannelierungen und den nur hier zu sehenden, scheinbar vom Wind zerzausten korinthischen Kapitellen wieder aufrichteten und uns eine Ahnung von der Verfeinerung, deren Ausdruck die hellenistische Ornamentik ist, wiedererstatten. Seit neunzehnhundertdreißig wird hier gegraben, und noch immer liegt der größte Teil der ausgedehnten Stadt im Dunkel der Erde, die ein ununterbrochenes Wohnen mehr als fünftausend Jahre deckt.

Perser gingen den Mazedoniern (dreihundertdreiunddreißig vor Christus) in der Nützung der strategischen Position voran, ehe Alexander der Große einen der drei Hauptstützpunkte seines Weltreiches errichtete. Die militärische Bedeutung der Stadt trug dazu bei, sie zu einer der prächtigsten des Hellenismus heranreifen zu lassen, ehe sie im Jahr vierundsechzig vor Christi Geburt Rom zufiel. Ein Beben, das hundertfünfzehn nach Christus Syrien in Schutt legen sollte, vernichtete Apamea. Aber wenige Jahre später blühte es kräftiger als zuvor, und sein Reichtum war es, der den persischen Kriegsgott im sechsten Jahrhundert hinführte. Tancredi, der Kreuzritter, konnte im Jahr elfhundertsechs nur eine Festung aus dem machen, was die arabische Herrschaft in den vorangegangenen Jahrhunderten weiter hatte verfallen lassen. Aber die Erdbeben der Jahre elfhundertsiebenundfünfzig und elfhundertsiebzig versenkten auch sein Werk.

Wer zum ersten Mal, vielleicht zur Frühlingszeit, das grün wogende Plateau erreicht und die inmitten schlanker, eleganter Säulen liegende, siebenunddreißig Meter breite und zwei Kilometer lange Prachtstraße entlanggeht, umgeben vom kosmopolitischen Gezwitscher unzähliger Sperlinge – oder sind es doch geschwätzige Griechen?–, der kann schwer umhin, diese Steine scheu zu betasten, diese noch nicht gehobenen, schräg aus dem Rasen ragenden Akanthuskapitelle zu liebkosen und einen Blick in die Runde zu werfen, in die tiefe Weite, wo ein Häusermeer, die Agora, Basiliken, Foren und Tempel ihre Geheimnisse unter dichten, wogenden Feldern schützen.

Eine Hand voll Einheimischer kommen entgegen. Auf einem Lumpen bieten sie einige heile römische Glasfläschchen und eine Tetradrachme. Fundstücke?

Ebla

Der fruchtbare Halbmond kündigt sich in leuchtenden Safran-Fluren – oder ist es Raps – an, unterbrochen von Ölbaum-, Feigen-, Mandelbaumfluchten längs des Orontes, und man zieht an Wanderhirten und ihren Schafherden vorbei, bis man an eine unnatürliche Erhebung gelangt, ein Tell, das sich, wie so viele, trapezförmig einige dutzend Meter hoch und nicht selten hundert und mehr Meter im Durchmesser aus der Ebene türmt. Schafe weiden an den Hängen, und viele tragen das rote Mal, das bald ihr Schicksal wird, denn es naht das große Fest der Muslims. Sie sind dem Schlachter bestimmt, aber sie wissen es nicht und ziehen den schmucklosen Hügel Tal Mardikh – der zur Rechten der Straße liegt, die Hama mit Halab, dem späteren Aleppo, verbindet – empor und weiden auf Ebla.

Am Beginn der sechziger Jahre des zwanzigsten Jahrhunderts fiel dem damals vierundzwanzigjährigen Altertumsforscher Matthiae aus Rom im Museum von Aleppo ein Basalttrog auf, den eine Reihe von Löwenmasken zierten. Der Archäologe wollte wissen, woher das Fundstück stamme, und erfuhr, dass es von Tal Mardikh sei, einem Ort, der völlig aus dem Erwartungskreis der Forschung lag, da sämtliche Grabungen grundsätzlich längs des Euphrats stattgefunden hatten und man sich nur von dort Aufschluss über die ältesten Zivilisationen der Erde erwartete. Matthiae ließ sich von der Universität den Auftrag erteilen, in Tal Mardikh zu graben, nachdem ihn der Augenschein gelehrt, dass es sich um eine ungewöhnlich ausgedehnte Stadt handeln musste, die hier verborgen lag. Neunzehnhundertachtundsechzig fand man die erste Basaltbüste, eine Votivstatue, die einen Priesterkönig von Ebla, der berühmten, bisher unauffindbaren Stadt, darstellte. Immer noch herrschten Zweifel, ob es sich um Ebla handelte, denn die mit einer Inschrift versehene Statue hätte ebenso ein Geschenk des Herrschers von Ebla an die Stadt sein können, in der man sie gefunden. Erst neunzehnhundertvierundsiebzig/-fünfundsiebzig stieß man auf das sensationelle Tontafelarchiv, und nun erst gab es keinen Zweifel mehr, dass man in Ebla grub, einer Stadt, die einst von zwanzig Meter hohen Mauern eingeschlossen, fünfundzwanzigtausend bis dreißigtausend Menschen Schutz bot, ehe die Akkader sie stürmten, ehe Sargon diese sechshundert Jahre alte Metropole Nordsyriens zweitausenddreihundert vor Christus niederbrannte und auf Jahrhunderte hinaus einen gewaltigen Stadtstaat vernichtete, zu einer Zeit, als man in Italien begann, Pfahlbauten in stehenden Gewässern zu errichten, und es in Ägypten noch tausend Jahre bis zu Moses waren. Etwa zweitausend vor Christi Geburt erfolgte die zweite Zerstörungswelle der Assyrer, und tausendsechshundert waren es Hethiter, die das wieder und wieder aufgebaute Ebla abbrannten, obgleich man sich zur gegenseitigen Verteidigung mit dem Reich Yarmhad zusammengeschlossen hatte und nun auch dessen Schicksal teilte.

Ebla. Man erreicht ein Hügelrelief, und schon nach wenigen Schritten schiebt man mit dem Schuh Scherben aus der byzantinischen Zeit, aus etwa dem fünften Jahrhundert, zur Seite und schaut auf eine grüne Senke, die von einem weiten niedrigen ebenfalls grün eingefassten Rand überragt wird, an dessen Kardinalpunkten deutliche Absenkungen sichtbar sind. Dort befanden sich vor fünf- bis viertausend Jahren die Tore. Auf dem Weg zum Hügelscheitel kommen wir an bearbeiteten Basaltsteinen vorbei. Sie sind viereckig und etwa sechzig Zentimeter lang und halb so breit und weisen eine Wölbung auf, in der ein weiterer Stein in Form eines Brotweckens liegt. Es handelt sich um Handmühlen zur Zerkleinerung des Getreides, und man kann nicht umhin, sich am archaischen Werkzeug zu versuchen. Nirgends wird einem eindringlicher bewusst, wie nah man jenem Erdfleckchen ist, von dem der Ackerbau ausging und wo der Mensch die Grundgetreidearten nicht nur zu unterscheiden begann, sondern ihren gezielten Anbau suchte. Hirse, Hafer, Weizen, Gerste, Roggen erlösten den gefährdeten Jäger und Sammler. Es begann die Emanzipation der Frau, die in der neuen Gesellschaft einen viel bedeutenderen Rang einnehmen sollte als unter Jägern.

Die Zubereitung des Brotes, ein Akt, der an Weihe und Bedeutung nicht zu überbieten ist, blieb der Frau vorbehalten, und es ist anzunehmen, dass es Frauen waren, die das Keimen des Getreides entdeckten und den Schluss daraus zogen, dass es sich um die Wiedergeburt des Samens handelte. Vielleicht wurde der Ackerbau auch anderswo gleichzeitig entdeckt. Aber das Wunder: Brot stammt von hier. Kein Thailänder erwartet es auf seinem Tisch.

An seiner Südseite gibt der Hügel die Grabungen frei, die die Aufmerksamkeit der Welt erregten. Wir erkennen den Königspalast aus der ältesten Epoche, seine Prunktreppe aus Stein. Hier wurde die Tontafelbibliothek des Archivs gefunden; daneben liegt der Sonnentempel, dem Gott Shamash geweiht, und darunter befindet sich die Grablege des Herrschers mit jenen Waffen und Schmuck sowie Keramikgegenständen, Büsten nebst feinen Elfenbeinschnitzereien, die heute im Museum von Aleppo zu sehen sind.

Sechzehntausend Täfelchen in Keilschrift gab der Fundort frei, aber es handelte sich um eine semitische Schrift, die zwar Ähnlichkeiten mit dem Ugaritischen und Phönizischen aufwies, sich aber der Lesbarkeit entzog. Später fand man, dass es sich um eine Hochsprache der Gebildeten handelte. Der Inhalt der Bibliothek betraf internationale Handelsabkommen, Steuer- und Verwaltungsfragen der Stadt Ebla, weiters königliche Verfügungen und Militärunternehmen. Die Täfelchen sind von Bedeutung, was die Ausleuchtung diplomatischer Beziehungen, der Politik und Wirtschaft der antiken Völker des Mittleren Orients in der Bronzezeit und davor, aus der Perspektive Nordsyriens, anbelangt. Den Texten entnimmt man die dynastische Folge der Herrscher Eblas. Literarische Abhandlungen kamen genauso zu Tage wie Wörterbücher, in denen die eigene den Fremdsprachen gegenübersteht.

Jedes Jahr treffen hier fünfunddreißig italienische Forscher auf hundertfünfzig Syrer und graben drei Monate lang, um die neunzehnhundertvierundsechzig begonnene Arbeit weiterzuführen. Man legte inzwischen ein großes, der Göttin Ishtar geweihtes Viereck frei, innerhalb dessen Mauern die der Göttin heiligen Löwen gehalten worden waren. Anfangs schlug sich der Gelehrte Pettinato mit der iblaitischen Keilschrift herum, bis ihm, dem Altphilologen, ein sumerisch iblaitischer Text in die Hände kam und eines der umwälzenden Kapitel der nahöstlichen Geschichtsschreibung Gestalt anzunehmen begann, denn der Inhalt der Tontafeln bedingt die Neuerfassung der altsyrischen Chronologie und die Festlegung des Eblaitischen als der ersten semitischen Schrift in Abgrenzung zu den Sumerern, die keine Semiten waren, und von denen man nicht weiß, wann und woher sie nach Mesopotamien eingewandert waren. Erst dank dieser Funde kann man heute bestimmen, dass zweitausenddreihundert vor Christus Syrer, Ägypter und Sumerer ihre eigene Geschichte schrieben.

Nachdenklich steht man auf dem Hügel und blickt auf das Grün, das den größten Teil dieser Stadt mit seiner Anonymität deckt und in seiner strebenden Lebenskraft dem Grübeln das Fraglose entgegensetzt und jedem Spatenstich die Bedeutung des Vergeblichen zuordnet. Versöhnend wuchs das Gras seit Jahrtausenden über das Grab eines Palastes, und sein Werk war fast vollendet – mühsam nur unterschied der geschulte Blick die Steppe vom Versunkenen –, als der Mensch wieder kam und aufriss, was das Gesetz des Werdens und Vergehns in seine Arme geschlossen.

Ein Beduinenknabe kommt auf mich zu, ein Lesebuch unterm Arm. Wo mag er herkommen? Er lächelt. Eine Lerche steigt unweit von uns in den Himmel Eblas.

San Simeone – Qalaat Saman (Kal'at Sim'an)

Etwa sechzig Kilometer nordwestlich von Aleppo, nahe der türkischen Südgrenze und unweit des Flusses Afrin bohren sich zahlreiche Höhlen, deren bekannteste Al-Doderria von japanischen Paläontologen erforscht wird, in den Karst. Die Funde reichen bis in die Zeit des Neandertalers. Unter Byzanz fanden diese Höhlen wieder als Kultstätten Verwendung. Afrin, Aleppo und Al-Omk liegen an Wasserläufen und sind auf Grund ihrer fruchtbaren Böden die ältesten Siedlungsgebiete Syriens.

Zwischen dem ersten und dem siebten Jahrhundert unserer Zeitrechnung lagen blühende Städte im bergigen Sim-An, Barischa und der Ebene von Al-Ala. Sie zählten teils Antakya, der schönsten Stadt Nordsyriens zu, teils Afami im Süden. Die erhaltenen Ruinen verraten mit ihrer vornehmen Raumauffassung, ihrer soliden Steinbearbeitung, ihrer großzügigen Architektur, dass es sich keineswegs um Bauernhäuser gehandelt haben konnte, sondern legen den Gedanken nahe, dass wir es mit den Landhäusern reicher Antakier zu tun haben, die hier der Ölgewinnung, dem Weinanbau, der Landwirtschaft und der Viehzucht durch ihre Sklaven nachgehen ließen, um die Produkte nach Byzanz auszuführen. Der Verfall der Orte zog sich über Jahrhunderte hin, begann aber mit dem persisch byzantinischen, dem Sassandenkrieg, der von sechshundertdrei bis sechshundertdreißig währte, zu lange, um die Überlebenden an die Scholle zu binden. Unmittelbar darauf folgte der arabisch byzantinische Feldzug, und was an Städten und Dörfern noch stand, kann nur erraten werden anhand der Münzfunde, die uns auf Omaijaden, Abbasiden, Ayyubiden, Mamelucken und Osmanen verweisen.

In dieser Welt wurde ein Schäfersohn Sim'an oder Simeon oder Al-Amoudi in Sisan, einem kylikischen Dorf, im Jahr dreihundertzweiundneunzig geboren. Schon mit dreizehn Jahren zog es den Knaben ins Kloster. Er suchte ein strenges Leben und verließ Heliodorus, das heutige Tal-Adah. Weitere zehn Jahre später trat er in die noch größere Zurückgezogenheit der Mönchsgemeinschaft im Dorf Telanissos (Dair Sim'an), wo er drei Jahre fastete und sich kasteite und zum Ärgernis des Abtes wurde, weil er Zulauf fand. Er musste gehen und zog sich in eine der zahlreichen Höhlen zurück, die die Gegend kennzeichnen. Bald fanden ihn Heil und Heilung Suchende. Simeon war weder eitel noch gefallsüchtig, und die Folgen seines Rufs störten ihn in der Andacht. Er zog sich auf einen Pfeiler zurück, was ihm den Namen Al-Amoudi eintrug. Die Menschen fuhren fort, ihn aufzusuchen, denn längst sagte das Gerücht, die Gebete Simeons würden erhört. Man erzählte von der leprakranken Tochter eines Königs, die von ihrem Vater in die Einöde eines etwa sechshundert Meter über dem Meer liegenden Berges verbannt worden war, an den Ort, wo Kal'Al Sim heute steht. Simeon, der eines Tages an der Unglücklichen vorbeiging, bat sie um Wasser. Sie bot es und bedeckte dabei ihr Gesicht. Auf die Frage, warum sie das tue, antwortete die Königstochter: „Ich bin krank". Simeon trank und besprengte darauf ihr Gesicht mit dem Wasser. Sie war geheilt.

Simeon sprach zweimal am Tag von seiner Säule herab zu den Gläubigen. Es wurden immer mehr. Nach vier Jahren waren ihm die sechs Ellen, die ihn vom Boden trennten, zu wenig, und er beschloss, zwölf Ellen über diesem zu leben. Aber auch hier störte ihn die Welt, und nachdem er seine Säule auf zweiundzwanzig Ellen erhöht hatte, ohne Frieden zu finden, beschloss er, sein Leben nach neununddreißig Jahren vierzig Ellen über der Erde. Im Jahre vierhundertneunundfünfzig starb Simeon, der siebenundsechzig Jahre alt geworden war. Man begrub den Einsiedler in der Konstantinskathedrale Antakyas und erhob ihn zum Schutzheiligen der orthodoxen Christen Aleppos, die seinen Todestag, den sechsundzwanzigsten Juli, feierlich begehen.

Al-Amoudi, ein reicher Händler gleichen Namens aus Konstantinopel, gab seine Geschäfte auf, wurde Mönch und erwarb sich als solcher die Gunst Kaiser Zenos. Al-Amoudi setzte sich für die Errichtung einer Kirche zu Ehren Simeons ein. Vierhundertsechsundsiebzig wurde mit dem Bau begonnen, und vierzehn Jahre später stand auf fünftausend Quadratmeter einer der eindrucksvollsten und prächtigsten Sakralbauten Nordsyriens. Die Kirche folgt dem Grundriss eines lateinischen Kreuzes. In ihrer Mitte ragt noch heute der Säulenstumpf des Stiliten, ein etwa zwei Meter hoher Rest, den die Gläubigen weiterhin in winzigen Stückchen abtragen; denn hier lebte der Heilige, und nicht nur wer Pascal gelesen hat, weiß, dass das Gehör des Menschen für das Absolute nicht ertaubt ist, dass sein Organ für Transzendenz nicht verdorrt ist, dass Orte wirklich eine Stimme haben, und dass sich kein Besonderer, kein Heiliger an irgendeinem Platz der Erde niederlässt, sondern da, wo seine Kraft nicht ins Leere wirkt. Wir verstehen kein einziges Stück Metall, sitzen aber in Autos. Wir rätseln am Begriff der Zeit, fliegen aber um die Erde. Wir vermögen keine wirklich genaue Weltkarte zu zeichnen und maßen uns an, das Nachbar-All zu verwüsten. Was wenige Flugstunden von uns entfernt in Jahrtausenden gewachsen ist, um den Menschen dort das Leben zu ermöglichen, und gerechtfertigt ist dadurch, dass sie nicht ausstarben, das zerschneidet unser moralisches Urteil nicht selten mit einer Verächtlichkeit und einem Hochmut, der seinesgleichen nie hatte. Wer heute auf der ölbaumbestandenen Berghöhe die drei frei ragenden Portale dieser Kathedrale schaut und durch ihre Flügel nicht nur die Wirtschaftsgebäude und Trakte, in denen Mönche, Gelehrte und Novizen lebten, wahrnimmt und im Ostteil die Anbauten der Bediensteten und der Baptistengemeinde ausschreitet, der fühlt sich an Cluny erinnert und staunt umso mehr, als er es hier mit einer um hunderte Jahre älteren Architektur zu tun hat. Vielleicht trägt zu dem großartigen Eindruck bei, dass man sich auf einer Fels-Empore einer weiten Ebene befindet. Zur selben Zeit errichtete man in Mailand das bescheidene Kirchlein Sankta Thekla. Hier aber entstand, was wenige Jahrhunderte später geringfügig verändert zu einer trotzigen Festung ausgebaut werden konnte und vom alles überrennenden Islam geschont, ja christlicher Hand überantwortet blieb, eine Geste, die der damaligen orientalischen Auffassung von Kriegsführung entsprach, wenngleich die rohe Schäbigkeit der rechtgläubigen Ritter selten eine Lehre daraus zog. Kaiser Konstantin der Achte (neunhundertsechsundsiebzig bis tausendachtundzwanzig) ließ die Mosaike der Festungskirche vollenden.

Tausendsiebzehn erobern Fatimiden Sim'An, die Wehrkirche. Sie verliert ihre militärische Bedeutung, und was vielleicht der letzte Kaiserbau im Nahen Orient war, der in Dimension, Steinbearbeitung, den Vorstellungen von Statik, Architektur, bildhauerischem Zierat und Stil den Willen und die Auffassung Roms wiedergibt, das ersteht vor dem staunenden Auge des Besuchers mit seinen siebenundzwanzig Meter hohen Apsiden, seinen Tympanon und Kapitellen, mit seinen tiefgemeißelten Weinranken, seinen syrischen Sonnenkreuzen, den Malteser, griechischen, byzantinischen, lateinischen, kosmischen Kreuzen. Die Steinfarbe wechselt hier vom hellen Kalkgrau zum verwitterten Rosa bis zum Honiggelb. Fensterbögen scheinen gestern entworfen. Mühelos überbrückt ihr Baumeister eineinhalb Jahrtausende, und man legt seine Hände ehrfürchtig auf den behauenen Stein, um sie das Wort Baumeister wieder zu lehren. Der Wucht und Majestät des Gesamteindrucks wirken die feinen Steinmetzarbeiten entgegen und heben die Masse durch das Ornament auf, das Pfeiler und Stützen umschmeichelt. Siebenfach eingefasste Türstürze geben Rätsel auf, da nichts dem Zufall überlassen ist, und wer die Flächen und Durchbrüche der Fassaden, die Wände und Wölbungen, das Streben und Abbrechen, Aufsteigen und Auslaufen dieses gebauten Gebetes in sich aufnimmt, der weiß sich Leser einer Botschaft, die nur diese granitene Sprache spricht; Sprache, die Landschaft zu Stein, Stein zu Geist werden lässt und Denkmal seiner selber. Stein und Geist, metaphysische Gebrüder oder Grenzmarken des Chaos? Es ist die Landschaft, die den Geist ruft, und dieser sehnt sich nach Darstellung. Wie oft durchmisst man Hunderte von Kilometern und findet sich plötzlich auf einer Anhöhe, die alles weiß und einen Teil ihres Wissens preisgibt. Man kauft sich mit Blicken in die Weite los und überlässt sich der Botschaft des Ortes.

Hier war es ein Einsamer, der zum Ereignis wurde, obwohl er nur den Stimmen seines Dämons lauschen wollte, und der, weil er den geheiligten Ort nicht verlassen durfte, sein Leben immer extremer fristete. Ein Kaiser schuf eine Kathedrale, einen Begegnungsort der Welt mit ihrer Bestimmung. Einen gewaltigen Rahmen der Erinnerung an die Unersetzlichkeit des Geistes.

Was hat dies alles gemeinsam mit Jenem, der wenige Jahrhunderte zuvor am Kreuz gestorben war? Jener, der nie jemandem etwas zuleide getan, der weder mit Worten noch Gesten das Böse gestreift, Jener, der ein einziges Mal seine Jünger um etwas gebeten, und als sie während seiner Todesnot schliefen, ihren Schlaf schonte. Jener, der die Mensch gewordene Liebe gewesen.

Aleppo

Etwa eintausendneunhundert Jahre vor unserer Zeitrechnung zog Abraham von Ham und Ur in Chaldäa durch Aleppo, das von einer großen Dürre heimgesucht worden. Er betete, und der Regen begann zu strömen. Daraufhin bekannten sich die Bewohner Aleppos zum Gotte Abrahams. Rund um die Stadt sieht man heute Zigeunerzelte, aber ihre Bewohner leben von landwirtschaftlicher Taglöhnerei. Sie gehen der Olivenernte am Nahr-el-Asi, wie der Orontes hier genannt wird, nach und leben von diesem geschichtsträchtigen Wasserlauf, der im libanesischen Bekaa entspringt und bei Antakya, dem ehemaligen Antiochien in der Türkei, also vierhundert Kilometer weiter im Norden, ins Mittelmeer mündet.

Das Tal des Orontes wurde seit einer halben Million Jahren von Menschen besiedelt. Dichte Wälder überzogen einst das Land. Noch heute liegt hier, dreihundert Kilometer nördlich von Damaskus, der fruchtbarste Boden Syriens und ernährt die mittlerweile zweitgrößte Stadt und ihre zwei Millionen Einwohner.

Man sagt, Aleppo sei die am längsten dauerhaft bewohnte Stadt des Erdkreises. Beigetragen hat dazu unzweifelhaft ihre Lage, zwischen dem fruchtbaren Halbmond und den wichtigen Karawanenpisten, die Verbindung zwischen den Wüsten und der Küste, dem Orontes mit dem Euphrat. Aleppo war Hauptstadt eines Reiches namens Yamhad im siebzehnten Jahrhundert vor Christus und kontrollierte die Handelsrouten von Anatolien und Mesopotamien. Es unterlag Angriffen der Hethiter, der Hurriten und Ägypter und dreizehnhundertsiebzig wieder der Hethiter. Assyrer, Babylonier, Meder und Perser nahmen es ein. Seleukos Nicatar (dreihunderteins bis zweihunderteinundachtzig vor Christus) gab der Stadt den Namen Boroea, den sie behielt, bis Persien sie Byzanz fünfhundertvierzig nach Christi Geburt entriss und niederbrannte. Justinianus ließ mächtige Mauern zum Schutz errichten, aber die Kriegsfurie des erwachenden Islam unter der Fahne der Omaijaden löste im siebten Jahrhundert das Christentum ab. Eine großartige Verschönerung der Stadt folgte. Wenig blieb von dieser erhalten, denn Byzanz griff neunhundertzweiundsechzig neuerdings zum Schwert und vernichtete Stadt und soeben fertig gestellte Zitadelle, die diese krönte. Aber die Araber waren kriegerisch gewandter, und die von ihnen zurückgewonnene Festung blieb von da an ein Dorn im Fleisch der nach Jerusalem strebenden Kreuzfahrer. Aleppo, verwahrt von islamischer Hand, gewann unter Nur-al-Din (elfhundertsechsundvierzig bis elfhundertvierundsiebzig) ihre heutige Gestalt. Wieder wurden eine große Moschee, die Befestigungsmauer und auf der Anhöhe die Zitadelle aufgebaut. Es entstand der Suq, und nicht einmal die Mongolenstürme vermochten Wachstum und Gedeihen Aleppos bis zur Herrschaft der Ottomanen – im sechzehnten Jahrhundert – einzuschränken. Siebenhundert Moscheen, Schulen, Spitäler, öffentliche Bäder, Karawanserei und eindrucksvolle Paläste verschönerten die Stadt. Alles was Europa an Handelgütern anzubieten hatte, hier wurde es umgeschlagen, bis achtzehnhundertzweiundzwanzig ein Erdbeben der halben Einwohnerschaft das Leben raubte. Doch schon am Beginn des zwanzigsten Jahrhunderts lag hier wieder das Zentrum der Industrie Syriens, und das Ende des Ersten Weltkriegs brachte die Befreiung vom türkischen Joch. Neunzehnhundertfünfundvierzig endete auch das französische Mandat.

Wie alle Städte Syriens ist auch Aleppo eine stille Metropole. Heute hüllt ein feiner, braungrauer Schleier Gebäude, Geräusche, Verkehr. Die nahe Zitadelle ist kaum auszumachen, wiewohl ihr Burgberg mitten aus der Stadt hoch aufragt und weit über die gewagtesten Minarette gebietet. Sandsturm in Aleppo. Die glühende Luft, die verhangene Atmosphäre legen zwischen jede wirkliche Entfernung eine weitere. Man sieht die Menschen wie im Nebel dahineilen oder gemächlich ziehn. Sie scheinen zu schweben. Die Farben der Tragtiere und Kleider werden stumpf. Das Schwarzweiß der Medresen und Moscheen weicht einem verhüllten Ton. Wir treten in den Hof der Freitagsmoschee. Ein Geviert von zweihundert mal zweihundert Meter nimmt uns auf. Aus einer der Seiten hebt sich ein tausendjähriges Minarett, dessen Spitze der Sandsturm verbirgt. Im Hof stehen große Brunnen. Sie sind eingetrocknet, nur einer erlaubt die vorgeschriebenen Waschungen der Muslims. Um die Brunnen sitzen teils mächtige Gestalten in schwarzen Kaftanen und weißem Turban. Sie halten Stöcke in ihren tiefbraun gegerbten Fäusten und murmeln Suren, die sich im Sandnebel auflösen und das Bild der Undeutlichkeit steigern. Man naht einer der Gestalten, ohne dass diese uns wahrzunehmen scheint. Der Mann ist blind. Sie sind alle blind, die hier in ihren schwarzen Kleidern sitzen, ohne zu betteln, und nur ihre Gebete murmeln. Sie tun es für andere. Zwar befiehlt der Koran jedem Gläubigen, sich in eigener Person an Allah zu wenden, aber manche Muslime glauben, dass das Gebet eines Geprüften mehr erwirke und eher gehört werde. Und so geben sie einem Blinden ihr Scherflein und bitten ihn um

Fürsprache, denn wen Gott schon geschlagen, dem schlägt er weniger ab. Man gibt, auch ohne für sein Almosen ein Gebet zu erheischen, und überlässt sich einem Himmel, der bis zur Erde reicht, und diesem alles ummantelnden Sand, der die Welt zu einem Gefühl werden lässt, und in dem Männer aus einer andern Welt vor sich hinstarren und alles mit Gebet und Andacht erfüllen. Irgendwo ruft ein Muezzin, und man erwacht. Man tritt aus dem Zauberkreis der Moschee und ist nach einigen Schritten Gefangener des Suq, des vielleicht ältesten Marktes der Welt, mit seinen Gold- und Silberschmieden, seinen Kelim-Webern, fahrenden Fischhändlern, die ihre lebenden riesigen Flusskarpfen immer wieder vom Herunterschlüpfen von den hochrädrigen Handwagen bewahren, mit ihren Eisentrödlern, die gebrauchte Stahltresore aller Größen und Machart anbieten. Nuss- und Dattelhändler, Bäcker, Schuster, Schneider, Tischler, Klemperer, Hühner- und Pizzaköche, Limonaden- und Wasserverkäufer, Kaffee- und Teebuden, Gewürzhändler, Pfeffer-, Kürbis-, Nelkenstände, Seifensieder, die die berühmte Olivenölseife herstellen, Teppichknüpfer und Menschen, die prüfend dazwischen stehen. Wir blicken uns noch einmal um, gerade schwingt sich ein Händler über ein Absperrseil in seinen eingangslosen Bazar; jeder Quadratmeter ist besser genützt, wenn er dem Auslegen der Ware dient. Wir sehen die Alepposteine, mit denen man sich die Haare wäscht, ein natürliches Shampoo, nachdem der Stein im Wasser gelegen hat. Wir sehen, hören, riechen eine Welt, die von Sommer weiß, von Winter, von Herden und Wüsten, vom Blühen und Dürsten, von Steinen, mit denen man Teppiche färbt, von Gestirnen, die das Kommen und Gehen der Hirten bestimmen, von Händen, denen das dutzendfache Erhitzen und Kühlen des Damaszenerstahls noch bekannt ist, von Gesichtszügen, wie sie dem Hof Nebukadnezars vertraut waren, von Salz und Aloe und vom getrockneten Blut der Lämmer.

Versunken stehen wir, bis uns der Wüstensturm auch hier vertreibt. Wir suchen aus der aschfahlen Atmosphäre den Umriss der Zitadelle zu lesen. Sie ist nicht fern. Mit tränenden Augen erreichen wir die steile Rampe zum ersten Tor und durchmessen die gewaltige Mauer aus dem zehnten Jahrhundert. Hier verwahrt man den Kenotaph des Heiligen Georg, auch wenn der Vatikan anderer Meinung ist. Eine frühmittelalterliche Festung erwartet uns. Zwischen zwei trutzigen Türmen wölbt sich eine Brücke aus dem zwölften Jahrhundert. Der Ayyubide Sulyan-El-Ghazi ließ sie schlagen und vermählte aufs glücklichste Militärnotwendigkeit, Schönheit und Gottesfurcht. Man tritt durch das fünfteilige Portal, das in kufischer Schrift Suren zum Segen des Besuchers weiß, ehe man, an ineinander verschlungenen Schlangen und Löwenhäuptern vorüber, dem Inneren der Zitadelle naht, die eine kleine und eine große Moschee, Bäder und die Reste des Sultanspalasts neben den schaurigen Kerkern birgt, in denen die Gefangenen verhungerten. Kein Bauelement ist jünger als achthundert Jahre. Man steigt auf Zinnen und blickt über das in eine goldene Staubwolke gehüllte Aleppo und wird belohnt mit der Silhouette der ältesten Koranschule Madrasa am-Muqaddamiyah aus dem Jahre elfhundertachtundsechzig, der ottomanischen Moschee und der größten Karawanserei Khan-al-Jumruk. Dahinter gewahrt man den alten Umschlagplatz der Venezianer, Hamman an Nahasin. Nach Norden gewandt, bietet sich Al Jadidah, der Stadtteil der armenischen Christen.

Eine sandgraue Stunde ist verstrichen. Die ausgetrockneten Hände einer fremden Zeit greifen nach uns.

Aleppo, die geschichtsträchtigste Stadt des nahen Orients, die schon vor viertausend Jahren mächtiger war als das Babylon Hammurabis, wird in einer Botschaft, die von Babylon nach Mari gesandt wurde, genannt, und man erkennt ihr nicht nur jene zehn Vasallen zu, die jedem Großkönig zu folgen hatten, sondern weiß den König von Yamkhad am Flusse Qu Weyk, dem heutigen Orontes, unter dem persönlichen Schutz Baal Hadads, des Herrn der Himmel, der Aleppo unter seinem Mantel trug und ihr Schicksal in seiner schützenden Hand barg. Wer hineinhorcht in das Herz Syriens, der weiß, dass man dem Gott auch heute noch die Verantwortung für Dürre zuschreibt.

Die Oft-Zerstörte wurde immer wieder am selben Ort errichtet. Dies ist der Grund, warum den Archäologen der Zugriff auf die ältesten Schichten verwehrt bleibt, die sich unter den heutigen Gebäuden verbergen. Die einmalige Unverrückbarkeit eines von Menschen auserkorenen Ortes geht mit Traditionen einher, die sich genau aus diesem Grund hier und nur hier erhalten haben und noch heute weitergegeben werden. Hier wirken noch Kämmeschneider und in der restlichen Welt ausgestorbene Webtechniken. Die Muster, die mit Holzdruckstöcken in Handarbeit auf die Stoffe gebracht werden, erinnern an das, was man von den Ausgrabungen Tell Mureibits am Euphrat kennt, und das neuntausend Jahre vor Christus entstand. Diese Kontinuität, dieses Ineinanderübergehen von allem ist der Grundton des Syrischen schlechthin. Nirgends ein Bruch. Ein sanftes Aufgehen im Nächsten, was die Zeit vorgesehen hat, zeichnet Syrien, und das Alte wirkt nicht so, sondern dazugehörend. Selbst in Museen entdeckt man nichts, was man nicht erwartet, ja manchmal ist es so, als hätte man eine Reise unternommen, um etwas zu finden, von dem man wusste, ohne es zu wissen. Man wird nicht überrascht, weder von achttausend Jahre alten Göttinnen noch von Tierdarstellungen aus dieser oder anderen Zeiten. Selbst Zerstörungen wie jene Maris zweitausenddreihundert vor unserer Zeitrechnung durch Sargon von Akkad (zweitausenddreihundertvierzig bis zweitausendzweihundertvierundachtzig vor Christus) sind Teil eines Ganzen, ebenso wie jene durch Hammurabi tausendsiebenhundertfünfzig vor Christus. Das Leben, das sich im Kleinen unendlich reicher offenbart als im Großen, blitzt auf, wenn man vor fünftausendjährigen Zierbroten steht und daneben die Model sieht, die zu ihrer Herstellung verwendet wurden. Übrig gelassene Liebenswürdigkeiten verwandter Menschen; man möchte dem Brot-Ereignis Mesopotamiens das Tee-Ereignis Chinas nahe rücken, den Zufall, der einen Menschen eine Hand voll Blätter in einen Kessel heißen Wassers werfen ließ und der dann verwundert feststellte, dass ein duftendes Getränk daraus wurde. Man setzt die Erfindung des Tees in das Jahr zweitausendsiebenhundertsiebenunddreißig vor Christi Geburt. Die Spange der Jahrtausende liegt eng um die Länder des nahen und fernen Orients.

Brot und Tee und Schrift. Es gibt auch einen Meridian, der Himmel und Erde trennt; einen Meridian, der nach oben deutet und dem Menschen wenig zu denken aufgibt. Wie oft hätte sich China von seinem Piktogramm abwenden können, wenn es gewollt hätte. Aber es war wichtiger, die Herrschaft des Himmels durch seinen Vermittler, den Kaiser, zu sichern, als dem Volk Stimme zu geben, und nur eine schwer erlernbare Schrift wie das Chinesische, zu dessen Studium dreizehn Jahre notwendig sind, erlaubt ein Mandarinat Schriftgelehrter und eine privilegierte Anzahl Beamter, die schwer ersetzbar sind. Nicht so in Phönizien, nicht so unter Kanaanitern, den Purpur-Gekleideten, die mit Ägypten, Babylon, Sumerern, Zyprioten und Hethitern Handel trieben; nicht so in Ugarit, nördlich Lattakias am Mittelmeer, wo vierzehnhundert vor Christus das erste Alphabet entstand und sich das Hieratische, das Demotische zum ersten Mal in der Geschichte zu einer aus einzelnen Buchstaben gebildeten, leicht erlernbaren Schrift umwandelte und Europa seinen Begriff von Individuum, von Freiheit und Demokratie – also Mitspracherecht – zugrunde legte. Die leichte Erlernbarkeit schuf jedem gewandten Geist eine Möglichkeit, seine Meinung zu äußern. Die Literatur, die sich aus der Vielfalt des Gedankens nährt, ging neue Wege. Nicht mehr das Gedankengut der Elite fand Ausdruck. Alles konnte nun geäußert werden. Und wenn die Möglichkeiten dieser gewaltigen, ja vielleicht der gewaltigsten aller menschlichen Erfindungen auch erst in hunderten und tausenden Jahren den Einzelnen erreichte und ihm Nutzen brachte, so ist doch ihr Ursprung im Ugarit vor eineinhalbtausend Jahren zu suchen. Der Buchstabe und seine leichte Erlernbarkeit trennen Tyrannei von Freiheit. Der hauchdünne, haarfeine Buchstabe scheidet den Sklaven vom Souveränen, weil er jedem seine eigene Willensäußerung gestattet. Vielleicht beginnt der Westen dort, wo das Wort Freiheit zum ersten Mal geschrieben werden konnte, wo der Menschenwürde Wiege stand.

In einem schonenden Lichtstrahl, der einen kleinen Schrein ausleuchtet, birgt das Museum von Aleppo ein Ton-Fragment. Es misst dreiundvierzig Millimeter in der Länge, ist dreizehn Millimeter breit und etwa elf Millimeter mächtig. Dieses kleine Stück Ton trägt das älteste Alphabet der Welt, das Alphabet Ugarits aus der Zeit tausendvierhundert vor Christus, das überwältigendste Dokument Syriens, vielleicht der Welt, den Keim der Freiheit.

Briefe aus Persien

Iran

„Rein seien deine Gedanken, rein deine Seele, rein dein Tun! Bete keinen Dämon an!“ Dies forderte Zarathustra, der Stifter des persischen Glaubens, der anstelle von Tempeln Feuer auf den Bergspitzen wollte. Zarathustra, von dem wir vermuten, dass er im sechsten Jahrhundert vor Christus lebte, kannte weder einen Rachegott noch das trostlose Nirwana, dem lebenslanges Leid vorangeht, sondern Erlösung. Ziel aller Dinge ist Versöhnung. Selbst Ahriman, der Böse, und sein Reich werden am Ende wieder Teil des Guten, des Lichts.

Sie wissen, liebe S., dass mich der Pragmatismus Chinas zu einer langen Reise in dieses Land bewog, um zu sehen, wie viel durch die Jahrtausende hindurch davon übrig geblieben. Heute, da man im Iran über einen Schriftsteller, der seinen Ruhm vielleicht nur seinem Unglück schuldet, den Stab brach, wollte ich, der Zeitungen immer weniger entnehmen kann, erfahren, was sich dort, trotz dreizehn Jahrhunderten Islams von einer Lehre erhalten hat, der Nietzsche ebenso seine Aufmerksamkeit widmete wie Jean-Philippe Rameau und andere, weil sie des Fanatismus' entbehrt, ohne zur Untätigkeit aufzurufen, weil sie Tüchtigkeit, Redlichkeit und der Hoffnung ohne Überheblichkeit das Wort redet. Ich hoffe, dass Sie meine uneinheitliche Schilderung nicht stört, und erlaube mir, genau und ohne Rücksicht auf stilistische Feinheiten wiederzugeben, was ich an den Orten, wohin meine Reise führte, aufgeschrieben habe.

Vielleicht sollte man festhalten, dass Zoroaster oder Zarathustra gewiss einer Anlage entgegenkam, die in seinem Volk grundsätzlich vorhanden war, als er sein Zend Avesta verfasste, und dass er nur der Januskopf war, der Propheten und Stifter von Natur aus sind, da sie Vergangenheit zu Zukunft bündeln. Zoroaster, der Meder, der im Lande der Chaldäer in Babylon war und dort Pythagoras lehrte, fand das vorhandene Wissen seinem alt-baktrischen überlegen.

Wie im indischen Trimurti kannte Babylon die göttliche Dreiheit, deren oberster Gott Aru, Herr des unsichtbaren Himmels über dem Firmament, ist. Unter diesem finden wir den chaldäischen Ea, also den Gott der Liebe und Güte, sowie Bel, mithin Ormuzd und Ahriman.

Ich will Sie hier nicht mit Einzelheiten langweilen; es sei nur erwähnt, dass Ea von Küstenbewohnern, die ihn als Äthergott verehrten, goldene Schiffchen zugedacht bekam. In diesem Zusammenhang erinnern Sie sich gewiss des goldenen Keltenschiffchens, des Glanzstückes der herrlichen Ausstellung im Palazzo Grassi in Venedig vor wenigen Jahren, und Sie erinnern sich, dass man von den arischen

Einwanderern des heutigen Iran nicht viel mehr weiß, als dass sie aus den Weiten nördlich des Kaspischen Meeres stammen und wohl weiter herumkamen, als man bisher nachzuweisen imstande ist. Ob sich das durch Genetik-Forschung ändert?

Endlich Bel – auch Elim: Hier haben wir den alttestamentlichen El, den Rachegott, den Herrn. Auch Herr der Unterwelt, der Dämonen. Sein Vater ist ein Berg (Thekaet dacti?). Sin, Bels Sohn, kämpft später gegen Samas, den Sonnengott (Mithra), und Ischtar, den Sternenhimmel.

Alt-Chaldäisches begegnet uns in Heraklit von Ephesos und seinem Feuer-Ozean. Das Feuer, das Reine schlechthin, ausgehen zu lassen, war eine unsühnbare Tat. Dem Wasser, das zu verunreinigen sich heute noch jeder Perser scheut, galt und gilt Ehrfurcht. Wer einen Fluss sieht, spricht ein Gebet. Parsen singen beim Anblick der Morgenröte wie zu Zeiten Xenophons. Plutarch, Hermius, Endemus, Cicero schrieben über die Strenge der Bräuche und Plinius über das Verbot, Totes, Leichen ins Wasser zu werfen oder darin zu lassen. Porphyrius erkennt im Lichtgott Ormuzd den Leib der Wahrheit. Reinheit des Gedankens, des Wortes, des Handelns sind die Forderungen Zoroasters, und noch auf meiner Reise widerfuhr uns fremdgewordene Redlichkeit. Dem Urwesen, aus dem das Gute wie das Böse fließen, müssen wir durch unsere Reinheit wieder zustreben, getröstet vom Gedanken, dass auch dem Bösen noch ein Funken Göttliches innewohnt, und dass dieser Funke, ein Bruder des Lichts, von diesem irgendeinmal erkannt und wieder aufgenommen werden wird. An das Ende aller Tage wird ewiges Sein anstelle ewigen Nichtseins treten. Einem endlichen Wesen ist nicht zumutbar, seine Erlösung im Erlöschen des Unglücks anstatt im Beginn ewigen Glücks zu hoffen.

Dass es also in dieser heutigen, zutiefst verlogenen und heuchlerischen, hermaphroditischen Epoche Zufall sein soll, dass jemand das alte Persien aufzuspüren versucht, halte ich mittlerweile für abwegig, zumal ich an Zufälle nicht glaube. Dass der dem Volk übergestülpte Islam gerade dort seine unbarmherzigsten und von den Grundlinien des Koran abweichenden Züge zeigt, wo dieser für geringer und unedler als die eigene geistige Herkunft angesehen wird, ist dem Kenner des Zwangs nicht fremd. Macht und Gerechtigkeit in einer Hand vereint, bedürften eines Gottes; in Menschenhand vereint, verkommen beide. Um wie viel bewegender ist der Schutzgedanke, den die alt-persischen Feruers bergen; Sokrates waren sie Dämon, Schutzgeist, den Römern Manen, und uns sind sie Schutzengel. Vielleicht schützen sie uns auch gegen die Lüge (vedisch: Druh, Zend: Drutsch, deutsch: Trug).

Halten Sie, liebe Freundin, das Auftreten Manis mit seiner chaldäischen Himmel-Hölle-Vorstellung, halten Sie seinen Geburtsort Ktesiphon für Zufall? Ich erwähnte vorhin den Himmelberg; er reicht ebenso tief ins Erdinnere, und die Zikkurate erinnern an ihn. Der Himmelberg ist Kailesh, und dieses indoeuropäische Wort finden wir in coelum, cielo, dem blauen Himmel also.

Zoroaster, der Reiniger der indischen Götterwelt, der Anbeter der eigenen Seele, deren Vorbild (Idee) er lang vor Plato göttlich weiß, der Lichtsucher, der um ein eigenes besseres Ich betet, scheint mir Teil jener unerschöpflichen Ströme, aus denen die Geschichte immer wieder jene gebiert, die das Beschämende wettmachen. Zarathustra stellte das Gesetz über den König und scheute sich nicht, das Volk aufzufordern, wider unwürdige Könige zu beten. Das Gesetz war heilig, und verehrt wurde, wer es verehrte. Damit erwarb er sich, ein Abbild Gottes zu sein, liebender Vater seiner Untertanen. Da Zoroaster oder Zarathustra nur den Fähigsten zu herrschen zugestand und die Liebe und Reinheit zum Prinzip erhob (welch ein Gegensatz zu Macchiavelli!), darüber hinaus die Arbeit, den Feind des Nomadendenkens, nicht als Fluch ansah (– Im Schweiße deines Angesichts sollst du dir dein Brot verdienen –), suchte er durch Fleiß und Redlichkeit eine Welt zu schaffen, der Gestaltung anstelle von Duldung zugrunde lag; sie sollte weder in Liebe zum Feind, noch auf dessen subtile Erniedrigung durch das Hinhalten der andern Backe ausweichen.

Zarathustras Feuer mit seinem Symbol, dem Dreieck, begleitet uns von Pythagoras und Pherekydes über Heraklit von Ephesos, Empedokles, den Schüler Ostanes, Sokrates, Platon und seinen Lehrer Kratylos, dessen Ideen nichts anderes als das von Zarathustra genannte Urlicht, ein Urbild jedes Geschöpfes voraussetzen, weiter über Aristoteles, Philo von Alexandrien, Hermas, Saturnius aus Antiochien, Marcion, Valentinus, Bardesanes aus Mesopotamien, Mani, ja Augustinus (der eine Zeit lang Manichäer war), Flavius, Justinus und Irenäus, Origenes – bis hinauf zum Straßburger Meister Eckhart, Giordano Bruno und Jakob Boehme, Albertus Magnus und Spinoza, Kant und Hegel. Kants ‚Ding an sich'! Woher kommt es? Schellings Urgrund? Ist er nicht Zarathustras ewige Ewigkeit? Nach Schelling, Okham, Baader klingt im Todestrieb Freuds das Prinzip der Dunkelheit noch einmal auf.

Ich weiß, es fällt schwer, im Purpur der Kaiser den Purpur der Feuersglut wieder zu erkennen, die reinigende Macht jenseits der Usurpation. Aber vergessen wir nicht, Mithras Altäre, also Teile des Zend Avesta, finden sich in Tirol ebenso wie in Tarsus, in England, in Numidien, Frankreich oder am Lago Maggiore. Von Dante und Shakespeare bis Mozart und Michelangelo begegnen wir altpersischen Überlieferungen und Vorstellungen. Aber selten erkennen wir diese als solche.

August neunzehnhundertfünfundneunzig.

Die Wirklichkeit

Flug: Mailand-Rom

Unter mir die Lunigiana. Ich höre Rossini, sehe Elba, denke an Napoleon, an Eisen, an Etrusker, ihre Lukumonen, Mäzenas, die schwarzen Bucchero-Tonkelche edler Form, Bronze vortäuschend. Fragolite fällt mir ein, das Mineral, das nur hier vorkommt und kleine Granate enthält, die wie Erdbeeren aussehen. Ich denke an Syrakus, seinen Tyrannen, an Griechenland, Karthago, Rom. Die Wälder der Maremma wölben sich Hügeln entlang; Heimat wilder Rinder, Wölfe, Hirten. Tarquinia, Cerveteri kühlen herauf. Noch eine weite Schleife über die vulkanischen Seen hinweg, über das Schloss der Odescalchi dem Meere zu, dann Anflug auf Rom. Das latiale Löwenfell der Landschaft zerfällt zu Äckern.

Das Treiben auf internationalen Flughäfen zählt zum Guten. Wo die Menschen der Welt friedlich durcheinanderhasten, herrscht Freiheit. Der Gedanke an eine Statue scheint mir unbeholfen. Gewiss grüßten die Einwanderer in New York dieses Symbol, aber allein der Gedanke der Bewegungslosigkeit des Kolosses flößt Unbehagen ein. Starre als Ausdruck der Freiheit? Ist Freiheit nicht Bleiben und Gehen zugleich? Die Statue der Neuen Welt erinnert mehr an die Unfreiheit in der alten als an ihr Gegenteil in der neuen.

Abflug nach Teheran. Über die Bordschwelle des Großraumflugzeugs dürfen nur verschleierte Frauen. Dieser, dem frühen Persien fremde Brauch, scheint eine natürliche und eine angepasste Ursache zu haben: Erstere bedeutet Schutz gegen den hundertzwanzigtägigen Wüstenwind, der bis zu hundertvierzig Stundenkilometer erreicht und bei Bam, nahe Afghanistan und Pakistan, im Südosten auftritt. Die zweite ist ein Machtmissbrauch der Männer seit den Achämeniden erst den adligen, später allen Frauen gegenüber.

Die Europäerinnen im Flugzeug wirken auf einmal alt. Die iranischen Hostessen tragen feine goldene Bordüren und Winkel an ihren tiefschwarzen Überhängen. Seit wir hier, also auf persischem Hoheitsgebiet sind, wirken die Menschen anders. Es ist nicht nur ein Umziehen der Kleider.

Gewaltig atmen die dröhnenden Motoren durch. Prüfende Männer blicken vorbei. Ein fremder Ernst steht in fremden Gesichtern. Nur die Italiener bleiben unbekümmert laut und fröhlich. Man genießt es.

Warum warten wir seit zwei Stunden? Nüsschen, Kaffee, Gebäck kürzen die Zeit.

Endlich rollt der Gigant, hebt ab, quert den Küstenstreifen, und sein kleiner Schatten schneidet den Saphir tief unter uns, ehe er landeinwärts Italien entlang zieht und ein Blick durch das Fenster Erinnerungen an Polykrates, Tiberius, Alarich, die langobardischen Altäre weckt. Capri zeichnet sich ins Meer. Bald darauf glaubt man, weit im Westen Tarent zu sehen, und ahnt Metapont, wohin Pythagoras, der Schüler Zarathustras, die ägyptische und chaldäische Geheimlehre getragen. Empedokles, der sich einen Fisch nannte, wohl die Evolutionsgeschichte ahnend, Empedokles, der allem Seienden Denken und Verstand zusprach, Empedokles, der erkannte, dass Schau Schöpfung ist, dass der Seher das zu Sehende mit erschafft; Empedokles dachte dort unten. Fliegen wir wirklich? Die Grenze des Sichtbaren als Grenze des Unsichtbaren.

Später: Wir müssten über Delphi sein. Nero fällt mir zum Isthmus von Korinth ein und der Nemäische Löwe, etwas im Süden. Links liegt Marathon. Wozu nach Persien?

Schade, dass man die Maschine nicht in der Luft aufhalten kann. Das Gold und Grün Zentralanatoliens wären so ein Schweben wert. Man könnte sich über die Städte beugen, die älter sind als Jericho, und über die Folgen der hethitischen Eisenerfindung nachdenken, dessen Verhüttung den Wald bis nach England fraß. Schiffbau und Schmelzöfen, die beiden eisgrauen Wölfe zerrissen die wehrlosen Wälder Europas wie Schafe.

Hier, wo ich fliege und langsam ein wenig schläfrig werde, liegt der gewaltige Scheitelpunkt eines Winkels, dessen Schenkelspitzen vom Escorial bis zum Katafalk Solimans des Großen reichen. Karl der Fünfte, Philipp der Zweite, in der Mitte – in Wien – Prinz Eugen, und hier der mächtige Sultan und Mehmet der Vierte, dem nicht zuletzt die Sprengtechnik der Schwazer, der Tiroler Bergknappen, den Sieg vor Wien entriss. Das Flugzeug schüttelt. Man vergisst die Toten.

Lebloses Land. Ich muss ein wenig geschlafen haben. Es war mir, als hätte ich den Ton des Funkfeuers gehört, das die iranische Lufthoheit ankündigt. Unter uns der Ammonit der Tiefe. Mildes Braunrot der eisenhaltigen, kahlen Gebirge. Keine Straße. Kein Zeichen von Menschen. Es wird Abend. Man ist froh, in Europa geboren zu sein. Dschingis Khan, Tamerlan fallen einem ein. Wen diese tote Landschaft nicht bezwingt, bezwingt nichts. Die Schattenäxte spalten tiefe Täler. Hier ist Flug Herausforderung, Blasphemie. Dädalos, weißt du weiter? Ein Reigen von Wölkchen zwischen der Wüste und uns! Sind es Engel? Die Salzseen Nordwest-Irans schimmern herauf. Wie heißt die Steigerungsform von tot? Ein fünfjähriges persisches Mädchen bespricht sich eindringlich mit dem orientalischen Tapetenmuster der Flugzeugverkleidung. Der Pilot kündigt eine Außentemperatur von minus fünfzig Grad Celsius an. Wir bewegen uns in etwa zehntausend Meter Höhe. Dann über den ausgefahrenen Landeklappen: Vollmond.

Teheran

Man fährt uns auf der Friedensallee, die nicht aus Gebeten erbaut wurde, an den im schwarzen Grün ihr Nachtmahl verzehrenden Familien vorbei zum Hotel. Das Thermometer zeigt fünfunddreißig Grad. Wir befinden uns zwölfhundert Meter über dem Meer. Viel Militär am Flugplatz und hier; hartnäckige Kontrollen. Zeitschriften, Taschenmesser, Alkohol, Spielkarten (aus deren Nitroglyzeringehalt man angeblich Bomben basteln kann) sind verboten. Die Soldaten schultern entweder erbärmliche Gewehre oder tragen Dolche. Vor dem Hotel eine gewaltige Fontäne. Die Dimension der Brunnen verrät den Durst des Landes. Teherans zwölf Millionen Einwohner trinken aus den Quellen des Elburs, dessen höchster Gipfel weit über fünftausend Meter misst. Man klagt, dass die Metropole zu Zeiten des Schahs drei Millionen Einwohner zählte und als eine Stadt der Wolkenkratzer am Fuß des Gebirges gedacht war. Die Mullahs dachten anders. Nach Feuer und Schwert schickte der Herr Zement. Vier Millionen Autos sorgen – wofür sorgen vier Millionen Autos in Teheran? Ich frage, ob man auch zum Zubettgehen den Reisepass braucht.

Der heutige Iran – Strabon nannte ihn Ariana (ein elamitisches Wort) – deckt etwa zwanzigmal die Fläche Österreichs. Das Persien Darius' des Ersten (etwa fünfhundertfünfzig vor Christus) reichte indes vom Indus bis zum Bosporus und Mesopotamien, Südrussland, ja bis zum Sudan. Es war zwanzigmal der heutige Iran. Gräberfunde im Westen von Teheran sind vierzigtausend Jahre alt und verraten in ihrer Anordnung einen Jenseitsglauben. Steingedeckte Hütten, Ackerbau folgten etwa im neunten, achten Jahrtausend. Man begrub im Wohnraum.

Erinnern Sie sich noch, liebe Freundin, an die gemeinsam besuchte Ausstellung im Dogenpalast? Ich glaube, sie hieß „Achttausend Jahre China", und wir wunderten uns, dass der erste Krug, den wir sahen, aus dem elften Jahrtausend vor Christus datierte. Das Reich der Mitte hatte unsere zweitausendjährige Geschichte schlicht übergangen.

Im Nationalmuseum Teherans stößt man auf rotfigurige Riesenkeramik aus dem sechsten bis vierten Jahrtausend vor Christus. Eher noch als über die Malmuster staunt man über die Brenntechnik, die nötig war. Spätere Stücke, etwa aus dem dritten Jahrtausend, erinnern an Peru, wenngleich sie feiner wirken und Vorläufer der kretischen Töpferei sein könnten.

Ins Museum tritt man nach Geschlechtern getrennt. Nach wenigen Schritten findet man wieder zusammen. Taschen, Täschchen lässt man unbewacht zurück und findet sie unangetastet wieder. Bücher, die gute Abbildungen zeigen, gibt es nur auf Farsi, also Persisch. „Nieder mit den USA" steht neben Mickey Mouse Murales. Im Hotel prangt sogar eine große Schrift dieses Inhalts. Die Hotel-Kasse wechselt nur Dollar. Rafsanjani und Khomeini schauen von den Wänden zu.

Die besten Kupfer- und Bronzeschmiede spätestens tausend bis fünfhundert Jahre vor Christus waren Indogermanen; Arier, die nördlich des Kaspischen Meeres lebten und als Meder, Bakhtrer, Kurden, Parsen (Perser, von Pars, bedeutet Wanderer, also Nomade) die Stammbevölkerung besiegten. Sie besiegten Babylon und Assyrien, bauten mit Steinen statt Ziegeln. Das Wort „Meder" geht zurück auf Amadai, Madai. Eine Tontafel erwähnt es anlässlich eines Feldzugs Salmanassars des Zweiten in Parsua, dem heutigen Kurdistan (achthundertsiebenunddreißig vor Christus). Ekbatana wurde Hauptstadt. Kyaxares zerstörte Ninive und zog bis Sardes. In einer Generation hatte der große Meder Assyrien, Medien und Persien zu einem Reich geschmiedet. Das Alphabet war von dreihundert auf sechsunddreißig Buchstaben eingeschränkt und zur Silbenschrift geworden, das Pergament an die Stelle der Tontafeln gesetzt; die Perser sprachen arisch. Von Zarathustra haben sie die Arbeit, das heißt, den Ackerbau zu ehren, den Handel als Lug und Trug zu verachten gelernt. Keine Schule durfte in der Nähe eines Basars sein.

Barbaren, durch ihre Kriegskunst reich und mächtig, verfielen die Meder rasch in Üppigkeit und Grausamkeit. Der Achämenidenkönig Kyros löste sie ab. Meder und Perser zusammen errichteten das Reich der Großmut. Die eroberten Reiche (Satrapien) vom Iaxartes bis zum Indus durften ihre eigene Religion, ihre eigene Münze, ihre eigenen Gesetze und Bräuche, ja zum Teil ihre Herrscher behalten. Sie entrichteten entrichtbare Tribute und unterstanden einer einander kontrollierenden Kontrolle. Dem liebenswerten Kyros folgte sein halbwahnsinniger Sohn Kambyses, der endlich von seinem General Dareios (Darius) dem Ersten abgelöst wurde, nachdem er noch dreitausend Bürger des aufständischen und endlich wiedereroberten Babylon hatte kreuzigen lassen. Darius festigte sein Reich durch eine ausholende und vorausschauende Verwaltung. Er wusste nicht nur, wie er erhalten konnte, was er suchte, sondern auch, es unverlierbar zu machen. Seine Verträge – wie die Verträge der Perser im Allgemeinen – wurden nie gebrochen. Das Wort des Königs war das Wort Gottes. Es war unabänderlich. In persischen Reihen kämpften Griechen; nie aber kämpften Perser gegen Perser. Noch in Alexanders Feldzug gegen Dareios den Dritten bedrohten Griechen im Sold des Persers den Mazedonier. Das Ethos der Perser aber geht auf Zarathustra zurück, wenngleich anzunehmen ist, dass er nur zusammenfasste, was dem Indogermanischen nahe stand. Eine Stele im archäologischen Museum stellt einen Feuertempel dar und geht auf das dritte Jahrtausend vor Christus zurück. Menschendarstellungen im Iran rühren aus dem fünften Jahrtausend und erinnern von fern an Derwischtänze. Vergessen soll man hierbei nicht den uralten, heute noch geübten Sport der Keulenschwinger, zu denen immer auch das rasende Drehen gehört, das sich im weißen Derwischgewand so prachtvoll ausnimmt und vielleicht im Zusammenhang mit Soma, dem berauschenden Getränk, zu sehen ist, ohne das selbst später nie Beschlüsse gefasst (und anderntags überprüft) wurden. Fünfhundert Jahre, ehe am Palatin die ersten Hütten standen, fiel persisches Licht in Choressan durch Fenster aus Glaspaste, die zu Röllchen gedreht war.

Das Basaltrelief, das man aus Persepolis ins Museum der Hauptstadt brachte, erinnert an Leonidas' Ausspruch: „Ich sah einen Mann mit goldenem Haar, zwei Meter hoch gewachsen, er hob das Visier. Es war ein Gott."

Die Schönheit der Perser war berühmt, und ihre Könige waren die schönsten der Welt. Die Darstellung Ahura Mazdas, ein Königsabbild, wurde Vorlage für die Ansicht, die wir von Karl dem Großen haben. Das oben genannte Relief zeigt herrliche Figuren in verschiedener Haar- und Barttracht, je nach Rang und Herkunft des Trägers. Man hält die Hand vor den Mund, um den Herrscher nicht durch schlechten Atem zu betrüben. (Übrigens: Auf meiner über fünftausend Kilometer langen Reise roch ich auch bei achtundvierzig Grad im Schatten in der Festung Bam, nahe Afghanistan, weder Schweiß noch anderes. Ich sah keinen Kot auf den Straßen. Ja, selbst im Basar Teherans herrschte kein Geruch, es sei der von Gewürzen. Da wir so empfindlich manchen Ausdünstungen gegenüber sind, könnte es vielleicht sein, dass uns ein verwandter Indogermane weniger stört, oder wir für diesen stumpfer sind.)

Das Relief überraschte mit eben jener Darstellung einer Kopfbedeckung, wie wir sie von Dante kennen – etwa tausendsiebenhundert Jahre vor diesem. Der Lotus als Machtsymbol der Achämeniden tritt uns entgegen und die vier – Zarathustra heiligen – Elemente, ebenso die vier Hauptstädte.

Wissen Sie, liebe Freundin, dass Elternmord bei den Persern unbekannt war, dass man kein Kind vor seinem achten Lebensjahr schlug, dass man vor dem Beischlaf betete, ebenso im Anblick des Meeres sowie der Berge? Dass man den Unterhalt der Witwe sicherte, ehe man die Gebete und den Priester für den Toten bezahlte? Dass die Frau Oberhaupt des Hauses war? Dass der Name Persien nur einen schmalen Landstrich östlich des Persischen Golfes bezeichnete, der Pars hieß (heute Fars)? Dass das Altpersische und Sanskrit derselben Sprachfamilie angehören, deren Dialekte sie sind? Dass Inschriften in der babylonischen Keilschrift verfasst wurden, in Dokumenten jedoch die aramäische Buchstabenschrift herrschte? Oder dass zum Beispiel Darius der Erste einen Kanal anlegen ließ, der Persien, das keine Flotte besaß, durch das Rote Meer und den Nil mit dem Mittelmeer verband? Dass man von Susa nach Sardes eine zweitausend Kilometer lange Straße gebaut und auf ihr – sie half später den Feinden Persiens dieses zu erobern! – alle vier Pasang (fünfeinhalb Kilometer) Raststätten eingerichtet hatte, sozusagen die Mütter der Karawansereien, wo Unterkunft, Pferde und Verpflegung des Reisenden harrten; die königliche Post durcheilte die Strecke in weniger als einer Woche.

Immer wieder begegnet man dem Zeichen Ahura Mazdas oder Ormuzd, dessen Flügel Freiheit und Schutz, dessen Löwenpranke Macht, dessen Krone Würde bedeutete. Es ist ein königliches Emblem, und königlich wirkt auch die Garde der zehntausend Unsterblichen auf den Basaltreliefs. Jeder Ausfall wurde augenblicklich ersetzt.

Die heutige Ungenauigkeit, die man allerorten im Iran antrifft, steht im Gegensatz zu den Vätern, deren auf dem Mondumlauf basierender Kalender nur sieben Minuten von unserem pro Jahr abwich. Die achämenidische Skulptur verwendete keine Zier, die nicht – außer ihrer Ästhetik – einen Inhalt gehabt hätte. Die Stierkapitelle erinnern an das Urwesen, dem alles Leben, auch der Mensch, entstammt. Die Rosetten wiederholen die Monate des Jahres und sind ein Sonnensymbol ebenso wie das Rad, das Hakenkreuz. Eine Statue – die erste Rundskulptur – zeigt einen Parther in Seidenhosen. (Noch heute benötigt man sechs Meter Stoff für eine bestimmte persische Hose, die im Kampf durch ihre Schmiegsamkeit den Bewegungsvorteil sicherte.)

Man sagt, die Kuppel sei unter den Sassaniden (zweihundertsechsundzwanzig bis sechshundertfünfzig nach Christus) entstanden. Dem steht der etruskische Bogen als Kuppelsegment gegenüber, der viel älter ist. Allerdings erlaubte die Bauweise der späten Perser jene Verfeinerung des Gebäudeschmucks, der heute noch an Fliesen und Mosaiken abzulesen ist. Vielleicht hängt dies auch mit dem verstärkten Auftreten Ananitas zusammen, der von Alt-Persien und Zoroaster abgelehnten Venus Persiens. Männliche Ideale ermüden.

Fährt man durch Irans Städte, so wundert man sich über die zu viert gereihten roten Ampeln, die entweder ruhig leuchten oder blinken, ohne dass jemand hält. Man staunt, nach hunderten Kilometern Wüste die Straßen der Stadt von klaren Bächen begleitet zu sehen. Man vermisst Katzen und Hunde, staunt über ungewöhnlich große oder kleine Hühner. Kaufleute sind Christen; meist Armenier. Die Busse quieken, anstelle zu hupen, und nehmen ihre Fahrgäste nach Geschlechtern getrennt auf. Das Schwein ist tabu. Farah Dibah, die Ex-Kaiserin und Freundin der Künste, setzte in Teheran den Ankauf einer Statue Henry Moores durch. Vor dem fünftausendsechshundert Meter hohen Elburs wirkt sie unnötig. Europäische Bilder in iranischen Häusern verraten, wie fremd Persien Europa ist.

Ich weiß, meine Liebe, dass Sie meine Schwäche für Teppiche teilen, und war daher im Nationalmuseum für Teppiche, um Ihr Meister zu werden. Allerdings musste ich feststellen, dass man hier einen gerade entstandenen Teppich nicht weniger schätzt als einen alten, wenn er in der Anzahl der Knoten, in Farbe, Muster, Zeichnung den Maßstäben einer lebenden Kunst entspricht. Ob aus Najn, Isfahan, Qom, Kherman oder von Nomaden – jeder Teppich hat sein Eigenleben; jede Provinz, jeder Künstler bringt sein Schicksal ein, und es ist eines der letzten Wunder dieser Welt, dass ohne Lug und Trug heute noch Teppiche geknüpft werden, die den Jahrtausende alten Lebensbaum oder die Sonne oder die nomadische Tierwelt, die Planeten oder die Blumen- oder Vogelwelt zum Vorbild haben oder Jagden schildern, die vor zwanzig Jahrhunderten stattgefunden haben. Teppiche sind viel mehr, als wir ahnen. Sie sind die Teilnahme ihrer Knüpfer an der Geschichte. Ein Eisblock Sibiriens barg einen Teppich, der heute in Sankt Petersburg ausgestellt ist und über zweieinhalbtausend Jahre unversehrt überstanden hat. Es war ein Geschenk an einen Fürsten. Rentiere, Kamele ziehen im Zug um seine Ränder. Teppiche sind Gebete oder Gedichte. Die Zypresse bedeutet langes Leben, der Skorpion Glück oder Kraft, ja es gibt kein Abbild aus der Natur, das nicht seine symbolische Entsprechung hätte, auch wenn unsere Teppichhändler diese uralte Nomadensprache nur in den seltensten Fällen und auch da nur andeutungsweise zu erklären wissen. Vergessen wir nicht, dass in Persien eine fünftausend Jahre alte, lebende Zypresse gezeigt wird.

Kashan ist die Ausbildungsstätte der Teppichkünstler. Kashan, wo man – der schwarzen Skorpione und Schlangen wegen – sommers die Betten in die Bäche stellt. Das Zypressenbild meint aber auch die vom Wind bewegte Flamme oder die Mutter, die sich über das Kind beugt. Also nicht die Knotenzahl, die hier linear auf sieben Zentimeter und nicht in Quadratzentimeter gemessen wird, gibt Ausschlag, auch nicht, ob Seide oder Wolle verwendet wurde, sondern die Gesamtwirkung.

Wir treten aus dem Museum. Es mögen vierzig Grad Celsius im Schatten herrschen, aber man leidet nicht. Auf einmal fällt mir auf, dass ich seit Rom keine Musik höre. Es geht mühsam dem Hotel zu. Nussbäume, Pappeln, Feigenbäume, Rosensträucher, Oleander, Tamarisken säumen die Straße. Die toten Berge wachen über das Tal. Im Zimmer hängt ein lieblos angebrachtes Schild mit dem Pfeil, der gegen Mekka weist. Ein zusammengerollter Gebetsteppich, ein grüner Koran, ein ockerfarbener Stein aus Mekka, auf den die Betenden ihre Stirn beugen, liegen im Schrank.

Die Hotelhalle erleuchtet ein Lüster aus Murano. Nach einigem Hin und Her wechselt man mir Valuta zum doppelten Kurs, den Einheimische bekommen. Wie sollen ihre Kinder im Ausland studieren, wenn ihr Regime so handelt? Wie soll Gedankenaustausch entstehen? Ich sah in Persien keinen Schwarzen.

An einer Berglehne über Teheran wächst ein Ahornwald. Bäche durchziehen ihn, Wege und Straßen. In diesem abgeschlossenen Paradies (Paradies war die alt-persische Bezeichnung für einen Jagdpark) liegen die dreizehn bauhausartigen Pavillons der Pahlewis. Der bedeutendste, für uns geöffnete, ist jener des Vaters des letzten Schahs, in dessen Schlafzimmer die Möbel Marie Antoinettes stehen. Man hält ein und kann sich einer gewissen inneren Ablehnung und Trauer darüber nicht erwehren, zumal man davor in einem großen Saal geschliffener und mit Stukkatur versehener Spiegel stand, die dem Anwesenden seine Persönlichkeit rauben. Dies hundert- und tausendfach vom Spiegel gebrochene Individuum besteht nur noch als Teil, ja als Teil des Teils. Es ist wieder die uralte Auffassung vom Untertan, der ein Nichts ist. Wer die persischen Stufen zu den alten Bauten emporsteigt oder sich antiker oder moderner Architektur nähert, dem fällt auf, dass die Treppen zu hoch, ja, dass der Bau nicht für Menschen gemacht ist, da er den Griechen so wichtigen Kanon des Menschenmaßes übergeht. Der Spiegel hilft im Palast des Schahs, den Menschen zu zertrümmern, zu vernichten, aufzulösen. Und die gleiche Aufgabe hat das Spiegelmausoleum, das wir später besuchen werden. Metaphysischer Despotismus, die Menschen verachtende Scheidewand zwischen Asien und dem Westen, heute noch.

Nicht für Menschen, für Götter baute man. Und die Könige waren die Lieblinge und Abkömmlinge der Götter. Wozu menschliche Maße berücksichtigen? Anmaßung statt Maß; ein großes Missverständnis. Um wie viel aufgehobener ist man im Tempietto des Bramante zu San Pietro in Montorio oder dem von Alkibiades gestifteten Bau, der dem Parthenon vorgelagert ist!

Die Anlage der vorletzten Herrscher Persiens hat etwas Unsicheres. Die verstreuten Pavillons entsprechen äußerlich der Architektur des zwanzigsten Jahrhunderts, ausgenommen der etwas pompösere des Vaters des verstoßenen Schahs, dem es nicht gelang, ein persischer Atatürk zu werden. Die Inneneinrichtung ist meistens gequälte Prunksucht. Jedes Familienmitglied besaß ein Haus und konnte somit den Kontakt mit anderen suchen oder vermeiden. Keine Auffahrtsrampe, keine Allee. Das tut wohl. Aber insgesamt bleibt der Eindruck des Uneinheitlichen. Trotzdem gehen, angefangen vom Studienwesen bis zur Stadtplanung und dem Straßenbau, wie man mir sagt, viele Initiativen auf diese Familie zurück, und das nunmehrige Staatsoberhaupt scheut sich nicht, unter Angabe des Urhebers vieles aus den Archiven holen zu lassen, um vorhandene Pläne zu prüfen und – wo für richtig gehalten – zu verwirklichen.

Ein Volk, das nicht wagt, seiner Polizei oder auch nur einem Soldaten ins Gesicht zu sehen, kann mit der eigenen Regierung keinen großen Griff gemacht haben. Die Einsetzung der nicht für die Staatsführung geschulten frommen Männer, der Frankreich Vorschub leistete, kann nur als Zynismus des Westens verstanden werden. Man wusste, in welche Hand man das Schicksal dieser Nation legte. Und reist man durch das Land, so scheint es, als sei dort das Lächeln gestorben. Der schwarze Umhang, Tschador, den die Frauen tragen müssen, beraubt sie ihrer Wahrhaftigkeit, denn nicht alle tun es gern, wie man besonders in den Basars feststellt, wo die eifrigsten Interessenten für bunte Stoffe gerade die tiefschwarz Verhangenen sind.

Die Herrschaft der Gottesmänner hat das Land isoliert und herabgewirtschaftet. Freundschaftsverträge bestehen mit Libyen. Murales, millionenfache Darstellung der Köpfe Khomeinis und Rafsanjanis, verunstalten zahllose Wände. Die Demagogie ist greifbar. Ein Angestelltenlohn beträgt etwa zweihundert Dollar. Ärzte verlangen das Zehnfache, außertariflich. Die kargen Pflanzungen des im Grund reichen Landes entbehren der Düngung. Verkümmertes, wohlschmeckendes Obst deckt den Tisch. Die Speisenfolge auch in ersten Häusern ist dürftig, wenngleich hygienisch und schmackhaft gekocht. Huhn und Lamm, da und dort ein wenig Stör. Zweihundert Gramm des weltbekannten Kaviars kosten zweihundert Dollar. Persien geriet vom Regen in die Traufe: Die Brutalität des Schahs wurde von Stümperei und Fanatismus abgelöst.

Auf den Straßen zirkulieren alte Personenwagen, die im Land zusammengeschraubt wurden, deren Teile aber aus dem Ausland stammen. Das eine oder andere französische Modell muss vielleicht als politische Verbeugung angesehen werden. Wenngleich die Eigenwilligkeit Frankreichs in diesem Fall eher in seiner antagonistischen Tradition den USA gegenüber als in der Weiterführung der Ideale von siebzehnhundertneunundachtzig zu vermuten ist.

Nur alte Leute sah ich Mullahs grüßen. Die Jungen wissen, warum sie nicht ausreisen dürfen. Sie suchen die Begegnung mit dem Fremden in der Hoffnung, er schreibe, was sie ihm erzählen. Journalisten sind der Regierung im Iran unerwünscht. Angeblich sagte Khomeini, als ein Landsmann ihn bat, wieder Gerichtshöfe, Rechtsanwälte und Richter zuzulassen: „Was Recht ist, steht in den Schriften. Wie kann es der Interpretation zugunsten seiner Brecher bedürfen?" Einer sowjetischen Regierungsdelegation, die Zusammenarbeit auszuhandeln gekommen war, beschied er: „Ihr System führt in den Abgrund. Der Kapitalismus führt ebenfalls in den Abgrund. Ehe beide dies nicht ändern, haben wir einander nichts zu sagen." – Stand auf und ging.

Die Bevölkerung Irans hat noch Geduld. Aber ich fürchte, nicht mehr lang. Man sah es an Deutschland und anderswo: Eine Generation ist bereit, zu leiden, zu entbehren. Aber wenn sie gewahrt, dass ihre Nachkommen an den Folgen der eigenen Geduld zu darben beginnen und zu verkümmern drohen, dann regt sich etwas Mächtiges in der Volksseele: der Überlebenswille. Und dann gibt es weder eine Religion noch eine Ideologie, noch eine Diktatur, die die Wende aufhalten kann. Der plumpe Versuch des Schahs, seinen Staat unter despotischem Einsatz einer unmenschlichen Polizei in wenigen Jahren durch die Jahrhunderte zu peitschen, hat den Gottesmännern den Weg geebnet, der mit Hoffnung gepflastert war. Die erste Enttäuschung über ihre Unfähigkeit wurde durch den dümmsten aller Kriege aufgefangen. Heute geht das zweite Jahrzehnt korrupter, unfähiger Staatsführung zu Ende. Es bleibt zu fürchten, und Iraner sprechen es aus, dass die Befreiung aus dem Volk selbst kommt und in einen Bruderkrieg mündet. Dessen eine Front wird aus Fanatikern bestehen, die glauben, im Angesicht Gottes zu kämpfen. Das großartige Beispiel, das Deutschlands Einigung gegeben hat, wird Persien nicht nachvollziehen, auch wenn Brot und Benzin unter den Selbstkosten ins Volk kommen. Man besucht ein Land, in dem an der Kasse vor den Palästen ein gedruckter Willkommensgruß ausgegeben wird, den die Revolutionswächter wenige Meter danach wieder zurücknehmen.

Isfahan

Wenn die endgültige Geschichte der Menschen einmal zu schreiben sein wird, wird man nicht umhin können, Krankenkassen, Sozialschutz, Arbeitszeitverkürzung bei Lohnausgleich, Mindestforderung der Ausbildung, persönliche Freiheit, also alle unsichtbaren Kathedralen unseres Jahrhunderts an jenen sichtbaren zu messen, die uns Despoten hinterließen. Denkmäler sind gebaute Märchen, deren Schönheit an etwas erinnert, wofür es Opfer zu bringen lohnte.

Als Abbas der Große die Ottomanen (fünfzehnhundertachtundneunzig) entscheidend besiegt hatte, befahl er seinen Generälen, ihre Garnisonsstädte zu verschönern. Dem Wetteifern dieser Generäle dankt der Iran heute noch viel seiner Pracht. Hier, nach hunderten Kilometer Wüste, findet, wer den Himmel durchgräbt, das blühende Herz Persiens. Im Flugzeug saß eine Blinde. Sie flog, Isfahan zu sehen.

Isfahan dankt seinen Fluss, Zayande Rud, dem nahen Gebirge. Sein Leben dankt es dem Fluss, seine Schönheit einem Herrscher, Schah Abbas (fünfzehnhundertsiebenundachtzig bis sechzehnhundertneunundzwanzig), und den Garten Haschf Beheschi. In vierzig Jahren schuf ein Safavide ein Weltwunder: Die Freitagsmoschee spendet einem ganzen Leben das Unaussprechliche, an dessen Grenze die Schönheit stehen bleiben muss und das Heilige beginnt. Der tiefe, klare, blaue Himmel reicht mit seinen weiten Armen herunter und schlingt sie um Minarette und Kuppeln, deren sanftes Türkisgrün über die Dimension hinwegtäuschend etwas Unendliches sichtbar macht, das sich nur im Widerschein des gebrochenen Sommerlichts aufhalten darf oder an den Ufern des Mondes. Die Minarette scheinen eher vom Himmel zu kommen, als in diesen zu streben. Im Blau der Keramik, der Farbe des Tages, in ihrem Gelb der Sonne, in ihrem Grün der Vegetation birgt sich Dreifaltigkeit; aber der eigentliche, ungeheure Gewinn dieses Baus liegt in seiner berauschenden Freudigkeit. Der Wandel der religiösen Architektur von der Bitte der Romanik zum Dank der Gotik bis zur Besinnung der Renaissance und endlich der Freude des Barock ist hier in einem Werk vollzogen. Die umgestülpte Opferschale der Kuppel entlässt das Gebet durch das hohe Portal in den Tag. Ihre Zwiesprache mit der Ewigkeit aber behält sie sich vor und wählt die Farbe als Dimension: Dort, wo die Schwere gezwungen ist umzukehren, strahlt die fliesenummantelte Kuppel in die Unendlichkeit. Nirgends würden Statuen – ja alles außer Schrift – tiefer das Gespräch zwischen dem Erreichten und dem Unerreichbaren stören. Man vergisst die zeitlose Dramatik der Wüste. Man vergisst Mongolen, Ottomanen, die das Land bis weit ins sechzehnte Jahrhundert besetzt hielten. Man vergisst die armenische Kathedrale und das elende Eck in ihrem Geviert, das die Gedenkstätte für zwei Millionen ausgerotteter Armenier sein soll. Man wird nachdenklich, ruft man sich ins Gedächtnis, dass es der Muslim Abbas war, der sie vor den Türken rettete, der dreihunderttausend von ihnen ins Land holte, ihnen ihr Christentum, den Wein, das Handwerk und den Handel ließ, ihnen Grund schenkte und Erwerb sicherte bis heute. Man vergisst die Japanerinnen im schwarzen Umhang, die persischen Kinder in ihren zarten Blumenkleidern, den Fluss, der soeben entsprungen und von stolzen Brücken – sie verschönten selbst dem Sultan Teestunden – bezwungen wird, ehe er plötzlich der Wüste nach wenigen Meilen unterliegt, vergeht, versiegt. Man vergisst die Synagoge aus dem fünften Jahrhundert, die an König Azdgerd erinnert, dessen Frau Jüdin war und ihn bat, ihrem Volk Siedlungsfreiheit hier und im Ort der Zusammenkünfte, Ekbatana, zu gestatten. Man vergisst den siebenstöckigen Regierungspalast, die Moschee ohne Türme – wen hätte ein Muezzin in die private Andachtsstätte eines Edelmannes rufen dürfen? –, den riesigen Poloplatz, die Gärten und den Basar. Aber die Freitagsmoschee in Isfahan vergisst man nicht. Himmelsverbunden, hoheitsvoll, eine Herrscherin tief im Gedächtnis.

Verloren steht man auf der Straße, die keine Bettler kennt, umgeben von schwarz gekleideten Frauen, die ihre Trauer um Omar noch heute tragen. Man denkt an die Radierung Rembrandts im armenischen Museum und wie ähnlich Yeprem Khan-by-Arjank einem lieben Freunde sieht. Verwirrt sucht man Anschluss an die Zeit, bleibt am rötlichbraunen Verputz einer Mauer hängen und weiß, dass dieses uralte Mörtelwerk besser als alles andere vor Hitze und Kälte schützt, obwohl es aus Lehm, Stroh und dem insektenfeindlichen Urin von Tieren besteht, der Parasiten fernhält. Der Stuck der Moscheen enthält zwei Prozent Feuchtigkeit, wogegen der beste heutige Mörtel nicht unter zwanzig Prozent zu verarbeiten ist. Man geht zum Wasser und weiß, dass Brücken Gesänge über die Flüsse sind und heilig. Isfahan, die Agave der Städte, bedurfte siebentausend Jahre, um zu erblühen, und wurde viermal niedergebrannt von Arabern, Dschingis Khan, Tamerlan und den Afghanen. Alles wegen eines Wasserlaufs.

Sechsundvierzig Grad im Schatten. Warum sieht man in den Straßen Persiens keine Krüppel, keine Lahmen, keine Blinden? Wo sind die Opfer des jüngsten Krieges? Versuchten auch hier die Ärzte zuerst ihre Kunst an Ungläubigen, wie Zarathustra vorschrieb und die USA an Einwanderern wiederholten?

Ich sah und sehe keinen Buchladen. Die Bibliothek von Alexandria ist abgebrannt. Wonach wird erzogen? Kann sich der Selektionsdruck von innen allein am Koran ausrichten? Wie kann gut sein, was für viele Verkümmerung bedeutet? Wie lang brauchen Religionen vom Keimen zum Absterben?

Persepolis

Dem Gebirge vorgelagert, über Jagdgründen thronend: die Huldigungsstadt Darius' des Ersten und zugleich der Ort, an dem das Große an Alexander Risse bekommt. Persepolis, von einem König gefordert, ist ein einziges Basalt-Relief. Es ist das Denkmal der Knechtung. Aus unendlicher Ferne scheinen sie heranzuziehen seit zweitausendfünfhundert Jahren, und noch immer bringen sie ihre Herden, ihre fünfhundert verschnittenen Knaben pro Jahr, ihr Gold, ihre Gewebe, ihre Edelsteine. Und wenn die Oberfläche dieser Steine längst keine erkennbaren Zeichen mehr tragen wird, werden sie ihre Opfer durch das innere Kristallgitter noch zehntausende Jahre weiter herantragen. Sie können nicht anders.

Die Rampen krönen Zikkurate. Sieben Stufen, deren Abschluss Ahura Mazda, das Licht, ist, während die andern Feruers, Engel, auch die Engel der Elemente oder Planeten sind; chaldäische Gedanken, babylonisches Erbe. Eine Säule steht in Persepolis. Es ist die schönste der Welt; und selbst als der Mazedonier die Stadt verbrannte: Sie brannte nicht. Darius, Xerxes, Artaxerxes – es ist nicht weit zu den Gebirgen, in deren Wände man ein Leben lang die Gräber der Großkönige meißelte, und das Rätsel des Turms in der Senke vor ihnen liegt wohl darin, dass ein Priester dort das Heilige Feuer im Angesicht der toten Götter wach hielt. Auf goldenen Bahren, in goldenen Särgen lagen sie, und der Mazedonier kam zu sehen. Warum kennen wir nur so wenige Gräber? Welch einen Trost birgt der Gedanke, hier tief im Blau des Himmels, eingeschlossen von gewaltigen Massiven, Könige im Schlaf zu wissen, unversehrt. Die Berge hier sind Königsgräber.

Pasargade

Hundertvierundfünfzig Quadratkilometer soll diese Stadt gedeckt haben. Kyros wollte sie. Blumen, Bäume, Wiesen lebten hier, wo das Steppengras in der Hitze flimmert. Hier besiegte Kyros den letzten Mederkönig (fünfhunderteinundfünfzig vor Christus). Türme aus Staub erheben sich über der Stätte, an der schon Elamiten, kleinwüchsige, dunkle Menschen, dreitausend Jahre vor Christus lebten. Assyriens Stiere warten vor den Resten der Tore, die Kyros durchschritt. Kyros, der erste Herrscher, der ein Edikt im Sinn der Human Rights erließ, der die Juden Babylons freiließ.

Der Sarkophag Kyros' steht heute noch an jener Stelle, an der ihn Alexander aufsuchte, um sich den Mantel eines großen Toten umzulegen und zu beten, ehe er das Grab verschloss, Persepolis anzündete und auf der Rückkehr aufgebrochen fand, was er und die Jahrhunderte vor ihm verschont hatten.

Felsen, Schluchten, Ginster, Täler, Nomaden, Ziegenhaarzelte. Wir fahren zurück nach Schiras unter dem dreißigsten Breitengrad. Wie viele Studenten würden sich melden, böte man ihnen an, unter der Führung von Gelehrten Pasargade freizulegen! Schön müsste das sein für ihre Kinder, von einer Tafel zu lesen, dass hier Vater oder Mutter monatelang half, Seite an Seite mit den Studenten der Welt ein Geheimnis lesbar zu machen.

Der Iran liegt hoch; er gebiert andere Gedanken. Man kann sich nicht darüber hinwegtäuschen, dass der Glaube an Mohammed dort nie wirklich ins Innerste gedrungen ist. Und gerade die unbeschreibliche Verführung, die von den schönsten Moscheen der Welt ausgeht, ist der Beweis, dass man sich jeder Kunst bediente, um die Skepsis zu besiegen. Wer genau schaut, findet hier in den Heiligtümern der Muselmanen nicht nur den viereckigen Grundriss der sassanidischen Feuertempel (zweihundertvierundzwanzig bis sechshunderteinundfünfzig), der sich zum Achteck und endlich zur Kuppel rundet, sondern er findet immer irgendwo das Sonnenrad, das uralte indischpersische Symbol des ewigen Feuers.

Fanatismus ist verzweifelter Glaube. Verzweifelt woran?

Ich weiß nicht, liebe Freundin und Gefährtin auf diesem etwas mühsamen Weg durch Persien, ob Ihnen ein Werk vorliegt, das Einflüssen auf menschliches Denken abhängig von der Höhe über Meeresspiegel nachgeht und deren Zeugnisse zu erkennen vermag? Gibt es kulturell Grundsätzliches, das Orte in Nepal und Peru, das geographisch ähnlich gelegene Siedlungen verbindet? Was spielt sich weltweit zum Beispiel auf dreitausend Höhenmeter ab? Welchen Einfluss haben Nahrung, Sauerstoff auf das Denken der Menschen? Was die Wüste lehrt, wissen die Berge schon lang. Es ist der Berg, der zu Sand verfällt. Und keine Moschee kann sich mit einem Berg messen. Das Heilige ist unbewohnbar. Iran ist Bergland.

Schiras

„Der Fremdling, der im Mai nach Schiras kommt, vergisst seine Heimat."

„Ich war traurig, denn ich stand vor der Moschee in Bagdad und hatte keine Schuhe auszuziehen. Da sah ich einen Mann, der keine Beine hatte."

„Alle Menschen sind Brüder, und befindet sich einer in Not, so sind alle in Not; und wenn du es nicht fühlst, verdienst du nicht, Mensch genannt zu werden."

„Ich bin nur Lehm, aber ich lag neben Rosen."

„Ich hatte einen Traum!"– „Und was sahst du?"– „Ich sah alle Tiere beten. Soll ich als Mensch nicht beten?"

„Besser eine Giftschlange als einen falschen Freund. Die Schlange tötet nur."

Gedanken Sadis (circa zwölfhundertfünfzehn bis zwölfhundertzweiundneunzig in Schiras, eigentlich Scheich Abu Abdallah Moscharrifoddin Sadi), des großen persischen Dichters.

Schiras, auf tausendfünfhundert Meter Seehöhe liegend, ist das Herz der Provinz Fars, die Persien den Namen gab. Es ist das Florenz Irans, die Wiege der Kunst. Hauptstadt verschiedener Dynastien, verschont von Mongolen, pflegt es die reinste Sprache. Die majestätischsten Zypressen des Landes, die beste medizinische Fakultät (man unterrichtet in Englisch) stehen dort. Die Rosen und Nachtigallen Schiras' sind in die Kulturgeschichte der Menschen eingegangen, seit Hafez (dreizehnhundertvierundzwanzig bis dreizehnhundertneunundachtzig) und Sadi von ihnen sangen. Die Künstler dieser Stadt beeindruckten Tamerlan so sehr, dass er ein Viertel seines Samarkand Schiras nannte. Das Taj Mahal in Agra entwarf Ostad Isa aus Schiras. Aber Schiras besitzt noch etwas viel Wichtigeres als das Aufgezählte. Es besitzt neben Koranschulen und Sufi- oder Derwischgräbern den Sterbeort Sadis, jenes Mannes, der fünfzig Jahre durch die Welt wanderte, bettelarm, aber verehrt, und der genau an jenem Ort im Norden der Stadt schläft, wo er hinsank. Das Geheimnis seiner Dichtung liegt nicht im Schliff der Sprache, nicht in der Belehrung, nicht im Opium der Bilder, sondern im überwundenen Leid, das dieser Große zu Tröstung umzuwandeln wusste. Große Gedanken bedürfen keiner großen Worte, und was uns der Weise zu sagen hat, sprengt die Grenzen seiner Zeit und bleibt. Wer weiß, eifert nicht. Wer das Leid kennt, sucht das anderer zu lindern. Sadi hebt den Gestrauchelten und geht weiter. An seinem Alabastersarg wandeln heute noch unzählige Menschen jeden Alters vorbei, legen ihre Hand darauf und murmeln Verse aus dem „Golestan“ (Rosengarten). In der kostbaren Lampe aus Isfahan über ihm nistet ein Vogel. Vor dem Mausoleum haben sich die Jasminblüten geschlossen, deren Duft man nachts zwei Kilometer weit riechen kann; sie öffnen sich nur im Mondlicht. Wenige Schritte vom Grab des Weisen wacht eine Zisterne, in der sich Forellen tummeln. Forellen im Herzen Persiens und seiner Wüsten.

Liebe S. P., ich schicke Ihnen die Pinienluft, ein Rosenblatt und eine Quelle aus Schiras. Ein Großer – und eine Stadt entsteht; ein anderer – und sie vergeht. Es war schön zu sehen, wie ein Europäer vor dem Sarkophag Sadis den Hut abnahm. Wie kostbar wirken Gedichte in der kufischen Schrift, wie kostbar die Demut Weitgereister.

Es wird nun Zeit einzugestehen, was ich für das Bedeutendste in diesem Lande halte: Es ist die Wasserführung. Nicht einmal der Chinesischen Mauer konnte ich abgewinnen, was in mir der Gedanke an die hundertfünfzigtausend Kilometer – die Zahl errechnete eine kanadische Forschergruppe – unterirdischer Kanäle hervorruft, an denen ein ganz besonderer Menschenschlag, die Mokaht, seit über zweitausend Jahren bis heute schuf. Diese Kanäle, die von den Bergen durch die glühenden Wüsten in bis zu vierzig, ja hundert Meter Tiefe verlaufen und nur einen halben Meter hoch sind, wurden mit der Spitzhacke Meter für Meter gegraben, die Erde an die Oberfläche geschafft. Die Wassersucher gehen in die Berge, und von dort bringen sie klares, kühles Trinkwasser, wohin sie wollen. Es ist so schlicht wie wunderbar, und wer die Wüsten Persiens durchquert, der beugt sein Haupt vor diesem Werk.

Ich habe Ihnen von Sadi gesprochen; aber hier ruht auch in einem an Alberti erinnernden Säulengang eines graziösen Baus Hafis, der Dichter des Weines und der Freuden. Der Mann, den kein Angebot veranlassen konnte, sein Schiras zu verlassen. Er schrieb Gedichte, nur Gedichte; aber die Perser fragen ihn noch heute um Rat. Goethe schätzte ihn, und wer erkennt, wie viel Dichtung Mit-Teilung bedeutet, der wird dankbar sein, wie die Perser es sind, mit denen ihr Dichter die Größe seiner Gedanken teilte. „Kommt an mein Grab. Bringt Wein und Musik. Für euch will ich aufstehen und mit euch tanzen." Hafis. – „Willst du ins Paradies, so pflanz' einen Baum." Zarathustra.

Woran soll ein Land, das der Technik so geringen Wert beimisst und zugleich eine Wiege der Schönheit ist, gemessen werden? Es herrscht etwas zutiefst Ungenaues hier, wo keine Konsole gerade ist, keine Jahres- oder andere Zahl exakt genannt wird, keine Auskunft ernst zu nehmen ist, kein Umrechnungskurs stimmt. Aber die Schönheit hat Mitleid mit den Menschen.

Ich reise in Gesellschaft eines Blinden, eines Todkranken und eines Krüppels. Man merkt fast nichts. Es sind Weltreisende. Abends sprechen wir über die Koranschulen und das fünf- bis zwanzigjährige „Rest"-Studium, das die Schriftgelehrten und Koran-Spezialisten erzeugt, unter denen das Land ächzt.

Sie, liebe S. P., fragen mich nach der Musik, der Malerei: Nun, Letztere ist dort, wo sie überlebt hat, in die Miniatur ausgewichen (und eher gekonntes Handwerk), da der Koran die Darstellungsmöglichkeit auf die Schrift einschränkt. Musik befremdete mich weniger als in Nordafrika und Arabien, da wohl hier der Übergang von der verfeinerten indischen Tonkunst zur arabischen Räume offen lässt, die uns betretbar bleiben. Zu meinem Erschrecken klingt hie und da Nordamerikanisches aus den Hotel-Lautsprechern und offenbart die diesbezügliche Selbstaufgabe. Wenn wir im Jazz die Vertonung der Freiheit lesen wollen, so kann man im hier Abgespielten doch nur der Vertonung der Rohheit beiwohnen.

Schiras – Kerman

Von Schiras, das nicht weit des Persischen Golfes und gegenüber Kuwait liegt, durch die Wüste bis Kerman sind es gemächliche acht bis zehn Stunden einsamer Fahrt zwischen Qorud Kuhha-Ye-Kuhdaye an Salzseen entlang, die im Schoß aufgetürmter Steinwüsten schlafen. Gespenstisch wirken am Rand der leblosen, weiten Wasserspiegel die Tretboote, die an dünnen Landungsstegen in der Sonnenglut von über vierzig Grad eines Lebensüberdrüssigen harren. Aus den Geröllhalden ferner Berge heben sich schwarze Nomadenzelte. Irgendwann unterbrechen Mandelhaine, gespeist von unterirdischen Wasserläufen die Ödnis und lassen die Salzkegel zur Rechten der Straße vergessen. Die Hufe der Sonne zerschneiden die scharfen Ränder amethystfarbener Bergzüge. Irgendwann weitet sich das Tal, und Lehmmauern grenzen dürftige Gärten ein. Abgebrannte Felder halten den Blick auf. Der Mais steht schwächlich. Taubentürme wissen nicht von Justus Liebig. Ein schütteres Feld hebt Tomaten, Paprika, Baumwolle an die Sonne; Lavendel, Rosmarin unterbrechen.Wir befinden uns tausendsechshundert Meter über dem Meer. Entmutigt liegt die umgebrochene Erde. Zu viel Salz. Dornsteppen werden folgen. Schutzlos zieht ein Ziegenhirt durchs ferne Geröll. Gespenstisch vernähen Telefondrähte von irgendwo her die Jahrtausende zwischen der Halbinsel Arabien und Pakistan.

Wir nähern uns einem kleinen Städtchen. Eukalyptusbäume, Jasmin, Nuss-, Mandelbäume, Hühner. Den Bauten, selbst den erbärmlichsten, fehlt die Fertigstellung. In den Menschen hier scheint die Kraft zum Tod eine größere Wirklichkeit auszudrücken als anderswo. Sie verstehen sich nicht in jener verzweifelt temporalen Ordnung, die uns Sporn und Ohnmacht ist. Nihilismus. Wer seinen Segen sucht, muss in den Koranschulen beginnen. Er wird ein großes Reich zerstören.

Abgelegen, eingemauert – von fern sehen wir ein Lager afghanischer und kurdischer Flüchtlinge; die Vergessenen dieser Erde.

Sarvestan

Ein Sassaniden-Jagdschloss, tausendfünfhundertjährig. Wo heute Steppe ist, hetzte man Löwen und das dunkle, kleine persische Zebra. Die letzten Restaurierungsbemühungen wusch ein Unwetter hinweg, und wir sehen die königlichen Spuren eines Baus, der von ferne an normannische Dimensionen erinnert oder an die Schlösser Friedrichs des Zweiten in Apulien.

Weiter.

Wölfe, Füchse, Schakale, Antilopen, Wildziegen und Adler sollen die Wüste und die himmelhohen Bergzüge bevölkern. Stunden vergehen. Wir sehen nichts von alledem, nur rostrote Felsmassive und hinter einem Pass ein Birkenwäldchen. Am Nachmittag hält man angesichts einer Nomadengruppe, die fotografisch geschlachtet wird, ehe sie sich schüchtern nähert. Ein Mann tritt vor uns hin. Er hält ein Küken in seinem Turban und weist die Almosen zurück; er bittet um ein wenig Vaselin gegen die Infektion zwischen den Krallen des Vögelchens.

Bam

Wer einen Tag nicht scheut, da selbst die Luft zu Wüste wird und man im Graublau und Rostrot an Geister glaubt, sieht man die fernen Telegrafenmasten, der fahre nach Bam, nahe Pakistan und fasse es, wenn ihm fruchtgebeugte Dattelpalmen in königlichen Reihen entgegenschreiten, wenn ihn der Duft des Wassersäufers Eukalyptus umfängt, wenn kühles Wasser seinen Weg begleitet und Brunnen im Schatten warten.

Vergessen sind die zweiundvierzig Grad für einen kurzen Augenblick, dann tritt man durch das einzige Tor der größten erhaltenen Festung der Welt und verliert sich im Ockerrot der Gemäuer, ehe man die Zinnen erreicht und den Blick von der nahen Wüste Lud bis in den Norden und Westen schweifen lässt und ein Landschaftsbild aufnimmt, in dessen Vordergrund die zerfallenden Reste der Sassaniden-Siedlung eineinhalb Jahrtausende überdauerten, in dessen Mittelgrund mächtige Ruinen, von Palmen begleitet, der Wüste zustreben, um sich endlich in den Bergen am Horizont mit dem Himmel zu vermählen. Hier, heroben auf der höchsten Aussichtskanzel, lässt leichter Wind den Gluthauch vergessen, und man denkt, wie leicht es gewesen, das Volk vom Islam zu überzeugen; genügte es doch, hier, an dieser heiligen Stelle, die von niemandem als den Königen und Priestern betreten werden durfte, eine kleine Moschee zu errichten, ein Gotteshaus also, aber auch eines für die Gesellschaft, die freien Zugang hatte und hat. Um wie viel war Mohammed den Namenlosen näher als Ormuzd / Ahura Masdah und Ahriman, der Böse, mit seiner Legion der Dämonen. Es gab keine Klassen und kein Geheimnis mehr. Das Volk hatte seinen Schein-Sieg davongetragen: In Wirklichkeit war es nur ein paar Höhenmeter näher an der Verachtung.

Alles klang so leicht, und niemand ahnte, dass schon die Schüler der innigsten Verehrer Allahs, der Sufi und Derwische – wie Nurredhin, dessen Mausoleum noch steht und dessen Onyx-Sarkophag auf prachtvollen Teppichen ruht, in die man seine Worte knüpfte – erschlagen wurden, als sie wagten, den Koran zu singen. Wie kommt es, dass der Umbrier Franziskus singend Gott lobte zu eben derselben Zeit? Hier sind die Teppiche Musik, hier und im weit entfernten Kaschan, wo man die Magier, die Heiligen Drei Könige vorüberziehen sah.

Der Blick von den Zinnen dieser Wüstenfestung gleitet über Palmen, die die besten Datteln liefern, in die Weite der Wüste, deren unbeantwortbarer Ruf eine Ewigkeit vorausahnen lässt, die den Menschen erhebt, anstelle ihn niederzudrücken. In der Wüste unterliegt man etwas Großem und wächst an ihm.

Kerman

Seehöhe: Tausendsiebenhundertfünfzig Meter. Morgens warten wir auf Treibstoff. Angeblich ist ein Tankschiff aus Libyen halbvoll mit Wasser anstelle Benzin angekommen. Gestern noch hielt uns ein Soldat auf, dem es ungewöhnlich schien, dass wir, um einen verletzten Gefährten zum Arzt zu begleiten, ausgestiegen und ein Städtchen nicht umfahren hatten. Er wollte uns in die Polizeikaserne bringen, wo man uns wenigstens vierundzwanzig Stunden lang verhört hätte, und erst unserer unerschrockenen Führerin, einer Perserin, gelang es mit Hinweis auf unsere ministeriale Genehmigung, den Revolutionswächter von seiner Absicht abzubringen. Über dem Abschaum schwimmt immer noch ein Oberabschaum.

In Kerman, an der Grenze zu Pakistan, spricht man ein fast indisches Persisch. Blumenteppiche ungewöhnlicher Schönheit und Kraft werden hier geknüpft. Gombad-e-Jabaltye, ein mysteriöses Oktagon, dem man zweitausend Jahre zuspricht und einem zoroastrischen Kult zuordnet. Der hohe, majestätische Bau liegt im Tal, was dem Feueranbeter widerspricht. An seiner Seite befindet sich heute ein Friedhof, in den die nahen Berge morgens ihre Schatten werfen. Die eindrucksvolle Konstruktion erinnert stark an das Grabmal Theoderichs in Ravenna – und dies hier, an der Seidenstraße, am Ort Kaiser Valerians, im Opium-Reich! Man steht vor dem ersten Kuppelbau des Iran. Ein Rätsel, da das persische, parthische Denken das „Sich-vor-dem-Himmel-Verschließen" nicht kennt. Die späteren Parther-Tempel bestanden aus einem Geviert hoher, offener Bogen, zwischen denen das Feuer brannte.

YAZD

Das Juwel mitten in der Steinwüste Kavir und der Salzwüste Lud. Eine Stadt, am Leben erhalten vom Wasser, das seit Jahrtausenden aus den zweihundert Kilometer fernen Bergen hierher durch Ghanats geleitet wird und ankommt, statt zu versickern. Hier, wo die Straßen schmal sind, um Schatten zu spenden, hier, wo die Grenzmauern der Altstadt hoch sind und von der UNESCO geschützt, hier besitzen die Häuser Sommer-, Winter-, Frühling- und Herbst-Seiten. Geht nicht auch die Diwan-Vorstellung darauf zurück? Selbst die Gebäude-Farbe sucht das Auge nicht zu ermüden und mit quälendem Licht auszusöhnen. Kontraste werden vermieden. Die Goldschmiede verlassen noch heute zur Mittagsstunde ihre Werkstatt, ohne diese abzuschließen. Wohin soll man auch mit dem Raub in der gewaltigen Hochebene, umgeben vom Tod? Der Sonnengott legt seinen glühenden Zaum der Erde an. Und doch ragt hie und da ein Baum, ein Orpheus. Woher nimmt er die Kraft?

Diese Landschaft entzieht sich der Kunst. Hitze ist nicht darstellbar, der Gesang der Stürme ebenso wenig. An der Grenze zum Himmel gähnt im Fels eine Höhle. Auf einem mächtigen Stein steht: „Allah Akbar". Schwarze Finken sitzen in Disteln. Dann wieder Wüste: leere Seite im Buch der Erde.

Weiter reisen wir, und auf einmal scheinen im Abend die Berge riesige blaue Kamele, die uns voranschreiten, voran, den Salzwüsten zu nach Norden. Die Göttin der Ferne breitet ihre Arme nach uns aus. Das Land häutet sich. Es wird Nacht; Zeit und Entfernung werden Schwestern. Nur die Herrschaft der Berge steigt mitleidlos aus der Ebene, die wir sind. Alles ruft nach Pferden, den Überwindern der Ebene. Ostpersiens Gebirge bilden den unbewussten Hintergrund eines Denkens, dem nichts fremder ist als Demokratie. Unüberwindliche Steinwände ragen aus der Tiefe. Die Geographie verneint den Kompromiss. Hügellandschaften gebären andere Herrscher. Hier ein steinernes Nein, tausende Meter aufragend; selten die gnädigen Pässe. In Russland hingegen lädt die Steppe zu stehenden Reiterheeren ein. Hier verstummt das Wispern der Ebene an den senkrechten Wänden. Es wird zurückgeworfen. Lernen Könige von der Landschaft? Eine alte Frage. Wie weit beeinflusst Natur unser Handeln? War Alexander zufällig ein Mazedonier? Wendet sich die Natur auch an die Machtlosen? Und was lehrt sie diese? Alles Reisen ist ein Traum, in dem wir wie aus unserem Körper austreten – oder auch nur zur Seite rücken, um einem neuen Selbst Platz zu machen, wo es dem Innen ermöglicht ist, sich als Bruder des menschlichen Außen zu erkennen. Wo die Quellen der Welt in uns selber entspringen.

Die Berge hier sind Ayatollahs. Als das Volk Khomeini um Erleichterungen bat, sagte er: „Nicht zu Erleichterungen! Ich bin gekommen, euch ins Paradies zu führen!“ Aber Religion, die das Leben verneint, ist keine Religion. Nur wer das Leben achtet, wird die Schöpfung achten und lieben.

Durch die Zeit betrachtet, scheint der Iran ein riesiges Zelt, von den Stürmen der Geschichte immer wieder zu Boden gerissen. So war es zum Beispiel ein Perser, von dessen Hand Omar im Jahre sechshundertneununddreißig fiel, und es waren Türken, die den Glauben an Allah einführten, der nach dreihundertjährigem Frieden zwischen Muslims und Zoraoastrianern in einer Blutwelle fast alle Feuerverehrer ausrottete.

Aber wenn man das Geheul der nächtlichen Wüstenstürme hinter sich lässt und am frühen Morgen den nahen Bergen zustrebt, kann man sich am Zügel der aufgehenden Sonne den riesigen Türmen des Schweigens nahen, deren dreißig Meter hohe, ockerrotfarbene Wände sich kaum vom Felsen unterscheiden, den sie beherrschen. Hierher trugen sie bis vor wenigen Jahren ihre Toten, damit diese kein einziges der heiligen vier Elemente verunreinigten, und sie setzten die Verstorbenen, mit dem Rücken an die Innenwand gelehnt, im Kreis und sammelten nach dem Mahl der Geier die Knochen in der Mitte des Rundes, in dessen Tiefe sie noch heute ruhen.

Schweigend steigt man den steilen Pfad empor. Schweigend erträgt man den kühlen Hauch vom Gebirge her und wartet, bis die Sonne kommt, und spricht ein Gebet für die Unbekannten, die hierher zogen und blieben. Man bittet um Vergebung für das Eindringen in den Ring des Todes, ehe man geht. War hier Marco Polo, oder stand er nur vor der Freitagsmoschee an der Seite der Mongolen?

Im Tal nimmt die Hitze zu, aber die hochgeschlitzten Türme der Häuser – ähnlich den frühen, vierkantigen Kirchtürmen – entwickeln seit Jahrtausenden geschickte Turbulenzen, die dem Raum unter ihnen wenigstens zehn bis fünfzehn Wärmegrade ersparen. Eine ausgeklügelt uralte Technik versteht es, die feinsten Luftregungen in Erträglichkeit umzusetzen, und man staunt über den Intellekt, der diese Überlegungen zuerst anstellte, – und vergleicht.

Erloschen und fielen wirklich die Besten der Welt, wie es ein Bekannter einmal so grausam aussprach? Sind wir wirklich die Auslese der Davongelaufenen, übrig Gebliebenen? Nun, Heldengeschlechter sind wir keine, aber das Heldentum der Frauen dieser Welten ist noch nicht geschrieben und überträgt sich heute noch, wenngleich nicht mit der Einfalt des Schwertes. Was lehren sie nicht zu überwinden, die Frauen von Yucatan bis Bombay, vom Feuerland bis Nowaja Semlja! Und geschieht Auslese nicht auch von innen, wie Popper andeutet? Führt das Überleben der Vorsichtigeren nicht zu mehr Überlegung und Überleben? Und führt nicht Leben zum Verständnis des Lebens?

Yazd, das Wüstenjuwel, hütet noch heute in einem Tempel das Heilige Feuer. Die Frauen davor tragen keinen Tschador; die Feuerverehrer lehnen ihn ab. Das Anbeten der Flamme ließe sich vielleicht aus dem Umstand ableiten, dass die Indogermanen nördlich des Kaspischen Meeres an Baku vorbeikamen und dort Flammen sahen, die – scheinbar von niemandem genährt – der Erde entstiegen. (Es war brennendes Gas, vom Funken eines herausgeschleuderten Steins entzündet.) Der nordische, die Kälte fürchtende Mensch hat eine andere Beziehung zum Feuer. Wie soll er nicht, angesichts der spontanen Entstehung desselben, an göttlichen Ursprung glauben und es, mit sich tragend, hüten? Ja, eine Gesellschaftsklasse fördern, der es allein obliegt, dieses Heiligtum zu bewahren?

Yazd wurde nicht erobert.

Liebe Freundin, ich habe Ihnen viel von der Hitze erzählt; aber ich will Ihnen nicht verschweigen, dass es die Perser verstehen, hinter meterdicken Lehmmauern seltsamer Kuppelbauten das im Winter gebrochene Eis durch die glühendsten Wüsten-Sommer zu retten. Jedes Quartier besitzt so einen Kühlturm, der über Wasserbecken von fünfzig bis siebzig Meter Länge und zwanzig bis fünfundzwanzig Meter Breite sowie geringer Tiefe errichtet wird, um das Wintereis darin zu sammeln.

Das Pfauenauge wider den Bösen Blick, aber auch Glückssymbol

In Ardestan steht Masjed-e-Jame, eine Seldschuken-Moschee aus dem zehnten Jahrhundert, deren Feierlichkeit keinen Vergleich mit Zisterzienser- oder Benediktiner-Abteien scheut. Zum letzten Mal stehen wir vor einem uns zutiefst verwandten Bau, dessen Dimension die Fahlheit der verwendeten Ziegel vergessen lässt und die Sehnsucht nach Gregorianischen Gesängen, ja nach dem normannischen Sizilien, nach Kierkegaard, Johann Sebastian Bach erweckt. Es ist ein Geheimnis, welcher inneren Entsprechung diese Baumassen gehorchen, denn man empfindet Höhe, Breite, Tiefe und Weite mit dem Behagen des Vertrauten und in tiefer Übereinstimmung. Ardestan liegt genau in der Mitte des heutigen Iran. Es ist eine graue Anhäufung unansehnlicher Zweckbauten, aber es beherbergt eine Moschee, die Zeugnis davon ablegt, dass Arabien hier Architektur gelernt, aber nicht übernommen hat, weil das Denken, das dieser Bau voraussetzt, andern Ursprungs ist als jenes, das uns in Isfahan mit seiner Farbenpracht trunken macht. Aus dieser Moschee geht man stärker, als man gekommen; aber aus Isfahans Moschee geht man glücklicher. Hier ist es unser Intellekt, der befriedigt wird, dort unser Gefühl. Dieser Bau festigt uns; die Moscheen Isfahans lösen uns auf. Beides wirkt ungeheuer.

Wieder Wüste. Ein Baum hier bedeutet mehr als ein gewonnener Krieg. Vergessen die vierzig Ethnien um Yazd, vergessen die Bögen der Parther, Vorläufer der Sassaniden-Säle. Aser – Ater – Vater – Feuer und die schwarze Flamme der Zypresse von Barku, fünftausend Jahre alt, fünf Meter stark, zweiundzwanzig Meter hoch.

Es ist spät, liebe Freundin. Kultur und Uhr, verträgt sich das? Ich beginne, in den Wüsten zu ertrinken. Aber zuvor noch Najn, wo die älteste Moschee Irans (aus dem Jahr neunhundertdreißig) steht, wo man von Haus zu Haus unter gedeckten Gängen geht, wo die belüfteten Zisternen stehen.

Hamadan

Auf dem Weg hierher waren Bisotun und Kermansha zu berücksichtigen, in das zweihundert Raketen aus dem Irak eingeschlagen haben. Der Wiederaufbau in diesem zementarmen Land bleibt jenen Statistikern überlassen, die den Raum zwischen aufragenden Stahlbalken mit Ziegeln auffüllen; eine Fachwerktechnik, die das trockene Klima erlaubt, das den Stahl weniger angreift, als es bei uns geschähe.

Tagh-e-Bostan, auf dem Weg nach Bisotun, blendet mit einem herrlich grünen Bassin, das überragt wird von mehreren ziselierten Felsnischen im Zagros-Gebirge; wir finden darin neben Jagd-Darstellungen unglaublicher Abwechslung und anatomischer Feinheiten eines der seltenen Denkmäler eingemeißelt, die einen Sieg über Rom feiern.

Bisotun

Dieser Berg, der heilig war, wohl weil er eine mächtige Quelle birgt, ragt über dem antiken Weg vom Iran nach Irak. Hier ritt Alexander der Große und erfrischte sich im tiefgrünen Weiher im Tal. Kinder baden heute unter rauschenden Bäumen, und wer das Auge hoch in die Felsen hebt, kann nicht umhin, an Delphi zu denken. Hier im Nordwesten Irans liegt das Delphi Persiens. Der gespaltene weibliche Fels. Hoch und unerreichbar trägt er, was Darius und sein Sohn Xerxes der Nachwelt hinterlassen wollten, auf dass sie ihrer Mühen und Siege gedächte. Die Keilschrift-Texte sind in Neubabylonisch-Akkadisch (links), Pahlevi, also Altpersisch (Mitte) und Neuelamitisch verfasst. Ein Ort, der seine Faszination seit der Altsteinzeit beibehält; denn was konnte die Vorbeiziehenden mehr fesseln, als nach dem Abstieg von Wüstenpässen ein weites Tal, die spätere Kornkammer Persiens, zu durchqueren und plötzlich vom Rauschen einer Quelle aufgehalten zu werden, die sich aus den nackten Felsen wirft. Texte in heilige Berge zu meißeln, bedeutet, ihren Wortlaut zu heiligen, zu verewigen, wie wir leichtfertig sagen. Es ist ein mächtiger Unterschied, worauf und in welcher Schrift geschrieben wird. Wort ist nicht gleich Wort, und nur selten erinnert man sich im Westen daran, was man seit Jahrtausenden weiß: Die Beschwörung durch das Wort beginnt bei der Wahl des Mediums, auf das es gebannt wird. Ob Pergament, Papier, Achat, Gold, Perlmutter, Holz, Schiefer – dasselbe Wort wird einen anderen Körper annehmen. Es wird jedesmal anders zu seinem Leser sprechen. Die Großkönige Persiens schrieben auf Felswände; denn was man Bergen anvertraut, hat wahr zu sein wie diese, und unverlierbar. Dabei war nicht das Wichtigste, gelesen zu werden, sondern geschrieben zu stehen; und so finden wir am Ende eines Tales südlich von Hamadan-Ekbatana, fern aller Straßen und nahe einer Quelle, die auf zweitausenddreihundert Meter Höhe entspringt, wiederum zwei Felsinschriften Darius' des Ersten und Xerxes', worin beide Ormuzd danken. Verbanden die großen Straßen Persiens nicht auch heilige Feuer miteinander? Holten sich die Könige nicht ihre Krone zu Fuß, noch zur Zeit der Sassaniden? Die Bescheidenheit der Auserwählten – es gab sie.

Wir nähern uns Hamadan, dem früheren Ekbatana, über den gefürchteten Asad Abao-Pass. Hier also, auf tausendachthundert Meter baute sich Semiramis ihr Sommerschloss. Hier wohnten Könige, wenn Persepolis zu heiß war. Hier scheinen Häuser und Menschen fester und sicherer, und der nächtliche Sturm von den Bergen beunruhigt weniger. Hier traut man Handlungen mehr als Gebeten. Hamadan – der Ort des Zusammenkommens –, eine der ältesten Städte der Welt, liegt am Weg nach Bagdad. Honigfarbene Onyx-Böden ersetzen die Teppiche in den Häusern am Zagros-Gebirge. Ekbatana, die Hauptstadt der Meder, der Achämeniden, umgab seine goldverkleideten Häuser mit sieben Mauerringen, deren vorletzter silberbeschlagen, deren letzter goldbeschlagen war. Wie viel birgt die Erde unter der heutigen Stadt!

Gombad-e-Ala-viyah, ein Mausoleum aus dem zwölften Jahrhundert, hütet noch heute die Reste des Seldschuken-Adels, der es sich errichten ließ, und man erschrickt: Man hat es schon einmal gesehen! Dann aber weiß man: Castel del Monte in Apulien. Doch es ist hundert Jahre jünger! Wer schwankt, ob es Friedrich der Zweite selbst entworfen oder sein französischer Baumeister, findet hier in Hamadan die Frage beantwortet. Dreizehn arabische Schriften gibt es. Aber ein Perser war es, der die Punkte setzte, womit die Unverwechselbarkeit des Ausdrucks entstand.

Ein Hirt ist heilig, zehn sind schmutzig.

Das heutige Ekbatana oder Hamadan ist nur ein Ort. Gelblichgraue, niedere Lehmbauten wuchern vor sich hin, und nur dem Suchenden entbirgt sich der kolossale verbliebene Steinlöwe aus der Zeit Alexanders. Nur der Kundige findet das Grabmal Esthers und Mordechais, in dem ein andächtiger Jude hinter einer mächtigen Granit-Tür auf Teppichen knieend singt von der wunderbaren Errettung durch Esther, der Gattin Xerxes', von der dieser nicht wusste, dass sie Jüdin war, ehe sie nicht seinem Statthalter, der die Vernichtung der Juden Persiens beschlossen hatte, in den Arm fiel. Noch heute pilgern Juden zu ihrem größten Heiligtum in Iran, und noch heute lebt eine Kolonie von Juden hier.

Wie unwichtig wird nach tausenden von Jahren das Anfassbare! Wie sehr schaffen sich Gebete ihre Gestalten selber. Das Gebet, Perlmutter des Geistes, kann auch einen Hohlraum langsam mit so viel Wunder umkleiden, dass er zur Perle wird und auf dem Samt der Unkenntnis den Schimmer der Gewissheit verbreitet. Sie liegen tief, diese Toten: jüdische Heilige. Aber man darf sie besuchen.

Auch Avicenna ruht in Hamadan, wo er, der Forscher der Heilkunde, der die europäische Medizin des Mittelalters so stark beeinflusste, im Haus eines Freundes zweiundvierzigjährig starb. Er lebte gern. Wein und Frauen waren ihm nicht fremd, und das Schachspiel, dieses persische Geschenk an die Welt, wohl noch weniger. Ein Tourist tastete andächtig den Schreibtisch der Wächterin im Mausoleum ab und hielt ihn für den Sarg Avicennas.

Zurück nach Teheran, vorbei an den hundert Festungen der Ismaeliten, der gefürchtetsten muslimischen Sekte des Frühmittelalters, die den Mord zu ihrem ersten, nicht letzten Mittel erkoren hatte und deren Assassinen selbst dem Sultan den Dolch neben das Kopfkissen legten zur Warnung, bis Tamerlan mit List und Verrat ihrer habhaft wurde.

Vergnüglich aus einem Land zu berichten, in dem man keinen Menschen lachen, ja auch nur lächeln sah, ist schwer. Kein Mensch weiß, warum er eine Reise antritt, aber alle glauben, es zu wissen. Marco Polo oder Sven Hedin zu fragen, ist zu spät. Vielleicht spielt ein genetischer Magnetismus eine Rolle. Wie wäre es sonst zu erklären, dass man Italiener in Katmandu antrifft, die nie in Siena waren?

Ich suchte das Land, das die Heimat der Reinheit des Gedankens, der Worte und des Handelns war. Persien kann man nicht lieben, wie man einen Adler nicht lieben kann. Aber man kann es zu verstehen suchen, zu schützen – manchmal vor sich selber. Nirgends wäre Ikarus notwendiger, und nirgends fand ich ihn undenkbarer. Die „indoeuropäischen Nachfahren" – aber sie kamen doch aus dem Südraum Sibiriens, nördlich des Kaspischen Meeres – wurden zu den mittelmeerfernsten aller Indo-Europäer.

Auf Knien kann man nicht tanzen.